陸象山

哲學研究

黃信二・著

序

此書校對工作已近尾聲，臨付梓之際心情是相當複雜的，一方面我們看到哲學在象山時代對社會的巨大影響，竟有使「鄉曲長老亦俯首聽誨，每詣城邑，環坐率二三百人，至不能容」的情境；更有「縣官為設講席於學宮，聽者貴賤老少溢塞途巷」，以及「來見者踰數千人」的盛況。但另一方面，我們卻遭逢今日人心混亂、道德崩解，社會價值重視政經，不重視哲學與深度文化發展之時代。

哲學的重要性在人類「深度文化」進展中，無疑地扮演了發動機的角色；無論是西方的希臘哲學或是東方的先秦哲學，皆具有文明之開拓與提升的重要意義。然而，每一種哲學在其特有的區域文明發展中，必然有其發展的特殊條件，特別是在中西文化交通頻繁的華人社會，如何在既有的文化背景中發展出適合當代中國哲學發展的方向，即是我們在上述象山哲學的史料閱讀後內心的一種「潛在」期盼與想法。

言其為「潛在」原因相當單純，因為在西方文化強勢發展下，數百年來我們對自身的文化充滿懷疑或缺乏認同；即在「西方科技」與「吾人生活」完全緊密的結合下，我們對自身文化的信心，早已轉為一種懷疑與潛存之狀態。生活世界是如此，學術領域亦是如此；特別是在中國文學、中國史學、中國哲學、中國藝術等與中國文化相關領域的研究方法，由於西方研究方法論的引進，我們對自身學術之「現代化方向」常是充滿了矛盾，遭遇了全球化與在地化兩種目標要求會通的困難。

例如，從民初的五四運動開始，我們經歷了史學上疑古之風潮，哲學上批判儒家之思想，以及中學為體西學為用等折衷形態的各種「中西理論會通」方法之嘗試；其目的不外乎在自身的土壤中能有更豐富與健碩的成長。在此成長的要求下，我們不斷嘗試與運用新的西方理論與方法於本土文化之中，例如在中國哲學中，將黑格爾與康德用於儒學，將海德格與道家思想結合等，都是一種新方法移植。然而，如果說源自西學方法的運用是一種「理論之播種」，但此方法的移入卻不注重當地傳統文化，則此西方理論之引入無異於未能考量土壤與氣候而任意播種，那麼其成效之不彰的情形是可以預期的。

基於此考量，本書首先思考的問題是當代哲學的主要議題有那些？它們要解決什麼問題？其次，則是思考如何將「古典文獻詮釋方向」與上述當代思潮結合。以哲學領域為例，在哲學研究方法中「西方哲學」無疑是獨佔鰲頭的；相對而言，中國哲學的方法，甚至於其存在定位至今仍受到許多質疑。因此，基於上述考量，我們視「當代哲學主要議題」的探討是以西方社會為主流的人文關懷，探討方法與理論亦是以歐美之學術社群為代表；因此，在考慮上述「理論之播種」觀點下，本書認為其傳入華人世界哲學領域時，必須要經過一種哲學理論機制的設計與轉化，方可使其發芽、生根與茁壯；而非削足適履，以西方價值觀論斷中國哲學。在此思考脈絡下，新的「探討方法」或「問題意識」如何運用於中國古典文本的詮釋；或者說古典文本的「詮釋方向」能否呼應當代哲學主潮探討的問題，本書認為此「詮釋歷程」的發展即為一種「促使」古典文本「現代化」的方式。

本書認為二十世紀以來當代文明主要思潮，皆在探探討有關「表達」之「基礎」的問題，例如數學家康托爾（Georg Cantor）

有關連續統假設，或哥德爾（Kurt Gödel）之層層外延擴張的形式邏輯體系也無法解決其總和的矛盾等問題，皆是比過去各種理論更為基礎性的探討方向。在藝術方面，音樂家荀白克（Arnold Schoenberg）提出十二音作曲法，以無調性音樂的記法提供作曲家更多的可能性；現代繪畫之導領者塞尚（Paul Cézanne）亦開啟了對繪畫之新形式正面而龐大的影響。在哲學方面，例如胡塞爾（Edmund Husserl），強調哲學工作應朝向「回到事物本身」的探討，因此進行有關「表達基礎」之探究，對人類「表達之意識」的「意向性」（intentionality）研究。海德格（Martin Heidegger）則透過確定「生存」（existence）相對於「存在」（Sein/being）的優先性的觀念，強調哲學應從重視研究「個別存在」重返研究「存在本身」的問題；他並認為哲學如果只是被瞭解為「與生命無關的純知識建構」則是無力的。這些思考方向，都將存在主義（Existentialism）以來，反省哲學處理的對象不應該只是一些語言問題（verbal questions），而更應該是對真實問題（real problems）的探討之風潮。

在此種探討文明表達基礎之風潮下，「中國哲學未來發展的主要方向為何」是作者長期考慮的重點。如果我們說胡塞爾以來當代哲學最重要的工作之一即是對「處境」（situation）或某一表達「概念之基礎性」的探討；那麼，此觀念相當接近於本書試圖呈現出各種「概念」之「哲學背景」的目標，此目標即是對中國哲學之文本的「理論之基礎」或「概念發生的處境」進行一種哲學溯源或理論還原的工作。這亦是本書提出「背景哲學」的方法（第一、二章中探討）、分析文字概念「發生」之方法（第二章中探討）、象山之哲學方法（第三章中探討）等進路，試圖能從合理的論述過程中，對象山哲學理論之「基礎」進行存在式的還原與發現。此外，則希望本書的「詮釋方法」，在其能夠呼應當代哲學之主要思潮的探索方向中，使此「詮釋之歷程」，既能「彰顯」中國古典文本之「現代價值」，同時亦能更深刻、也更精確地朝向人性基礎進行思想之探索工作。

另一個應說明者則是本書使用的「知識」一詞，與西方知識論觀點下的知識不同；本書「知識」之內涵側重於強調中國哲學中「知行合一」之「知」——它包含「理性之知」與「存在性的理解之知」兩個層面。「理性之知」包含了對知識的認識，以及對道德相關知識的了解；「存在性的瞭解之知」則更指向主體的道德自覺與經驗內涵，而不只是個體把握到的外在客觀的「知識」。屬於「存在性的理解之知」屬性下之的「知識」，以及此種「知識觀」下的「哲學」，是一種在「道德自覺與經驗內涵」保障下的「哲學」；強調其哲學之「價值」在於「道德實踐」與「工夫次第」的追求，此乃根據先秦孔孟儒學傳統精神而有之界定方式。

然而，「當代」哲學之目標則與此大不相同，從「實踐」轉而要求「純粹」理論性之周全的追求；希望在「概念」與「概念」之間有明確的界定，並對「命題」的推演能有精確的表達。此兩種「知識類型」之差異實為「知道」與「做到」，或「知識」與「行動」的不同，兩者是中西哲學在特徵與屬性上極大的不同。對此問題，我們希望能在本書中透過「尊德性與道問學」、「象山之為學方法」、「心學可為實學之基礎」等主題重新探討兩者之差異，並檢討兩者之理論目標的不同，進而給予象山合理的評價。

其次，本書認為在當代對象山文本的詮釋過程中，詮釋者應能提出看待象山哲學之「問題意識」並以之作為貫穿全書的論題所在。本書認為理解「發明本心」與「宇宙不曾限隔人」如何可能的問題，實為解讀象山哲學之思考主軸或問題意識。這種問題意識有三項根據：

第一是源自象山文本中追根究底的精神，例如象山在為李伯敏分析儒家傳承時，即批評他「不理會根本，只理會文字」，並認為這種問題乃「舉世之弊」。即象山學問處處顯透一種追根究底的自我要求，以及不停留於文字表面，要求對文字概念進行哲學背景的溯源，以把握文本之精神。

第二是象山文本中的整體觀與創造力精神的掌握。象山提出重視「宇宙」的觀念，毫無疑問地指向一種「整體觀」的追求，此種整體觀並非空間式的整體觀，而是一種時間式的不停向前，或生命式的層層向上超越，向整體觀進行自我超越與攀升之路；此即其「日新」觀念之所指（詳見第二章第二節「日新」與「本心」觀念的探討），亦是象山哲學處理道德之基礎或道德實踐力量來源的理論設計。透過此種「本心」與「宇宙」軸線形成的論述機制，象山哲學處理了「自我」與「外在」之關係，定位了人在宇宙中之意義，此一問題意識貫穿全書。

第三是象山文本中的時代性意義的呈現。象山講學之情境可以使「鄉曲長老，亦俯首聽誨」的情境，使我們注意到了他使先秦儒學在宋代重新具備了新時代之意義。在科舉考試的僵化學風，以及佛學普遍發展的時空背景下，象山如何繼承孔子引發弟子追隨其周遊列國之勇氣與真實情感，以及重新還原「朝聞道，夕死可矣」命題發生的哲學情境是象山理論中重要的關鍵；透過《宋史》與《年譜》的記載，我們發覺象山的教學成果與荊門之政的施政成效，確實透過理論的重新詮釋與實踐過程，完成了使先秦儒學（在宋代）現代化之目標。象山透過探問「《論語》中多有無頭柄的話」的過程（詳見第四章第二節），形成了一種將傳統理論賦予時代意義的問題意識，它一方面源自於對吾人所屬時代的了解、適應與轉化之要求；另一方面，進而從此要求提出「宇宙」與「吾心」的新研究方向做為理論架構，處理其繼承傳統與轉化時局的理論動機。

根據此三項問題意識，我們希望能使古典文本的「詮釋方向」亦能符合當代哲學主潮探討的問題；即本書視此詮釋歷程的發展即為一種「促使」古典文本「現代化」的方式。本文的分析方式是參考西方二十世紀以來，哲學、藝術與科學等領域皆進行追求「表達基礎」的理論目標的風潮，此舉與象山時代的理論目標自然不同；然而，如果吾人再問距今數千年之中國哲學文本與今日何關，則我們沒有別的選擇，即必須以當代之問題意識對中國哲學文本加以分析。分析方法的完善性是可以不斷地修改的，但是尋求符合二十一世紀中國哲學與現代生活世界兩者溝通之可能，我們只能說它是一件相當有意義、但無法在短期內完成之既困難又吸引人的任務。本書的工作即為近年的研究成果，非常樂意和讀者分享；其中之未盡周延處如能得到指正，本人將由衷地感謝！

黃信二

於中原大學

2009.10.

目次

緒論

黃信二

本書之特色

本書思考的問題是：在整個哲學史中為何要研究宋明理學，以及在宋明理學諸多學者中又為何要選擇「陸象山」[1]做為研究對象，其時代性為何的問題。對上述提問的回答即是探討「象山哲學」之意義與價值何在，對此問題作者以「喚醒人走自己的路」一簡要之語做為暫答；即一方面我們遵循儒家「為己之學」的為學目標，試圖以有益生命之哲學方式，促使當代之「問題意識」能與「古典文本」相互交談，依此賦予古典文本新的時代意義；

---

1 陸象山（1139-1193）諱九淵，字子靜，本文採用陸象山為題名主要是因其自號象山翁，世人尊稱為象山先生。其次，當代台灣與大陸著名學者亦採「象山」為名進行研究，例如(1)方東美先生以為「在西方則以其字象山、陽明較為通曉，余下文仿之，義屬權宜」。參見方東美：《中國哲學精神及其發展》（下），《方東美全集》，台北：黎明文化事業公司，2004，頁 123。(2)牟宗三先生論著亦「象山」為題名，參見《從陸象山到劉蕺山》，台北：台灣學生書局，1979。(3)大陸方面，張岱年與張立文先生亦都以象山為題名。張岱年先生在《中國哲學大綱》中以「象山」為名分析「心之諸說」。張岱年：《中國哲學史大綱》，台北：藍燈文化，1992，頁 301-303。(4)對宋明理學有深入研究的大陸學者張立文先生於 1992 年出版了《走向心學之路——陸象山思想的足迹》，亦以「象山」為題名。參見其《走向心學之路——陸象山思想的足迹》，北京：中華書局，1992。故本書延用上述學者觀點以「象山」為名進行研究。

另一方面，我們研究陸象山並不是試圖使象山學說成為後人效法的對象，而是試圖「喚醒人走自己的路」，使人能分享象山「宇宙便是吾心」的精神。

喚醒人走自己的路

我們如此回答的原因是與「人」的意義相關的，「人」的觀念在哲學史中常被視為具有唯一性與獨特性的位格（person）[2]，強調每個人都有其獨特的不同價值，以及與眾不同的特性；換言之「人」此一「在世間的存有」[3]是相當複雜的，人的複雜性在數學中即相當於一種「無限」的系統，其探討充滿各種困難；因此，前文所言「喚醒人走自己的路」此一「簡要」之語即不再是「簡單」之事。其中「人」為何物？「人」與「外在世界」兩者間的「關係為何」之各種類型的「哲學設定」，即成為完成此目標前首先必須探討的前提條件。如果用陸象山的語言表示，此即「吾心」與「宇宙」兩者間關連性為何的問題，依循此思路進一步我們可有兩項思考：

---

[2] Boethius（480-525）認為「位格」的意義：一個具有理性本質的獨立個體（an individual substance of a rational nature）。本文則認為除了理性外，人的位格亦有情感、意志、自由三種性質。

[3] 例如海德格（Martin Heidegger）的觀念即認為人是歷史的「此有」（Da-sein），人必受其所處世界與歷史影響，即人要存在，就必須存在於世界之中，「此有」本身的特性即是一種「在世存有」(being in the world)。本文認為如果「人」不僅僅是與「自身」相關，而又與其「外在世界」相關時，則當我們探討人與世界的關係時，或者用象山哲學的語言說即是探討「吾心」與「宇宙」的關連性時，其複雜的程度即類似於數學上對「無限」觀念的探討，其內涵是相當複雜的。其中對「人」與「世界」兩個具「無限性」的實體之探究，例如中國哲學中的「天人合一」關係問題，或西方哲學對「人與神」關係之探索，即各自形成了中西哲學史中的重要課題，亦說明了「人」此一「在世間的存有」的複雜性。

第一，陸象山哲學確實指出探討了人生最重要的兩項問題——即前述的「人」與「世界」兩觀念，以及其中所延伸出包含「天人關係」內的各種問題，此類問題亦有學者稱其為中國哲學的主線。[4]第二，有關象山「文本」與其探討之「方法論」的問題。由於象山文本表達之特性，形成了我們欲運用其智慧之難題，此難題有待哲學工作者加以突破。例如：勞思光教授曾指出「讀象山語錄或他文，處處皆易生誤解」[5]，即當我們欲將象山文本「重新詮釋」並使之與「現代文明」產生某種程度的連結，賦予其時代新義時，我們突然發覺其文本特性造成了吾人詮釋上極大的難題，此即延伸出研究方法的問題。

研究方法的重要性

牟宗三先生亦曾經指出理解象山文本是困難的，他說：「象山之學並不好講，因為他無概念的分解，太簡單故。又因為他的語言大抵是啟發語，指點語，訓誡語，非分解地立義語故。」[6]即象山文本的簡單明瞭特性對讀者而言並非福音，反而是形成了理解象山精神的藩籬，此即有待當代詮釋者提供更多的深入解析。即由於象山文本此種特性，以及為求解決此難題，因此筆者認為研究過程應重視「研究方法論」之問題，所以本書即安排於第三章探討「象山哲學之方法」，並於第五章探討「象山哲學對儒學研究方法之啟示」。

---

[4] 例如學者李宗桂即認為「天人關係的探究，是中國古代哲學思維發展的主線」參見李宗桂：〈論董仲舒的天人思想及其文化史意義〉，《天津社會科學》，第 5 期，1990。

[5] 參見勞思光：《中國哲學史》(三上)，台北：三民書局，1987，頁 381。

[6] 參見牟宗三：《從陸象山到劉蕺山》，台北：台灣學生書局，1979，頁 3。

內容的重要性：「道德」之實踐——從「個體的成長」、「倫理的成長」至「哲學的成長」的進路

除了在「形式」方面我們強調「研究方法」外，在「內容」方面，象山哲學亦充滿其特殊性，值得吾人加以探究，本文將以「道德」屬性的特殊性對此觀點加以說明。前文已指出象山哲學具有「簡明」之特性，此乃其受《易經》哲學「易簡精神」的影響；然而，是否「簡明」即表示象山文本「既無嚴密之思辨性」，即代表其「欠缺哲學深度」呢？牟先生對此大表否定，他說：「他（象山）無概念的分解，然並非大糊塗，他義理精熟，事理分明，他顯然有所本」[7]，同時亦真能使聽者有所得，有所真實之獲益。除了牟先生讚賞象山義理精熟，事理分明外，我們從《年譜》中記載象山講學時的內容中發現——**「時鄉曲長老亦俯首聽誨，每詣城邑，環坐率二三百人，至不能容，徙寺觀。縣官為設講席於學宮，聽者貴賤老少溢塞途巷」**[8]，從這段紀錄即**顯見其講學真能使門人獲益**，使從游者感受到「先秦儒者真正的精神」[9]；**也正是這股精神，方使儒學在官學之外能於民間發揮廣遠之影響**，同時，也正是《年譜》所提供的此類訊息，**方使我們深信象山文本極具古典智慧，值得吾人在現實人生遭逢困境**

---

[7] 參見牟宗三：《從陸象山到劉蕺山》，台北：台灣學生書局，1979，頁3。

[8] 《陸九淵集》卷三十六，〈年譜〉，北京：中華書局，1980年，據上海涵芬樓影印嘉靖本校刊本，頁499。（以下本書象山原文頁數皆引自此版本）

[9] 筆者認為陸象山這種使從游者感受到「先秦儒者真正的精神」，其內涵類似孔子弟子願意冒生命危險，追隨孔子周遊列國的精神。如果暫且不論此精神之具體內容為何，至少，我們可以從外在形式上觀察到一項重要的特徵，即是其中存在有一種接近宗教性的吸引力，使孔子學生與門人願意稟承一種犧牲物質生活享受的可能性，追隨孔子闡揚個人的理想與志業；或許，此一因素亦是儒學能夠深刻影響中原文化兩千年的原因，並且此種吸引學生或門人的特徵在諸多重要儒者中皆可發現。

之際加以深度探討。[10]其中真正打動聽眾者，筆者相信是一個「道德」的問題，即陸象山是以一道德高尚與純潔者姿態出現的，這**其中有兩項值得吾人大加注意者：一是「道德」在哲學史與文明史中的意義**，此部分我們將在第二章第三節「象山心學之功能：提供儒家哲學實踐之基礎」一單元進行處理。**另一則是對哲學工作者自身而言，象山哲學涉及了哲學工作者自身學習哲學之後，從「個體的成長」、「倫理成長」至「哲學的成長」的問題，此即古之學者為己的問題**，此議題即本書末尾第五章處理的相關議題。

當代研究象山學之必要性

象山對先秦儒學的創新，是值得做為當代儒學尋求新發展方向之參考的，但這方面的研究在目前是明顯的不足。根據台灣的CEPS 資料庫收錄狀況，從 1986 年至 2009 年間，有關陸象山的資料有四筆，分別為大陸學者徐國華一筆[11]，台灣學者莊慶信與曾春海等三筆資料[12]。如以陸九淵為關鍵字查詢「篇名」範圍，

---

[10] 本處所言「值得吾人加以深度探討」並非虛應故事之詞，乃是因為前引文的描述太過動人——「鄉曲長老亦俯首聽誨，每詣城邑，環坐率二三百人，至不能容，徙寺觀。縣官為設講席於學宮，聽者貴賤老少溢塞途巷」。本段引文中所呈現的「民心與士氣」，以及「人民的朝氣」與「向學之精神」，這些精神性氛圍本來即不分古今，形成了保障「社會穩定」發展與「人心平衡」的基礎；但今日我們的社會環境相較於此卻有極大的落差，反思之餘，更令我們急於探問，在象山哲學的「文字」背後是什麼因素影響了「人心」，而能「實質」地影響與推動當時的社會。

[11] 徐國華：〈試論陸象山的詩文創作〉，《江西師範大學學報（哲學社會科學版）》，37 卷 6 期，2004.11，頁 47-51。

[12] （1）莊慶信：〈陸象山知識學研究〉，《哲學論集》，25 期，1991.07，頁 133-164。（2）曾春海：〈陸象山的政治思想與實踐〉，《哲學論集》，21 期，1987.07，頁 1-25。（3）曾春海：〈陸象山與禪初探〉，《哲學論集》，20 期，

則總共找到十八筆資料且全部為大陸學者作品。[13]相對而言，從1994 年至 2009 年間，大陸的「中國期刊全文數據庫」(CNKI)中，有關象山的期刊論文約有一百四十二筆資料。這種研究量，相對於朱子研究成果在 CEPS 資料庫中共收錄九五筆資料，以及在 CNKI 資料中有數千筆資料的狀況言[14]，顯然象山哲學的研究數量是極為不足。

以歷史發展觀察，從明代以來象山哲學即非顯學，雖然象山本人講學異常精彩，〈年譜〉中亦載有「聽者無不感動興起」[15]的描述，但象山歿後其學實有難傳之窘困。從內在特性言，心學本有可意會而難以言詮之特徵；若從外在推廣教育言，官學以朱學為正統的風潮亦助長了心學荒蕪之風。然而，由於象山繼承了孟子哲學精神，以及孟子學在 1990 年以來受海內外學者重視的情況分析[16]，做為當代新儒家與孟子之間的象山哲學，其對先秦儒學的傳承與創新精神實值得吾人再次研究，以做為尋求當代儒學創新之參考。[17]

1986.07，頁 47-61。

[13] 這是以「篇名」查詢的結果；如果以「關鍵字」查詢則結果較多，以象山為關鍵字查詢約有 33 筆資料，若以陸九淵為關鍵字檢索則約有 109 筆資料。

[14] 在 CNKI 資料庫中，以朱子為關鍵字查詢約有 1852 筆資料，若以朱熹為關鍵字檢索則約有 3528 筆資料。

[15] 《陸九淵集》卷三十六，〈年譜〉，頁 501。

[16] 黃俊傑編：〈二十一世紀孟子學研究的新展望〉，《東亞儒學：經典與詮釋的辯證》，台北：台大出版中心，1987，頁 419-420。

[17] 有鑑於上述分析「象山之學術價值」，筆者於 2005 年起即撰寫有關「象山研究」之系列專文，並發表三篇論文如下：(1) 於 2006 年發表於《鵝湖月刊》，參見黃信二：〈論陸象山心學之方法〉，《鵝湖月刊》，第 32 卷，第 4 期，2006.10，頁 55-63，本文經修改後收錄於本書第三章第一節。(2) 於 2007 年發表於《哲學論集》，參見黃信二：〈從陸象山本心哲學析論儒家追求「人與自然的直接關係」之觀念〉，《哲學論集》，第 40 期，2007.07，頁 97-116，經修改後收錄於本書第二章第一節。(3) 於 2007 年，發表〈象山哲學對儒學研究方法之啟示——哲學與人之主體的完成〉，收錄於《當代中

孔、孟重「道德」的哲學類型及其基礎

「道德」問題一直是宋明理學關懷的重心，如果說「道德」為人類理想存在極限性之代表，則中國古典哲學「重視道德的本質」即成為「人類文明」中此類理想物之最佳象徵之一；它是一種既近於宗教，卻又無所他依而自我超越之物。言其近於宗教，乃因《論語》中「朝聞道，夕死可矣」與「殺身以成仁」等語常縈繞吾人耳際；言其無所他依而自我超越，乃由於「我欲仁，斯仁至矣」與「人皆可以為堯、舜」等觀念，常成為儒者自許且自信之理想目標。[18]

再深入言，古典道德其成立的基本條件有二：第一是人類自我的反省能力，第二則是自然宇宙。所謂的反省力，是指人透過深度的洞察力形成一人與宇宙互通之廣大心懷，並以之了解自我，進而涵養心性、涵容內外的衝突。所謂自然宇宙，就外在言，它是創生萬物的根源；就內在言，它是使人能超越個別與對立物的形上世界之根源，它是中國哲學「天人合一」觀念所追索的世界；就孔子言它是「四時行焉，百物生焉」的宇宙，就孟子言則是「萬物皆備於我」的世界[19]，兩位哲人皆以自然宇宙為思考起點，但最後卻透過

國哲學學報》，第七期，2007.03，頁 1-32，本文經修改後收錄於本書第五章。以上三篇論文總字數約 4 萬字，後擴大其討論規模與論述結構即成本書之芻型，全書約 19.5 萬字。

18 「朝聞道，夕死可矣」見《論語‧里仁》。「殺身以成仁」見《論語‧衛靈公》。「我欲仁，斯仁至矣」見《論語‧述而》。作者認為儒學中有相當特殊的宗教性，方能深厚的影響中原文化，相關的看法請見拙論〈在儒學與宗教之間：論「以人象天」之哲學意涵〉，《哲學與文化》，第 35 卷，第 5 期，2008.05，頁 73-93。

19 「四時行焉，百物生焉」見《論語‧陽貨》。「萬物皆備於我矣」見《孟子‧盡心上》。

一種「理論設計」一語道出「能夠結合內外型態」的天道論哲學，本文認為此學說特徵亦為象山所承續。

象山「宇宙」與「吾心」交相輝映，相輔相成的哲學類型

在中國哲學家追索結構嚴僅的道德歷程中，能承續先秦孔孟傳統，既具有「反省能力」又重視「自然宇宙」者，在南宋最具代表性的理論之一，無疑地是陸象山對「吾心」與「宇宙」觀念的探討。前者象山以「本心」觀念、「發明本心」等觀點為重心進行發揮；後者則以「宇宙便是吾心，吾心即是宇宙」[20]、「宇宙不曾限隔人，人自限隔宇宙」[21]，以及「萬物森然於方寸之間，滿心而發，充塞宇宙，無非此理」[22]等命題為代表。即象山學一方面是從「吾心」延伸出人類理想的道德世界，另一方面，則從面對「宇宙」進而反省出創生人類，使人能生生不息、和諧均衡之形上世界的存在；此兩向度交忽相輝映，相輔相成，乃成就一完美而真實存在之內聖人格。孔子之重仁，孟子之重心性，陸象山之重本心，王陽明之重良知皆屬此種哲學型態，此一學說之要義，本書將於第二章「象山心學之精神」進行處理。

天道論哲學類型於當代之困境

我們之愛好古典道德者，其中少有不對其自省精神有所贊許，少有不為其自然與美學情感所打動者；然而，這些「感動」

---

20 《陸九淵集》卷二十二，〈雜著〉，頁 273。

21 《陸九淵集》卷三十四，〈語錄上〉，頁 401。

22 《陸九淵集》卷三十四，〈語錄上〉，頁 423。

的背後在今日我們也充滿了「同情」。因為，古典道德已離我們所身處的時代日趨遙遠，或者說，中國古典道德的精采處，在科技時代中早已漸次蒙上陰影；其影響即是今日無論中國哲學工作者如何努力，乃至於精疲力竭，它與西方哲學間似乎永遠存在巨大鴻溝。**原因相當複雜，但如以思考「工具」觀察我們可以得到初步的線索；即西方哲學是以理性與邏輯為思考工具與標準的，但中國「古典」哲學卻是要求人「確實能達到」**具存在性的形上程度者，而非僅是概念與思考或理性與邏輯的問題。[23]**所謂的達到形上程度，即除了「知識」[24]的理解外，更能在感受中真正體會到如孔子所說，能在自身之遭遇上「做到」所謂「不憂不懼」**，能在面對艱困時做到「不怨天，不尤人」，能在德性追求上有「德不孤，必有鄰」的大勇，又能在為學之途上感受到悅樂之泉，在不被人理解時亦能保有「人不知而不慍」的態度。[25]

「古典」中國哲學之所以「認定」上述這些「知識」是有效的，或者說這些「知識」之所以能發揮功能，具體來說，**乃因為這些「知識」或「文字」背後都有一種源自對天道存有的實際體驗，**

23 本文認為「古典」中國哲學是要求人「確實能達到」具存在性的形上程度，但「當代」哲學之目標則與此大不相同，而是要求「純粹」理論性之周全的追求；簡言之即是「做到」與「知道」的問題，本文則希望能在此書中重新探討兩者之差異，並檢討兩者之目標的不同。(例如第一章之「尊德性與道問學」即涉及相關的討論)

24 本書中所使用的「知識」一詞，多數情況側重於強調中國哲學中「知行合一」之「知」，包含「理性之知」與「存在性的理解之知」兩層面。理性之知包含了對知識的認識，以及對道德知識的把握；然而存在性的瞭解之知，則更指向主體的道德自覺與經驗內涵，而不只是與個體把握到的外在客觀的「知識」。

25 (1)子曰：「君子不憂不懼」見《論語・顏淵》。(2)子曰：「不怨天，不尤人」見《論語・憲問》。(3)子曰：「德不孤，必有鄰」見《論語・里仁》。(4)子曰：「學而時習之，不亦說乎？有朋自遠方來，不亦樂乎？人不知而不慍，不亦君子乎？」見《論語・學而》。

而非只是理解有關天道的形上「知識」[26]**；即它是一種與「身體」之自體相關的「經驗」，而不只是與從自體延伸出的「知識」相關者。**[27]由於此種差異，因此，中國哲學與西方哲學溝通之窘困狀態長期難以解決；同時，在此種文化背景下，中國哲學的研究亦容易發生「自困」型的困境。即在無法掌握自體經驗的情況下，誤以為從「自體」延伸出的「知識」等同於與「自體」相關的「經驗」，再從此與自體無關之知識進行延伸，選擇相近似之觀念進行對比式研究；此方法雖可形成某種學術類型，但卻違背孔子「古之學者為己」的原則，故而形成了一種自困型的困境。如果我們對此未能加以突破，再加上中國哲學精確表達之弱點，則其發展前途真可謂是雪上加霜。

這種「自困型的困境」亦發展出本書另一項欲解決的重要問題或「問題意識」，即中國哲學之研究極易停留於一種「情感性」的操作，而缺乏透過「存在精神的還原方法」，以彰顯古典文本中各

---

26 一般來說，從「知識」出發使學生能從「書本」獲取更多他人之「經驗」，即是我們「教育」的目標；**但本處所言，依據象山哲學屬性，我們認為象山的「知識」強調一種從「發生」與「應用」的完整性。知識的「發生」存在於「第一位」創造某種理論觀念的人，或具某種「原創能力」之作者，**其書中之智慧，**必定是先源自其「體悟」或「經驗」，進而方能形諸「文字」，透過文字形成「知識」**。因此這裡我們更多的部分重視「實際體驗」，而非只是理解有關體驗後的「文字」與「表達」，此乃知識之「應用」的層次；筆者認為強調「知識」的「發生」或「理論的原創性」，這種類型的觀點與象山哲學精神較為一致。

27 曾春海教授曾指出象山之學「上契孟子的心學言自得之，創造性地以本心實存性的自悟，建立其形上學的根源性信念，顯發了以主體內証聖智之方式來把握本體實在的形上學方法之特色，再以心體所具有的形上意義，落實到切己的道德實踐，步步徹悟天人之間圓融無礙的存有奧義」；此即指出了象山本心之學的哲學特色，在於「本心實存性的自悟」，即本文所言之**它是一種與「身體」之自體相關的「經驗」**。參見曾春海：〈象山學脈及其哲學方法上的法初探〉（下），《東吳大學哲學系傳習錄》，第五期，1985.10，頁 218。

種「命題」或各種「概念」於「當時」發生之際的真實背景，或「還原」出「當時」真正能打動人心的「存在狀態」；這種類型的哲學工作目標，事實上已是西方「存在主義」(Existentialism) 哲學以來相當重要的工作方向，即對哲學理論之「基礎」進行存在式的發現與還原的風潮[28]，值得中國哲學工作者思考如何與其研究領域進行相關的連結性之探討。

以時代性的哲學任務言，「中國哲學方法論發展的『主要方向』為何」亦是筆者長期考慮的重點；如果我們可以說當代哲學最重要的探討即是「處境」(situation)，那麼，**此觀念相當接近於本書試圖呈現出各種「概念」之「如何發生」的目標**[29]**，此目標即是對「理論之基礎」或「概念發生的處境」進行一種哲學溯源或理論還原的工作**。學者關子尹先生對「處境」作為當代哲學之基礎與風潮有過極為精簡與完整的分析，可做為本書發展方向的一項參考，他說：

> 處境就是「存在處境」(existential situation) 的意思，指的正是吾人生命實踐中所遭逢的，並且要面對的事態，包括個人於生活和於世界中要面對的困惑及由此而涉及的種種抉擇。當代哲學對處境問題說得最透徹的，莫若海德格。他除重點討論「處境」問題外，其他諸如生命的「被投擲性」(Geworfenheit) 等討論都與處境的考慮息息相關。而胡塞爾提出的「生活世界」(Lebenswelt) 概念即觸及同一問題。換言之，我們一般所謂「哲學問題」其實不只是一些 verbal

---

[28] 例如胡塞爾 (Edmund Gustav Albrecht Husserl, 1859-1938)，強調哲學工作應朝向「回到事物本身」的探討，因此進行對意識的意向性 (Intentionality) 之研究。海德格 (Martin Heidegger, 1889-1976)，透過確定生存 (existence) 相對於存在 (Sein/being) 的優先性的觀念，強調哲學應從重視研究「個別存在」重返研究「存在本身」的問題。

[29] 對此目標本書以「背景哲學」的觀點做為探討之方法，詳見後文之論述。

questions，而實乃一些 real problems；因為 problem 一詞的希臘文語根（πρόβλημα，προβλλειυ）本來就可解作「被投擲於吾人之前者」，故歸根到底，其實也包涵了「處境」的意思。海德格於早年著作中曾說：「形而上學〔哲學〕如只被瞭解為一些與生命割斷了的純智的構作的話，則這意義的哲學是無力的」。這番話，既上契康德精神，也下開其後的哲學基調。[30]

關子尹先生的分析為我們指出了當代哲學工作的理論目標，主要皆落於哲學理論「基礎」的尋求，「基礎」對本文而言即是「促使」理論「發生」的思考層次；因此，它必定**涉及某一概念「發生」之際的「存在處境」**（existential situation）**的探討，而不停止在「概念」發生後的各種「次概念」的比較與釐清**。以象山哲學為例，例如「朱陸之爭」與「儒佛之異」即是從「象山文本」延伸出的「次事件」或「次概念」[31]，本書雖有處理與分析，但其論述比重即不如對「本心」概念「如何發生」，或者論述「宇宙便是吾心」在「何種狀態下成立」的篇幅為多，**本書立論的宗旨，在於對象山哲學的處理方式，提供出一種揭示其理論之「存在精神的還原方法」**。

有關「存在精神的還原方法」舉例來說：**一如前文所述象山之所以能在南宋復興儒學**，使「鄉曲長老亦俯首聽誨，每詣城邑，環坐率二三百人，至不能容」的**盛況出現**，其中必有**促使此現象存在**，或「**促使」此現象「發生」的「深度原因」，即為此文本所謂的深度「基礎」之探討工作**。此工作之「**探問程序」如下**，即首先設定**陸象山對孔子哲學文本的詮釋，在南宋時期掌握了一種**

[30] 關子尹：〈西方哲學史撰作中的分期與標名問題〉，《現代哲學》，2005.02，頁 71。

[31] 「次」的意義在此為時間「發生先後」之「次序」，並非價值高下之意。

「理論機制」，此種機制確實為當時的儒家學派掌握到了一種**「存在精神的還原方法」**，因此他能夠如同孔子吸引一批忠實的弟子，在當時形成廣大的影響力；其次，我們要再追問，**如果象山在南宋成功了，則今日我們應如何掌握此種「理論機制」**，或我們該如何重新設計我們的理論，**以符合新時代形式的「表達標準」，再次呈現出此種「理論機制」的精神，最後方能使「儒學的精神」在「當代」能夠再次復興。**

本書的方法：重「存在精神」的還原方法與「背景哲學」的建構法

本文初步提出的看法即是「存在精神的還原方法」，為求說明之便又稱其為一種「背景哲學」的建構法。**「背景哲學」此一構想之主要精神，是根據《論語》「務本而後道生」與《孟子》「從其大體」與「以大治小」原則而立**，依據先探討「發生義」再解釋「應用義」的原則，先設法以方法論**還原出哲學理論或某一概念「發生的狀態與根源」（第一人或第一義）**[32]，此即前文所言之深度「基礎」的探討，以求解釋中國哲學文本概念時能盡量接近「第一義」觀照下之情境；**此一尋求「使問題發生之背景」的研究方式**，本人

---

[32] 以「方法論」還原出哲學理論或某一概念「發生的狀態與根源」，重視該作者之理論的原創力，本文暫稱其為「第一人」或「第一義」的探討。即是當哲學家們思考到某種情境，欲選擇某一種「符號」做為「工具」以表達其想法時，如果他是我們身處之世界說出此觀念的「第一人」，那麼，他需要創造一個「概念」（例如「A 概念」或「天人合一」概念）來表達此情境，此即「第一義」；如果他是第一人之後的哲學工作者（第二人），那麼，他僅需要延用「A 概念」下去。但第二人與第一人對「A 概念」已有不同，嚴格言已有「理解遞減」之現象，如果是第三人、第四人以後的哲學工作者，其理解的程度又將與「第一義」有所差異。

稱其為「背景哲學」的建構法。而透過「背景哲學」的建構所理解的訊息，由於其**達成了一種較「接近」文本「發生之際」(第一人或第一義)的存在性「真相」的還原工作，故而將使「文本」本身的正確性與合理性擴大**，因此將有助於文本詮釋效度的提高。其中基本的工作包含了第一章中對《年譜》等文獻的解讀、同時代哲學家彼此間的討論，以及後來學者研究成果之參照、**詮釋者所設定的「方法性」或具有「工具意義」的「解釋架構」**，以及**合理的「問題意識」對相關「文本」合理的安置與導引等等程序**。[33]

簡言之，本書試圖透過「存在精神的還原方法」以彰顯象山各種命題合理的可能性，即是貫穿本書各章研究共同的特性，**此特性代表了本書追求一種存在性「經驗」與「方法」兩者必須兼具的過程**。例如，當陸象山提出「宇宙便是吾心，吾心即是宇宙」時，前述此種還原法即透過一「背景哲學」的建構，試圖還原出當時陸象山提出此一命題時存在的諸多可能，用以說明為什麼「宇宙便是吾心，吾心即是宇宙」。根據此種建構背景哲學的思考，本書認為中國哲學中的諸多理想，可透過一種方法性的「哲學機制」的理論設計，觀察原初哲學家如何透過觀念的建構，統合天人、內外，以及理想與現實的落差；即對此「哲學理論機制」的突顯與解析亦是本書於第二章提出「背景哲學」[34]觀念，以及第三章探討「象山之哲學方法」的理論目標。

---

[33] 有關象山原始文獻的解讀，本書是透過「第一章：歷史向度中之陸象山」所論之象山生平，對象山《年譜》的研究進行分析。對象山同時代哲學家彼此間的討論，則是透過「朱陸之爭」、「儒佛之異」等單元進行探討。有關學者的研究成果之參照，本書則透過「對當代學者研究概況分析」單元進行處理。有關詮釋者所設定的解釋架構與問題意識對文本的導引，本書設定以「背景哲學」與「存在精神的還原」等等方法進行處理。

[34] 有關「背景哲學」之觀念是作者延續其另一論著的發展與檢證工作，讀者可進一步參考拙著《哲學表達及其基礎——中國哲學研究之新思維》第四

具體分析方式：「開放」與「還原」的分析結構

「背景哲學」觀念事實上是形成一種理論「機制」，在背景中既可分析原創哲學家的理論動機，亦可見其理論的成果。欲求其理論動機時，我們採取的是一種向內「還原」的思考方向；欲見其理論成果時，則我們採取的是一種向外的「開放」的思考方向。運用此兩者做為方法論的案例，本書安排於第四章〈陸象山之人觀及其形成之理由：「開放」與「還原」的分析結構〉中進行說明。其中「還原」的分析，著重在還原出象山哲學之精神，並根據還原出的哲學背景，對詮釋者之理論動機進行自我校正；又其中「開放」的部分則包含「理論的實踐」，希能確認其理論具有實際「涵容社會現實」的功能，例如本書第四章對「象山實學」與「荊門之政」的探討即屬之。

從「象山實學」至「荊門之政」的「開放」型理論之思考，**我們的思緒逐步走向了「關懷他者」型態之哲學；然而，對中國哲學言，關懷他者的「開放」思維，仍然是建基於「還原式」的自我修養工夫中的。又，如果上述的探討是一種知識的與經驗的統合**，或者說是哲學史與哲學家經驗的交互融滲，**那麼，我們可以說「歷史」（哲學史）與「存在之個體」兩者是具有不可分性的。基於此原則，因此在本書末之第五章，將**透過從「個體的成長」、「倫理成長」至「哲學的成長」的的「還原式」分析，**回到對「哲學個體」本身的探索**；即我們**必須要回到本文最初所言的「喚醒人走自己的路」的目標**。強調此「還原式」的思考，原因在於對

章：〈文化生活的實踐原則——群體創造與背景哲學之建立〉，台北：理得出版社，2005，頁157-185。

中國哲學工作者言，哲學的「知識」背後都與「源自對天道存有的實際體驗」相關的，這種經驗是一種與「身體」之「自體」相關的「修養或工夫」，而不只是與從「自體」延伸出的「知識」相關；此種哲學風格呈現出的三重意義，正是象山哲學有別於其他哲學類型，而有益於中西對話的良機。

結語：從「象山哲學的三重意義」思考我們的研究方向

第一重意義是象山哲學指出了還原「古典道德」存在性力量的可能性。我們認為重視「發明本心」等等與「身體」之「自體」相關的經驗，是象山哲學在今日真能有益社會人心，並為古典道德尋回力量與價值的契機。因為，在知識爆炸的時代中，「知識」的價值大有為科技與網路工具所「夷平化」的趨勢，即「知識」已漸次失去其於古典時期原有崇高地位而淪為訊息之層次；因此，屬於「知識」範疇的「道德知識」亦在資訊洪流中同遭淹沒。從日常經驗中，吾人可觀察到「古典道德知識」在當代社會早已成為「潛存狀態」，它一方面雖有其重要性而為理論工作者所肯定；但是在另一方面，社會道德敗壞的嚴重事實卻令其重要性顯得微不足道。此外，在學術界，西方學者亦常以中國哲學的推理之嚴格性不足，故而中西哲學工作者常無法於同一學術平台進行對話與溝通，此乃前文所提古典道德「令我們感動的背後，也令我們充滿同情」的原因。在此文化低潮情況中，如果詮釋者能透過前文所言「背景哲學」之方法論建構，**依據象山「發明本心」的道德哲學的本意，重新還原古典道德的存在性精神**，則由於知性「表達形式」周延度的提升，以及傳統精神的復興，必能有益於傳統哲學與當代之接軌，同時亦有助於儒家道德實踐根本力量之重新獲致。

第二重意義則是象山哲學指出「生命」是不可以被分割而瞭解的。我們知道透過「整體」方足以洞見「部分」之疏失，但「管見」則不足以具備洞悉「全局」之智慧，此乃柏拉圖「整體大於部分總和」哲學原則之推論。並且，如果我們忽略於此則極易陷入個別自我的迷失，執著於個別物之窠臼，最終將一事無成又陷入困頓之局。因此所有的「個別」的知識，皆應置放於「整體」的背景中加以應用，方不至於為物所役，或為工具反控創造工具之人本身；同理，對人類終極性生命意義的探問，亦必須超越「個別的生命」進而探問具「整體意義」的「人與宇宙」的關連性，方能尋得一徹底解決生命意義的管道，**象山哲學強調同步探討「宇宙」與「吾心」的方向**，並將「個別」性的「吾心」應置放於「整體」性的「宇宙」背景的理論，正提供出探討與解決**人類存在問題**的完善方法。

第三重意義則是從象山哲學理論中思考「理想」與「現實」統合的可能性。有時我們可以看到歷史的進展是極其現實的，在哲學不足以領導群眾的時代裡，群眾為了安身立命常會另起爐灶或另覓它途去了，例如東漢末年時局混亂，社會陷入一片黑暗和混亂之中，道教隨即興起；在西方當羅馬的統治者不足以滿足歐洲的人心需求時，他們就毫不猶疑地接受了基督教信仰。所以，一個真正打動人心的理論，一定要能具有同時處理「理想」與「現實」統合的可能性；象山哲學在當時能夠使「鄉曲長老亦俯首聽誨」的歷史記載即訴說了此種理論可能，它一方面值得我們重新探究其哲學的訊息；但另一方面，其「精神失傳」與被評為「心學無用」的事實，同時此「事實」又非透過「文字」所能完全還原其存在境遇的困境，則是本書在研究之際所面臨的考驗與挑戰。

在此考驗與「三重意義」的思考方向下，我們試圖在象山哲學「萬物森然於方寸之間，滿心而發，充塞宇宙」之超絕的世界中獲取力量，而使個體生命永無遺憾的存在著；同時，在哲學工作追求「合理化」的原則下，我們希望能透過方法論的分析過程，透過「更為合理的表達形式」以分析出象山哲學的「理論機制」，並透過此機制以「觀察」與「呈現」出象山的「吾心」與「宇宙」哲學中，特有的「以自然宇宙明朗之心懷」所建立的德化世界。

第一章　歷史向度中之象山

前言

本章將探討歷史中的陸象山，並透過象山之生平、象山哲學發展之歷史背景，以及象山哲學之當代研究概況，經由此三個面向，分別從過去與現代歷史，透過史料與當代研究成果呈現「歷史向度中之象山」。第一部分著重在象山的《年譜》與史料記載中之象山歷史，第二部分則從儒學發展脈絡史觀察象山，其中亦包含「朱陸之爭」與「儒佛之異」等儒學史中的課題。第三部分則對當代之研究成果進行分類，並探討有關「心」與「本心」理論之當代研究概況。本章各節探討議題如次：

第一節　陸象山之生平

第二節　從儒學史至象山史——象山哲學之發展背景

第三節　象山哲學之當代研究概況

本章各節綱要：

第一節　陸象山之生平

壹、《年譜》等史料記載中之象山

貳、從「象山成長史」見其史觀與哲學問題意識的形成

一、象山哲學批判精神之形成

九、有關張立文先生的觀點
十、有關崔大華先生的觀點
十一、有關李之鑒先生觀點
十二、有關林繼平先生觀點
十三、當代研究象山學者間之爭議

第一節　陸象山之生平

壹、《年譜》等史料記載中之象山

陸象山（1139-1193）諱九淵，字子靜，謚文安，江西撫州金溪人；於應天山聚徒講學時因其山形如象，故自號象山翁，世人尊稱為象山先生。象山出身於一個九世同居、闔門百口之家。八世祖先陸希聲曾為唐昭宗之相，五代末因避戰亂遷居金溪，遂「買田治生，貲高閭里」[1]；躬耕之餘，族人多仍然保有讀書展卷之風氣，例如《全集》中記載八世祖陸希聲「論著甚多」，高祖陸有程則是「博學，於書無所不觀」[2]，堪稱書香門第。父親陸賀生有六子[3]，

---

[1] 參見《陸九淵集》卷二十七，〈行狀〉，頁 312。

[2] 同上。

[3] 象山兄弟共六人，象山最幼。其兄依序為大哥九思，字子強。二哥九敘，字子儀。三哥九皐，字子昭，是為庸齋先生。四哥九韶，字子美。五哥九齡，字子壽。兄弟之間互有影響，但以三陸之學最為著名；《宋元學案》記載「三陸子之學」由「梭山啟之，復齋昌之，象山成之」，其中陸象山成就最大。參見《宋元學案・梭山復齋學案》。參見[清]黃宗羲原本、黃百家纂輯、全祖望修定，《宋元學案》，台北：廣文書局，1970。

陸象山排行第六，四兄為陸九韶（梭山）[4]，五兄為陸九齡（復齋）[5]。兄弟之中，象山與復齋齊名，人稱「江西二陸」；亦有人將四兄梭山加入合稱「三陸」，並將其學問合稱「三陸子之學」。

包恢在《三陸先生祠堂記》形容三人個性為：「梭山寬和凝重，復齋深沉周謹，象山光明俊偉」。[6]有關梭山與復齋言行在《宋史》中記載，梭山「其學淵粹，隱居山中，晝之言行，夜必書之」[7]；為學則主張「切於日用」，以及「明父子君臣夫婦昆弟朋友之節，知正心修身齊家治國平天下之道，以事父母，以和兄弟，以睦族黨，以交朋友。」[8]，在人倫日用中實踐學問。復齋之學則強調「致知力行」，幼時讀《程氏遺書》心中即十分傾慕，即運用閒暇與門生一起習箭，認為儒者於文事武備都應熟習，方能真有致知力行的能力。復齋亦主張為學應重踐履，他說：「聲氣容色，應對進退，乃『致知力行』之原，不若是而從事於箋注訓詁之間，言語議論之末，無乃與古之講學者異矣」[9]；他亦本此實踐精神經營家業，繼承父志嚴謹治家。《宋史・陸九齡傳》記載「闔門百口，男女以班各從其職，閨門之內嚴若朝廷；而忠敬樂易，鄉人化之」。從中顯見陸氏之嚴整家風，以及復齋化理論為行動後健全之實踐力，以上是有關梭山與復齋之言行與紀錄。

在象山生平方面，據《年譜》[10]記載，象山於乾道八年（1172）登進士第，在進士考試中作《天地之性人為貴論》一文，為考官

---

4 陸九韶（生卒年不詳），字子美，因講學梭山，學者稱梭山先生，曾與朱熹論學，辯《太極圖說》。

5 陸九齡（1132-1180），字子壽，因齋名為「復」，學者稱復齋先生。

6 《陸九淵集》卷三十六，〈年譜〉，頁529。

7 《宋史・陸九韶傳》

8 《宋元學案・梭山日記》

9 《宋元學案・梭山復齋學案》

10 參見《年譜》，《陸九淵集》卷三十六，頁479-533。

呂祖謙、趙汝愚激賞，呂祖謙說：「一見高文，心開目明，知其為江西陸子靜也。」陸象山時年三十四歲，曾任靖安縣、崇安縣主簿；又於淳熙九年（1182），到首都臨安任國子正；不久，又遷敕令所刪定官。淳熙十三年（1186），被差管台州崇道觀。宋光宗即位後，於紹熙二年（1191），象山出知荊門軍；紹熙三年臘月，病死於荊門任上，歸葬于金溪，嘉定十年（1217）賜諡文安。明嘉靖九年（1530），被列入孔廟配祀。其學與兄九韶、九齡並稱「三陸子之學」，而象山則集諸兄之大成，成為南宋著名的哲學與教育家。

為便於了解更多有關象山的生平史料細節，我們將《年譜》、《宋史》與相關文獻資料進行表列整理，並說明其中意義如下：

文獻之紀錄（部分語句為求通順與理解之便稍有潤飾，唯皆忠於原文）	本書對文獻之反思
象山生於宋高宗紹興九年，已未二月乙亥辰時；卒於光宗紹熙三年十二月十四日，時年五十有四。	
紹興十一年，先生三歲，「幼不戲弄」。紹興十二年，先生四歲，「靜重如成人。」遇事物必致問，一日忽問：「天地何所窮際」？公「笑而不答」，遂深思至忘寢食。總角誦經夕不寐，不脫衣履……足跡未嘗至庖廚。	「幼不戲弄」與「天地何所窮際」之問，一方面可見象山穩重的個性，另一方面亦可見象山觀察哲學之重心在「人」與「宇宙」的關連性，重視「人」與「天」觀念的探討；此亦是本書對象山的研究，在第四章探討「象山之人觀」，以及第二章從「日新」觀念檢視象山「天人關係」之定位的原因。

紹興十三年，象山五歲，入學讀書，紙隅無捲摺。	
紹興十五年，象山七歲得鄉譽。他自言：「某七八歲時，常得鄉譽。只是莊敬自持，心不愛戲。」	本段引文見象山之穩健與其用功之勤，亦可說明其仍重視「道問學」工夫。
紹興十六年，先生八歲。讀論語，即疑有子之言支離。聞人誦伊川語，即云：伊川之言，奚與孔子孟子之言不類？	本段說明象山之學習不同於常人僅「溫故知新」，更表示象山具有「獨立思考」、對文本與後來的詮釋作品皆具有「判斷能力」。
紹興十七年，先生九歲。屬文能自達。	
紹興十九年，先生十一歲。讀書有覺。從幼讀書便著意，未嘗放過。外視雖若閒暇，實勤考索。伯兄總家務，嘗夜分起，見先生觀書，或秉燭檢書。……一見便有疑，一疑便有覺。	象山十一歲，除用心於觀察所學、思考與外在「現實」相關之物外，並努力讀書，最後確立了「小疑則小進，大疑則大進」的學習原則。此例提醒吾人，心學家亦相當重視客觀精神的追求，故不可誤以為心學家僅重視主觀面向，那是有違事實的。
紹興二十一年，先生十三歲。 因宇宙字義，篤志聖學。十三志古人之學，先生自三四歲時，思天地何所窮際；不得，至於不食。宣教公呵之，遂姑置；而胸中之疑終在，後十餘歲，因讀古書，至宇宙二字，解者曰：「四方上下曰宇，往古來今曰宙」；忽大省曰：「元來無窮，人與天地萬物，皆在	這是象山學習成果豐碩的一年，除立志「篤志聖學」外，更體悟出了人與自然的關係，透過對「宇宙」字義的思考，體悟了「人」該如何看待「自我」與「外在」的關係。 其中得出的重要哲學命題有四，深遠的影響了往後心學之發展： （1）人與天地萬物，皆在無窮之中

無窮之中者也。」乃援筆書曰：「宇宙內事，乃己分內事；己分內事，乃宇宙內事。」又曰：「宇宙便是吾心，吾心卽是宇宙。東海有聖人出焉，此心同也，此理同也。西海有聖人出焉，此心同也，此理同也……千百世之上，至千百世之下，有聖人出焉，此心此理，亦莫不同也，故其啓悟學者，多及宇宙二字」。	者也。 （2）宇宙內事，乃己分內事；己分內事，乃宇宙內事。 （3）宇宙便是吾心，吾心卽是宇宙。 （4）百世之上，至千百世之下，有聖人出焉，此心此理，莫不同也。
紹興二十二年，先生十四歲。 自云：某氣質素弱，年十四五，手足未嘗溫暖。後以稍知所向，體力亦隨壯也。 吾於踐履未能純一，然纔自警策，便與天地相似。	象山原本體弱多病，後來改善。自云「稍知所向」是其體質改變原因，但此「所向」有可能指「個人立志方向」，亦有可能指「養身方向」。其中之潛在的意義，似乎顯示象山重視「心」或孟子「從其大體」的功能，使其因「立志」而後「鍛練」體魄。「然纔自警策，便與天地相似」一語，是透過對「本心」之觀照，使其哲學屬性與孔孟的心性工夫全面相關。
紹興二十三年，先生十五歲。 講習豈無樂，鑽磨未有涯。書非貴口詠，學必到心齋。酒可陶吾性，詩堪述所懷。誰言曾點志，吾得與之偕。	作《郊行》一詩，其中可見象山強調讀書「非貴口詠」。而是要深入至「心齋」，同時，亦可見其在工作外，有能力設法使「身」、「心」平衡發展，故既能建構新儒學，亦能把酒言志，以述所懷。

紹興二十四年，先生十六歲。 讀三國六朝史，見夷狄亂華，又聞長上道靖康間事，急憤所致，乃剪去指爪，學弓馬……嘗云「做得工夫實」，則「所說即實事」。	這是象山立志報效朝廷的經驗，可見其從小深具「少年英雄」之志。亦可見其本人個性重「實踐」，其判斷「實事」之原則在於——是否可以「做得工夫實」。
紹興三十二年，先生二十四歲。 秋試以周禮鄉舉，考官王景文評曰：「毫髮無遺恨，波瀾獨老成。」	考官評：「毫髮無遺恨，波瀾獨老成」一語，代表象山二十四歲時，文章內涵看法已周全，並且見解成熟。
乾道七年，先生三十三歲，秋試，以《易經》再鄉舉，考官批義卷云：如端人正士衣冠佩玉，論策批如其義。	三十三歲秋試，以《易經》再次鄉舉，次年赴京考試，一舉中進士。
乾道八年，先生三十四歲春試南宮。主考官呂祖謙云：「此卷超絕有學問者，必是江西陸子靜之文。此人斷不可失也。」 夏五月，廷對，賜同進士出身。在行都諸賢從游，先生朝夕應酬答問，學者踵至至不得寢者餘四十日。 象山名聲震行都後，從游者日衆，首先向他問學最知名者，就是富陽主簿楊簡。在象山經浙江富陽回江西時，時任富陽主簿之楊簡向象山請益，一問一答間，精彩對話使其問學時間長達半月，在象山開導之下，楊簡方悟得「本心」觀念。	當時主持南宮的考官就是呂祖謙，他早聞陸子靜之名，敬其人而愛其文。本段歷史除《年譜》外，亦可參見《行狀》，《陸九淵集》，卷三十三。 象山回鄉後，以槐堂為講學處，確立以「本心」為其學說體系中心，既教人「收拾精神，涵養德性」，又以「辨志」與「義利之辨」為教學目標。先後得朱桴、傅夢泉一批學者，傅氏也是陸九淵最欣賞的學生。象山門人以槐堂諸儒為代表，在家鄉槐堂授徒論道數年後，江西與浙東即成為陸學門人集中處，江西以傅夢泉、鄧約禮與傅子雲為主要人物，是為「槐堂諸儒」；浙東則以楊簡、

《宋史》對楊簡之評價很高，《宋史》中載：「楊簡之學，非世儒所能及，施諸有政，使人百世而不能忘，然雖享高年，不究於用，豈不重可惜也哉。」(《宋史》〈列傳第一百六十六〉)	袁燮、舒璘與沈煥為代表，這四個人被稱為「甬上四先生」或「四明四先生」。
淳熙二年，先生三十七歲，會朱元晦諸公於信之鵝湖寺。 鵝湖之會，論及教人，元晦之意，欲令人泛觀博覽，而後歸之約；二陸之意，欲先發明人之本心，而後使之博覽。朱以陸之教人為太簡，陸以朱之教人為支離，此頗不合。	呂祖謙於淳熙二年至武夷訪元晦，一個多月後，元晦送呂氏到江西信州鵝湖。呂氏為調和朱陸分歧，約元晦與子壽、子靜與劉子澄及江浙諸友討論「為學之方」，特別是治學和修養的方法，呂氏意在「欲會歸於一，而定其所適從」，但結果是各不相讓，「朱以陸之教人為太簡，陸以朱之教人為支離，此頗不合。」
淳熙六年，先生四十一歲，任崇安主簿。	
淳熙八年，先生四十三歲，訪朱元晦於南康，講「君子喻于義，小人喻於利」一章。聽者甚為感動，「說得來痛快，至有流涕者」。元晦也離座向衆人表示：「熹當與諸生共守，以無忘陸先生之訓。」並再三云：「熹在此不曾說到這裏，負愧何言。」	象山在白鹿洞書院所講的核心問題是「義利之辨」，此為象山教導學生主要的目標，例如《陸九淵集．語錄上》曾載：「傅子淵自此歸其家，陳正己問之曰:『陸先生教人何先？』對曰:『辨志。』正己復問曰：『何辨？』對曰：『義利之辨。』若子淵之對，可謂切要。」此即顯示象山哲學落實於人倫生活的特性。
淳熙九年，先生四十四歲，除國子正。	

淳熙十年，先生四十五歲，在國學，講《春秋》。	象山於淳熙十年冬遷敕令所刪定官。
淳熙十一年，先生四十六歲，在勅局春祀祚德廟為獻官。上殿輪對五劄。 元晦寄信予象山云：得聞至論，慰沃良深，其規模宏大，源流深遠，豈腐儒鄙生所可窺測……但向上一路未曾撥著。象山回信云：疑豈待之太重，望之太過，未免金注之昏耶。	象山四十六歲，上殿輪對進五劄，講論武略，論醫國、論駁中外奏對不可行者、訪求智勇之士，慨然有洗刷靖康恥之志向。 《宋史·陸九淵傳》亦記載象山所陳五論：一論仇恥未復，願博求天下之俊傑，相與舉論道經邦之職。二論願致尊德樂道之誠。三論知人之難。四論事當馴致而不可驟。五論人主不當親細事。 期間朱陸之爭仍舊持續，透過書信往返進行討論，問題仍與「尊德性」與「道問學」的課題相關。
淳熙十三年，象山轉宣義郎，除將作監丞。十一月二十九日得旨，主管台州崇道觀。 既歸，學者輻輳，時鄉曲長老亦俯首聽誨，每詣城邑，環坐率二三百人，至不能容，徙寺觀。縣官為設講席於學宮，聽者貴賤老少溢塞途巷，從游之盛，未見有此。	淳熙十三年，為給事中王信劾罷，改聘為管理崇道觀，即管理道觀，象山接旨後隨即歸鄉講學。 未料歸鄉後竟引發一股學風，聽衆不分貴賤老少，溢塞村里，從游之盛，未見有此。
淳熙十四年，先生四十九歲，登貴溪應天山講學。 門人彭興宗等人建精舍，迎先生講學，	淳熙十四年，講學於貴溪應天山精舍，開始與朱子論無極、太極的問題。

先生登（此山）而樂之。初冬答朱元晦書，辯無極太極始此。	
淳熙十五年，先生五十歲，易應天山名為象山，結廬者甚衆。居山五年，閱其簿，來見者踰數千人。夏月望日與朱元晦辯《太極圖說》 先生常居方丈。每旦，精舍鳴鼓，則乘山蕎至。會揖，升講坐，容色粹然，精神炯然。學者又以一小牌書姓名年甲，以序揭之，觀此以坐，少亦不下數十百，齊肅無譁。首誨以收斂精神，涵養德性，諸生皆俛首拱聽，非徒講經，每啓發人之本心也，間舉經語為證。音吐清響，聽者無不感動興起。 初見者或欲質疑，或欲致辯，或以學自負或有立崖岸自者，聞誨之後，多自屈服不敢復發，其有欲言而不能自達者，則代為之說，宛如其所欲言，乃從而開發之，至有片言半辭可，必獎勵進之，故人皆感激奮礪。 平居或觀書，或撫琴。佳天氣，則徐步觀瀑，至高誦經訓，歌楚辭，及古詩文，雍容自適。 雖盛暑衣冠必整肅，望之如神。諸生登方丈請誨，和氣可掬，隨其人有所開	象山在貴溪應天山講學時，因「應天」山名具有佛教意識，為區分「儒、佛」之別，乃根據山形改名為「象山」，並自稱象山居士。 左側引文詳述象山講學風采，從中可見象山學問之充實豐盛、語音清響、授課氣氛之高昂，以及其教學態度深具謙和之風格。 象山既容許學生與之辯論，又可使其心服口服；同時亦可使觀念不清、欲言又止之學生在其協助下，得到完全的表達與陳述，最後，終能感動學生，使學生感激而後奮勵向學。 本節引文詳述象山日常生活，從中可見其生活士氣之高昂，既常能高誦經訓，歌楚辭，及古詩文，又能在生活態度上雍容自適。 在師生之間，象山總能因材施教，隨其人而有所開發；並且只教以涵養或曉以讀書之方，未嘗及閒話，亦未嘗只令學生讀經典。

發，或教以涵養，或曉以讀書之方，未嘗及閒話，亦未嘗令看先儒語錄。	
淳熙十六年，先生五十一歲，宋光宗繼位，朝廷詔先生知荊門軍。	
紹熙二年，先生五十三歲，囑傅季魯（傅子雲）居山講學。	象山於光宗紹熙二年，赴任荊門。講學之職授予傅子雲，要求其「為我率諸友，日切磋之」。即要求子雲既要代替其教職，要維繫其教學精神；又要日切磋之，將學生當友人，而非高高在上。即既要教之，亦要學之，更要能教學相長，互相切磋。
紹熙三年，先生五十四歲，在荊門，春正月十三日，會吏民講洪範五皇極一章。冬十二月十四日癸丑日中，先生卒。	象山在荊門軍頗有作為，不論是軍事方面的嚴邊防、築城池；或是在在政治上的興利、除弊；或是在教育上修郡學、親為官民講學。荊門經過其一番整頓，風俗一變；宰相周必大稱其為「荊門之政，如古循吏」。最後於紹熙三年十二月十四日，象山病卒於任上。

以上是根據《宋史》、《年譜》等史料紀錄對象山之觀察與省思，部分文句經過改寫以求接近當代語法，以利閱讀與理解。以下將對其個人成長史、其讀書與立志之重點，以及象山哲學之發展背景——從儒學史至象山學術史進行說明與分析，為本書各章運用「背景哲學」方法、分析概念「發生」之方法（第二章中探討），以及象山哲學方法（第三章中探討）做理論分析之準備。

貳、從「象山成長史」見其史觀與哲學問題意識的形成

透過上述《年譜》等史料觀察陸象山，我們發覺有兩項要點是伴隨象山終身學問發展的，第一即是「懷疑與批判之哲學精神」，第二即是培養自身之「史觀」與個人終身努力的「哲學問題意識」之確立，此兩項特點對其影響深遠，詳細說明如下：

一、象山哲學批判精神之形成

陸象山年幼聰穎，三、四歲時靜坐即如成人[11]，七歲時得鄉人贊譽，長大則遇事有疑必問，並能保持敏銳之批判力。陸象山兄長陸九韶曾說：「子靜弟高明，自幼已不同，遇事逐物皆有省發。嘗聞鼓聲振動窗櫺，亦豁然有覺，其進學每如此」[12]，顯見象山遇事必有省思與體會，充分表現出將哲學與生活結合的風格。

另一案例則在象山五哥陸九齡讀《論語》時，問象山對〈有子〉一章有何看法，象山卻認為這一章應是有子個人言論，不似孔子之言；九齡說有子是孔子的主要門人，不可隨意懷疑，但陸象山卻直接指出兩人學問之差異點說：「夫子之言簡易，有子之言支離」，其中即可見象山之獨立思考與判斷能力。**以今日學術語言說明，即表示象山可以穿透諸多二手研究資料干擾，直探原創者之心懷；此能力雖伴隨極高之臆測風險，但卻亦是現代研究者所欠缺之風格**。此外，又如象山讀二程作品，亦發現伊川（程頤）所言與孔、孟之旨不類，甚或相悖，此皆代表其哲學之反思

[11] 根據《年譜》記載，象山三歲時「幼不戲弄」，四歲時「靜重如成人」。
[12] 《宋元學案・象山學案》

能力，相當能對傳統文獻保持一定省思距離，並能進行反省與批判。

最後，在《全集》之卷三十五與三十六，象山亦提出了「為學患無疑，疑則有進」，以及「小疑則小進，大疑則大進」的讀書原則，皆強調了學習哲學者應能對文獻保有敏銳之批判力，此點足供吾人三思。

二、歷史觀與終身問題意識之確立

在讀書與立志方面[13]，象山年少時即培養自身史觀能力。據《宋史・陸九淵傳》記載，象山少時遍覽史籍，讀三國六朝史時即感慨當時中原受夷狄亂華之苦；讀靖康之恥則剪斷指甲，學習弓馬，立志要為朝廷復仇，深具少年英雄之志。象山讀書相當能符合《論語》所言「學」與「思」並重的精神[14]，除了孜孜不倦學習外，亦常思考書中引發之問題，一如他三、四歲時，即曾問父親天地何所窮際？父視其為童稚之語，笑而不答，未料他竟為此思索至廢寢忘食。

事實上，此乃顯示陸氏自幼即充滿哲學家追根究底之個性，並能針對「自然」與「生命」等重要哲學問題，保有持久之關懷。這種關懷特質長久以來本屬中國哲學的重要特徵，從《周易》哲學首開以「仰觀天象」方式探索「宇宙自然」的歷史開始，直至漢代司馬遷「究天人之際，通古今之變」，乃至宋代陸象山問天地何所窮際？對「宇宙」展開統合「自我」與「外在」的探討，此

---

13 陸象山 7 歲讀書，9 歲能屬文。13 歲即有志於古人之學，並思考出人與天地萬物，皆在無窮之中，進而體悟出宇宙便是吾心等觀念。紹興三十二年（1164 年）23 歲以前是象山主要求學時期，從 24 至 54 歲的近 30 年中，主要工作是建立心學體系與講學傳播儒學理論，以宋代時空背景重新詮釋先秦儒學精神。

14 《論語・為政》:「學而不思則罔，思而不學則殆。」

即其著名的「宇宙不曾限隔人，人自限隔宇宙」[15]的命題；它與多數中國哲學家們一樣，將對「人」與「世界」的探討視為中國哲學關心的重點。[16]

象山哲學的問題意識主要在探討「人」與「世界」的關係，其「心即理」學說體系即從此而延伸出。以象山文本觀之，在「人」與「世界」的關係方面，象山認為「人」與「個人的外在遭遇」事實上是互相激發的；人雖有無限的想像力，但宇宙與世界更以其無窮盡的可能，提供人類透過其才情而對文明有所建樹。例如象山十三歲時亦曾經對「人」與「宇宙」的問題有所體悟，當其見前人之詮解「四方上下曰宇，往古來今曰宙」時，即體悟到「宇宙」的「無窮性」與「無限性」[17]。此時他便寫出「宇宙內事乃己分內事，己分內事乃宇宙內事」[18]之經典性命題，為宋明儒學

[15] 《陸九淵集》卷三十四，〈語錄上〉，頁 401。

[16] 「世界」與「宇宙」是不同的概念，「宇宙」包含一切存有，包含客觀的自然世界與主觀的人文世界；「宇宙」範疇顯然是大於「世界」的範疇，例如我們常說「華人世界」即用以表示它是全體人類之「部分」範疇。但本文基於下列理由將兩者交互運用，有時將以「世界觀」代替「宇宙觀」，以利發展其中之研究動機：

（1）第一項理由是以「世界觀」代替「宇宙觀」時，在思考上強調透過「人文化成」後的觀點分析「宇宙」概念，使原本中性的「宇宙」內涵產生「意義」的轉向。例如：當我們說陸象山的世界觀時，我們重視的是「人」（陸象山或某一哲學家）的創造活動，重視人透過「創造力」對「世界」所賦予之「意義」。

（2）第二項理由在於以「世界觀」說明「宇宙觀」時，本文強調「中國哲學家」對其學問的「研究方向」是扣緊吾人之「生活世界」而闡述其理論的，而非未具體確定有其他人類的「宇宙」申論其學說。

本文基於上述理由將兩概念交互運用，雖可能無法臻於完善，但仍希求能在研究動機的「設定」下，在設定中仍能保持其中論述脈絡之一致性。

[17] 《陸九淵集》卷三十六，〈年譜〉，頁 482 中載有象山「因宇宙字義，篤志聖學」。

[18] 《陸九淵集》卷三十六，〈年譜〉，頁 483。

探討「人」與「世界」的關係提供了充分發展之原則；此亦是本書在對象山的研究上重視「象山之人觀」與「象山對人與社會之處理」的原因。

本節結語：簡言之，伴隨象山終身學問發展者，除了一種「懷疑與批判之哲學精神」外，即是學者應培養自身之「史觀」，以及建立個人終身努力的「問題意識」；否則學問終將止於外在的追求，而非與自身生命相關者。明代陽明根據此精神即說出了志不立，如無舵之舟，無銜之馬，漂蕩奔逸，終亦何所底乎的名言，值得吾人參考。以下再就象山哲學之發展背景進行分析，說明從儒學歷史至象山學術史變化中之意義。

第二節　從儒學史至象山學的發展背景

本節對「從儒學史至象山學的發展背景」的論述，將透過下列三個面向進行分析：首先，本文將從整體的儒學發展，特別是心學的源流與傳承，析論象山哲學之根源。其次，我們將透過「史實」與「問題還原」的角度探討朱陸之爭，以「尊德性與道問學」為主軸，探討兩派觀點的異同與調和之道。其三，對於「象山之學是否為禪學的質疑」本文亦有所探究，我們將以象山文本為基礎，釐清其中之分別以及會通原則。以下是本節的三個主要論述方向：

壹、從儒學史見象山學術之脈絡

貳、「朱陸之爭」及其「調和可能性」之分析

參、從象山哲學中看儒佛兩家之區別

壹、從儒學史見象山學術之脈絡

一、象山思想史之脈絡

在黃宗羲[19]、全祖望[20]所著的《宋元學案》中，全祖望曾經說：「象山之學，先立乎其大者，本乎孟子，足以貶末俗口耳支離之學」[21]，其中可見象山的學問源頭在於孟子，他亦自稱「因讀《孟子》而自得之」[22]。孟子學在宋代學術影響是相當全面的，例如《孟子》一書在中國歷史上首次被列為科舉考試科目即是在宋代；孟子首次被追封為鄒國公[23]、配享孔廟等亦是在宋代。[24]南宋朱熹又把《孟子》與《論語》、《大學》、《中庸》合為「四書」，實質影響力超過五經。到了元代至順元年（1330）孟子又被加封為亞聖公，使孟子地位僅次於孔子，可見其對宋元明三代社會與學風的影響性。當代新儒家學者牟宗三先生亦曾說「象山學」[25]與「陽明學」[26]皆

---

19 黃宗羲（1610-1695），字太衝，號梨洲。

20 全祖望（1705-1755），字紹衣，號謝山。

21 《宋元學案‧象山學案》。黃宗羲原本、黃百家纂輯、全祖望修定，台北：廣文書局，1970。

22 《陸九淵集》卷三十五，〈語錄下〉，頁 471，記載有詹阜民嘗問：「先生之學亦有所受乎？曰：因讀《孟子》而自得之。」

23 北宋神宗熙寧四年（1071），《孟子》一書首次被列入科舉考試科目之中。

24 北宋元豐六年(1083)，孟子首次被官方追封為鄒國公，元豐七年配享孔廟。

25 有關象山的學脈牟宗三先生認為：他是專以孟子為主，其他經典乃是貫通而涉及者。自此而言，他與濂溪、橫渠、明道、伊川、五峯、朱子皆不同。此六子者，在立體方面，大體以中庸易傳為主。由此不同，可以立見象山學為孟子學無疑。參見牟宗三，《從陸象山到劉蕺山》，台北：台灣學生書局，1979，頁 4。

26 牟宗三：〈陽明學是孟子學（上）〉，《鵝湖月刊》，第 001 期，1975.07。

與孟子學密切相關，他為《孟子・告子上》做逐句疏解更表示孟子學對宋明理學的深遠影響[27]，他認為必須「順孟子基本義理前進，直至天爵人爵之提出，此則可以接觸圓善問題矣」[28]。

再從象山文本觀察，象山對孟子的激賞是明確的，象山曾說：「夫子以仁發明斯道，其言渾無罅縫。孟子十字打開，更無隱遁，蓋時不同也。」[29]象山認為自孔子闡釋仁學，孟子得其真傳以來，其後儒學精神之傳遞未臻純正，後世儒者大有誤解原初儒者精神的疑慮。象山這種觀點多次出現在其文本中，例如本章第一節中我們指出象山對《論語》文本中〈有子〉一章的質疑即是最好的例子，他對儒家最經典的文本《論語》都不能全面接受，顯見象山的批判精神與嚴謹的獨立思辨要求。

除了象山對《論語》〈有子〉一章的質疑外，他亦批評程頤[30]之學說道：「二程見周茂叔後，吟風弄月而歸，有吾與點也之意。後來明道[31]此意卻存，伊川已失了」，以及「伊川蔽錮深，明道卻疏通」[32]，換言之，他認為程頤並未能承續《論語》曾點言志一章之風格，並不足以為純正儒學的代表；象山雖批評程頤，但其學說仍與伊洛門下存在著淵源，一如《陸九淵集》中記載：

> 韓退之言，軻死不得其傳。固不敢誣後世無賢者，然直是至伊洛諸公，得千載不傳之學。但草創未為光明，到今日若不大段光明，更幹當甚事？[33]

---

27 牟宗三：《圓善論》，第一章，台北：台灣學生書局，1985，頁 1-58。
28 牟宗三：《圓善論》，序言，台北：台灣學生書局，1985，頁 8。
29 《陸九淵集》卷三十四，〈語錄上〉，頁 398。
30 程頤（1033-1107），字正叔，世稱伊川先生。
31 程顥（1032-1085），字伯淳，世稱明道先生。
32 《陸九淵集》卷三十四，〈語錄上〉，頁 413。
33 《陸九淵集》卷三十五，〈語錄下〉，頁 436。

從本段引文可知象山雖與伊洛門下無直接師承，但可見其試圖上接伊洛之學，並將其發揚的企圖與理想。按照全祖望的說法，象山之學本無師承[34]，而是透過謝良佐[35]、王蘋[36]等人而溯源自程顥。《宋元學案》有兩則與象山學脈相關之紀錄如下，第一則指出「象山之學，本無所承，東發以為遙出於上蔡，予以為兼出於信伯。蓋程門已有此一種矣」[37]。第二則指出「程門自謝上蔡、王信伯、林竹軒、張無垢至於林艾軒，皆其前茅，及象山而大成，而其宗旨亦最廣」[38]，此兩則引文說明了象山哲學根源雖自謂源自孟子，但在具體史實中仍可發覺其受伊洛之學，特別是程顥的影響。徐復觀先生對上述《宋元學案》的推論則有不同看法，特別是對張無垢的思想與象山不類，但卻又被全祖望採納為象山思想根源表示頗不贊同。

徐復觀先生對象山研究見於其〈象山學述〉一文，該文收錄於《中國思想史論集》[39]，書中對象山有詳細深入的研究。在象山思想學術淵源方面，徐氏指出全祖望在〈橫浦學案〉中註明「陸學之先」是錯誤的[40]，因為在陸九淵集中絕未提及橫浦（張無垢），且橫浦思想承上蔡之後，以覺為仁，與象山精神面貌不似。由於明道

---

34 朱子答門人問象山師承時，亦曾經說象山「不知師誰，然也不問師傳。」《朱子語類》卷一二四。

35 謝良佐（1050-1103），字顯道，上蔡人。

36 王蘋（1082-1153），學者稱為信伯先生。

37 《宋元學案・震澤學案》。

38 《宋元學案・象山學案》。相近似的說法尚存在於〈震澤學案〉、〈周許諸儒學案〉與〈艾軒學案〉的序錄。

39 徐復觀：〈象山學術〉，《中國思想史論集》，台北：台灣學生書局，1993，頁12-71。

40 全祖望在《象山學案》序錄中對於陸象山學脈的描述如下：「程門自謝上蔡以後，王信伯、林竹軒、張無垢至於林艾軒，皆其前茅，及象山而大成，而其宗傳亦最廣。」《宋元學案・象山學案》。

與象山之近反在橫浦之上，徐復觀因此批評：「然全謝山不謂其淵源於明道者，蓋上蔡以下之信伯者人，世多指其入禪，橫浦為甚。……所以他所加上的『皆其前茅』及『陸學之先』等說法，無疑是受了朱陸異同的影響；不特對象山學術淵源無所說明，且徒增加後人誤解」[41]。這裡徐氏排除橫浦（張無垢/張九成）的看法主要是由於陸氏全集中未提及張無垢，對此觀點本文可以認同；但對於其「以覺為仁」即與儒學無關的推論本文即較持保留態度，此點容稍後於「二程門人對象山心學的影響」一單元中論述。

在對歷史的解析後，徐復觀先生又指出象山哲學淵源可分廣狹兩義說明：「若就廣義的思想淵源說，則亦可謂與朱元晦同出於伊洛。若就狹義的師傳說，則陸氏兄弟『自為師友』，可謂孤軍特起，不必另有所附麗。若就各人治學之所由啟發，亦即其所最得力處說，則他自己分明說是『因讀《孟子》而自得之』，此語與其全部學術之精神，最吻合無間。」[42]為了掌握象山哲學精神，徐氏除了從《宋元學案》與《陸九淵集》分析陸氏學說淵源外，更從當時「科舉制度弊端」與「當時浮論虛說學風」等時代問題分析出象山畢生志業。[43]對象山學問源自陸氏兄弟「自為師友」的「家傳」看法，學者劉宗賢不表認同，劉氏認為部分學者認為象山之學為「家傳」之看法並不正確，劉氏認為其「家學其實只是創造了這一學說形成的氛圍和條件」[44]，其實象山之學是「因讀《孟子》而自得之」，

[41] 徐復觀：〈象山學術〉，《中國思想史論集》，台北：台灣學生書局，1993，頁 14。

[42] 徐復觀：〈象山學術〉，《中國思想史論集》，台北：台灣學生書局，1993，頁 14。

[43] 徐復觀：〈象山學術〉，《中國思想史論集》，台北：台灣學生書局，1993，頁 15-16。

[44] 劉宗賢：〈陸九淵心學源流辨析〉，《孔子研究》，2005.03.，頁 97。

並且與「伊洛淵源」有密切關係；同時，象山認為「伊洛」雖得儒家正統，但其學說乃屬草創階段有待進一步發明。[45]

曾春海先生對「象山哲學的學脈」亦有詳細的研究，他根據日本學者宇野哲人《中國近世儒學史》[46]的成果，以及中國學者夏君虞在《宋學概要》[47]研究結果，認為象山哲學的源流除了在「思想史」上受到程顥、謝良佐、王蘋影響外，如果根據象山學說的「哲學內涵」判斷，更應加入楊時[48]、張九成[49]、與林光朝[50]等人的影響，方為一完整的對象山學脈之觀察。[51]上述幾位學者看法雖有差異，但皆同意象山之學與「伊洛」關連密切，對伊洛門人謝良佐、張九成與王蘋的思想後文將進一步詳述。以上是從思想史上對象山學脈淵源的探討，其次我們再就哲學觀念分析其傳承與源流。

二、象山心學之傳承與源流

有關象山哲學觀念的傳承與源流，我們可透過對心的定義方式，以及心與本體關係的發展，從孟子、程顥，以及二程門人思想觀察象山心學之傳承。

---

[45] 劉宗賢：〈陸九淵心學源流辨析〉，《孔子研究》，2005.03.，頁 97。

[46] 宇野哲人：《中國近世儒學史》，台北：中國文化大學出版部，1982，頁 218。

[47] 夏君虞：《宋學概要》，台北：華世出版社，1976，頁 120。在夏先生的研究中，象山學脈之來源亦包含了張載至呂大臨、許景衡、與林季仲（林竹軒）的影響。

[48] 楊時（1044-1130），字中立，學者稱為龜山先生。

[49] 張九成（1092-1159），字子韶，自號橫浦居士，亦稱無垢居士。朱子曾說：「上蔡之說一轉而張子韶，張子韶一轉而為陸子靜。上蔡所不敢衝突者，子韶盡衝突；子韶所不敢衝突者，子靜盡衝突。」《宋元學案．上蔡學案》。

[50] 林光朝（1114-1178），字謙之，號艾軒。

[51] 曾春海：《陸象山》，台北：東大圖書公司，1988，頁 27-28。

（一）孟子論心之要義

1.心之官則思，以心為大體

先秦孔老都少有直接論述心的理論，直至孟子特重心的觀念，為便於理解《孟子》一書的「心」觀念，我們從中歸納出三種心的主要作用與意義。第一、情感作用之心，例如「惻隱之心」[52]屬之。第二、心指人的認知與思維能力，例如「心之官則思，思則得之，不思則不得也」[53]屬之。第三、指人的良知作用，例如「行有不慊於心則餒矣」[54]；這種「心」是孟子「心」觀念中最重要者，指出人有一種向內追求自我平衡，向外企求天道理想的傾向。例如「心不若人則不知惡」[55]、「存其心」、「盡其心」、「養心」[56]等都屬此類道德實踐，這是《孟子》全書能發揮四善端之關鍵所在。換言之，因心能認知與思考，故使人可以不「蔽於物」並「從其大體」[57]；而心學主流的「良知」[58]功能，後來即象山的發明本心，以及陽明的致良知教皆從中開展出其理論體系。總體來說，這三種心的功能都含有「自覺主體」意義，有其情感與理性面，同時亦有主動與自省能力。根據「心」這種

52 《孟子》〈公孫丑上〉及〈告子上〉

53 《孟子》〈告子上〉

54 《孟子》〈公孫丑上〉

55 《孟子》〈告子上〉

56 《孟子》〈盡心上〉

57 孟子曰：「從其大體為大人，從其小體為小人。……耳目之官不思，而蔽於物。……心之官則思；思則得之，不思則不得也。」《孟子‧告子上》

58 孟子曰：「人之所不學而能者，其良能也。所不慮而知者，其良知也。孩提之童，無不知愛其親者，及其長也，無不知敬其兄也」。《孟子‧盡心上》

主動與自省能力，孟子再透過「盡心」觀念統合之並向宇宙存在本體進行探究，極力思索兩者合一的可能性，此即其「盡心而後知天」的理論體系。

2.盡心而後知天

孟子在其〈盡心上篇〉中云：「盡其心者，知其性也；知其性，則知天矣；存其心，養其性，所以事天也」，此一引文指出了《孟子》「心」的基礎性觀念與其修養境界的次第。「盡」是擴充至極限的意思，意指如能充盡四端之心，即可明白人有先天的「仁義禮智之性」。在擴充四端的過程中，心以一自覺主體的角色開顯其心、性、天通而為一的義理。孟子主張人性本善，即是以此結構為基礎而展開，在「盡心」、「知性」、「知天」之外，更要「事天」；也就是除了「知」之外，更要「行」，努力以「存心養性」之行，又守住自己靈明的本心，培養自然的本性，這即是與「天」之運行原理相符合、相呼應的行為。同時，也是在這種「心性天通而為一」的基礎原理上，上述以「自覺主體心」為宗旨的心性價值觀，才是一統合個體的形上生命與宇宙本體兩者，成為一有所本、有所歸依之理論。此觀點後來即影響程顥的「識仁」與「萬物一體」觀，以及象山的「本心」與「宇宙便是吾心」的觀念。

（二）程顥的「以心知天」與「識仁、與物同體」說

1.「以心知天、只心便是天」——自家心便是草木鳥獸之心

程顥論「心」與「天」的關係是「以心知天」，是屬於以「個體生命」了解「外在宇宙」的思考模式，例如他說：

嘗論以心知天，猶居京師往長安，但知出西門便可到長安，此猶是言作兩處。若要至誠，只在京師便是到長安，更不可別求長安。只心便是天，盡之便知性，知性便知天。當處便認取，更不可外求。[59]

天地之間，非獨人為至靈，自家心便是草木鳥獸之心也，但人受天地之中以生爾。[60]

從上述引文可知程顥論「心」與「天」的關係是「只心便是天」，本文認為這是一種以時間替換空間，以時間性的生命看待空間性宇宙的思維型態，不能以今日的哲學判準或以科學或物理空間衡量其理論正誤。即它必須透過「個體生命」方可了解「外在宇宙」，方可理解其為何強調「心」是「自家心」，或者強調「自家心便是草木鳥獸之心也」。正由此「心」觀念的擴大與提升，故程顥可言此自家心具「只心便是天」的理論功能，進而可銜接其「識仁」與「仁者渾然與物同體」的理論；然而，如果省略此一理論預設，即易以空虛玄想定位心學價值，誤以心學為空疏之學，這點我們在後文「象山哲學中儒佛會通之可能性分析」一節中再詳加說明，以下先分析其識仁之說。

2.學者須先識仁、仁者渾然與物同體

如果說程顥的學說是「以心知天」的哲學類型，是屬於以「個體生命」了解「外在宇宙」的思考模式，則其「識仁」之說仍統合了《論語》的「仁」觀念與其「以心知天」的思考模型，進而定位出其「仁者渾然與物同體」的體系。他在〈識仁篇〉指出：

---

59 《宋元學案・明道學案》。

60 《二程遺書》卷一。

> 學者須先識仁。仁者，渾然與物同體，義、禮、智、信皆仁也。識得此理，以誠敬存之而已，不須防檢，不須窮索。若心懈，則有防；心苟不懈，何防之有！理有未得，故須窮索；存久自明，安待窮索！此道與物無對，「大」不足以明之。天地之用，皆我之用。孟子言「萬物皆備于我」，須「反身而誠」，乃為大樂。[61]

程顥此一思路的淵源毫無疑問地是源自孟子理論，其中「萬物皆備于我」、「反身而誠」是引孟子之語；而「學者須先識仁，仁者，渾然與物同體」則與孟子透過以「盡心知性知天」的思考相似。孟子是從盡心說至知天，程顥則從識仁說到與物同體，兩者皆透過個體生命，引導出其「知天」或「與物同體」觀念架構下的「人」與「世界」的關係，可見兩人在思考結構上非常相近。「識仁」即相當於「盡心」，兩者皆為其各自理論命題的大前提，或者是其理論設計之參考機制；程顥希能透過此一機制，使讀者或習者能設法透過「識仁」的「誠敬存之」，以及「存久自明」的過程，了解「天地之用，皆我之用」的可能性，這種修養論當代學者認為屬於一種自誠明的「務內論」[62]，或者說是「境界功夫」[63]；此種工夫對理解象山哲學為何重視「本心」與「宇宙」兩者的關係自有重大的意義。

---

61 《宋元學案・明道學案》。

62 曾春海：《陸象山》，台北：東大圖書公司，1988，頁 30。

63 杜保瑞言：這一段文字是最精彩的境界功夫的儒學理論，由境界講功夫……是講「悟後功夫」……是要實際做到了這個「仁」的境界的意思……從此一路直接展現「識仁」之後的境界，而不是不斷防弊、除欲的功夫。杜保瑞：〈程顥境界哲學進路的儒學建構〉《杜保瑞的中國哲學教室》，網址：http://homepage.ntu.edu.tw/~duhbauruei，擷取日期：2008/10/3。

（三）二程門人對象山心學的影響

二程門人謝良佐、張九成與王蘋的思想對象山心學的形成都有影響，以下分別說明：

1.謝良佐（上蔡）

謝良佐（1050-1103），字顯道，上蔡人，是二程門人中的傑出人物，黃宗羲曾說「程門高弟，予竊以上蔡為第一」[64]；全祖望亦曾說「洛學之魁，皆推上蔡」[65]。兩人的淵源在於程顥知扶溝縣時良佐前往問學，因良佐自負其學問淵博，故他「對明道舉史書不遺一字」的背誦，正當其心感得意之際，卻為程顥當場以「玩物喪志」一語點醒，此舉使謝氏「汗流浹背」，並對程顥能當機立斷針砭其弊，心服口服；程顥又當運用其汗流浹背之際，立即告之以「只此便是惻隱之心」[66]，並要求他以「靜坐」方式體會為己之學[67]，對其頗有期許[68]。

在對「心」與本體論相關的論題方面，〈上蔡學案〉中曾載有他人問其「盡心」之定義，謝氏先引明道之語，指出「恕心」與「擴充」觀念的重要性，並以「恕」觀念做為判斷是否能真知孟子「盡心」內涵的標準。[69]上蔡接著對「心」的看法說道：

---

64 《宋元學案・上蔡學案》。

65 《宋元學案・百源學案下》。

66 《宋元學案・上蔡學案》。

67 《河南程氏外書》卷 12，(《二程集》第二冊)，北京：中華書局，1981，頁 432。

68 「明道謂人曰，此秀才展拓得開，將來可望」《宋元學案・上蔡學案》。

69 問：「孟子言『盡其心者知其性』，如何是盡其心？」曰：「昔有人問明道先生：『何如斯可謂之恕心？』先生曰：『充擴得去，則為恕心。』『如何是充擴得去底氣象？』曰：『天地變化，草木蕃。』『充擴不去時如何？』

心者何也？仁是已。仁者何也？活者為仁，死者為不仁。今人身體麻痺不知痛癢謂之不仁，桃杏之核可種而生者謂之仁，言有生之意。推此，仁可見矣。[70]

謝良佐以「仁」觀念詮釋孟子之「心」，側重其理論中的「活力」觀念——以「活者為仁，死者為不仁」，顯見其理論隱然重視兩項儒學原則：第一，原初儒者，應具備有對「生命」與「自然」兩大活物的直接「感受」能力，因為如果欠缺對個體生命與宇宙內涵的感受力——即他所言之「身體麻痺不知痛癢」，則難以真正體會孔學流傳數千年之精神，此即其所言的「謂之不仁」。第二，儒者需能保有對理論之創造力，此即其強調的「一處理窮，觸處皆通」。

在其〈語錄〉中詳細記載道：「必窮其大者。理一而已，一處理窮，觸處皆通。恕，其窮理之本與！」[71]，又云：「天，理也，人亦理也。循理則與天為一。與天為一，我非我也，理也；理非理也，天也。」[72]其引文內容豐富，可對吾人有下列三項啟發：

第一，謝氏欲透過「恕」觀念——「恕，其窮理之本與」，上承《論語‧衛靈公》子曰：「其恕乎！己所不欲，勿施于人」的倫理原則，提醒儒者應重視克己復禮為仁的觀念，並能把握良好之人我關係。第二，謝氏欲透過「窮理」觀念——「必窮其大者」，指向孟子重視「大體」的思想[73]，並以大體之心與孟子「仁義禮智」四端之心相呼應。第三，謝氏欲透過對所窮之「理」，以「天，理

曰：『天地閉，賢人隱。』察此，可以見盡不盡矣！」《宋元學案‧上蔡學案》。

[70] 《宋元學案‧上蔡學案》。

[71] 《宋元學案‧上蔡學案》。

[72] 《宋元學案‧上蔡學案》。

[73] 「從其大體為大人，從其小體為小人」。《孟子‧告子上》

也，人亦理也，循理則與天為一」觀念，會通孟子「盡心」至「知天」哲學的理論脈絡。這是謝氏透過二程，特別是程顥之學對先秦儒學的闡發，其中頗能得孔孟之精神。

2.張九成

張九成（1092-1159），字子韶，自號橫浦居士，亦稱無垢居士，北宋末南宋初期哲學家，其理論以「心有所覺謂之仁」為代表。他認為「心」是學問的關鍵，而「心」的內涵具體來說即是「覺」，例如他說：「夫天下萬事皆自心中來，使自禮樂射禦書數以養此心，然後致知格物誠意以正此心，此心既正則修身齊家治國平天下無不可矣」[74]，又說：「學而不求其心，雖誦書五車、揮毫萬字、賦逼淩雲、才高吐鳳，于聖賢之道、天下國家之用何所濟乎？」[75]顯見其學已提升「心」觀念為主要的思考核心，故要求為學需「專意積精於正心之學耳」，從中可見其相當著重「心」觀念。

張九成又受二程和謝良佐影響，認為「心」的內涵具體來說即是「覺」，他指出「仁即是覺，覺即是心，因心生覺，因覺有仁」[76]的觀念，此觀念可能受到謝良佐「身體麻痺不知痛癢謂之不仁」的影響，重視其中「身體性的感覺」。依此，吾人亦可判斷其理論於「心」與「仁」觀念之間，在理論的「起點」與「目標」之間，試圖輔以「覺」觀念為理論的「入手處」。他指出「無覺無心，有心生覺，已是區別」[77]，以「有心」與「無心」兩狀態，區分類似當代哲學上的「存在」與「表達」兩種功能；前者強調理論發展的內在存在狀態，後者則是針對此存在狀態，進行申論與表達後累積的成果。

---

74 張九成：《橫浦集》（卷十七），台北：台灣商務印書館，1973。
75 張九成：《橫浦集》（卷十七），台北：台灣商務印書館，1973。
76 《宋元學案・橫浦心傳》。
77 《宋元學案・橫浦心傳》。

這種以「仁」源於心性，又以心性具有「覺知」特徵可做為其理論入手處的觀點，是一種統合孔子之「仁」與孟子之「心」觀念而有的詮釋，可代表宋明理學家在其時局中對先秦儒學的傳承與創新。這種創新模式對象山透過「本心」，陽明透過「良知」詮釋孔子之「仁」影響性深遠。

3.王蘋

王蘋（1081-1153），字信伯，全祖望說：「予讀信伯集，頗啟象山之萌芽」[78]。他對程顥主張「心是理，理是心」思想加以發展，視「心、理、道」為一體。他說：「聖人之道無本末，無精粗，徹上徹下，只是一理。」[79]其中顯見其學相當重視程顥理論的統合精神。他亦本於此精神向宋高宗進言強調儒學傳統中「心」之觀念，其原文如下：

> 堯、舜、禹、湯、文、武之道相傳，若合符節。非傳聖人之道，傳其心也；非傳聖人之心，傳己之心也。己之心無異聖人之心，萬善皆備。故欲傳堯、舜以來之道，擴充是心焉耳！[80]

引文「己之心無異聖人之心，萬善皆備」中，顯示其觀點與孟子「萬物皆備於我矣，反身而誠」觀念的一致性；然而，其與孟子之差異在於他以為「盡心知性以知天，更不須存養矣；其次則欲存心養性以事天」[81]，此點亦為全祖望所反對[82]。

---

[78] 《宋元學案・百源學案下》。
[79] 《宋元學案・震澤學案》。
[80] 《宋元學案・震澤學案》。
[81] 《宋元學案・震澤學案》。
[82] 《宋元學案・震澤學案》記載有：「祖望謹案此語謬矣」、「或者門人記錄之

這裡我們有兩項合理的推論：第一是王蘋重視的是第一序直觀義上的「知天」，以「盡心」即是「知天」，毋需透過孟子強調的「存養」工夫；全祖望依此而言「祖望謹案此近乎禪家指點語」，以其不類儒家聖人之學。第二種可能性則是將責任推諉予其弟子之失，即如〈震澤學案〉所載的「或者門人記錄之失」所造成。本文則認為，全祖望所云「近乎禪家指點語」這種類型的懷疑在心學中是合理的，因為它起因於當王蘋說出：「道須涵泳，方有自得」[83]時，確實省略了開展其分析性表達的意願，欠缺推論過程，而只將其命題停留在以「涵泳」或「自得」為中心的「表達自體」，未能進入當代哲學重視的具有合理性的「表達歷程」之中。此一問題亦彰顯儒禪爭議在心學理論中有待解決的問題，本節在第三部分「象山哲學中儒佛會通之可能性分析」單元中，將對此議題指出較全面性的探討。

在謝良佐、張九成與王蘋之外，二程門下本謝、楊並稱，程顥另一高徒楊時（龜山），亦頗得程顥欣賞，楊時問學離去時，程顥曾經說過「吾道南矣」[84]，可見其受大程之重視。其學主要以「體悟省察」為修養重點，楊時曾指出：「夫至道之歸，固非筆舌能盡也；要以身體之，以心驗之」[85]，強調內心之體悟與省察，對《中庸》之「中」觀念，亦認為需「在喜怒哀樂未發之際，以心體之，則中之義自見」[86]。楊時對二程之學的流傳極有貢獻，特別是在二程洛學一度遭禁之後，楊時為朝廷重用官至國子祭酒，又參與二程

失」、「祖望謹案此近乎禪家指點語」、「祖望謹案此語亦謬」等評論。

83 先生昔在洛中，晚坐，張思叔誦「逝者如斯夫」，范元長曰：「此即是道體無窮」思叔曰：「如是說，便不好。」先生曰：「道須涵泳，方有自得。」《宋元學案・震澤學案》。

84 《河南程氏外書》卷 12，(《二程集》第二冊)，北京：中華書局，1981，頁 429。

85 《宋元學案・龜山學案》。

86 《宋元學案・龜山學案》。

著作之整理；因此如果說二程之學影響象山之學，楊時的貢獻亦須注意。然而，就其學說特性而言，象山心學在北宋的傳承，仍以謝良佐、張九成與王蘋在理論脈絡之一致性上較高，楊時的影響力主要透過其門人羅從彥，以及羅氏門人李侗影響朱熹。

另外，值得注意的是亦有學者反對《宋元學案》的看法，即反對《宋元學案》認定二程門人謝良佐、張九成與王蘋的思想與象山心學學脈有關。例如：學者邢舒緒即認為謝良佐「窮理」觀念——「必窮其大者」，不同於程氏今日格一件，明日格一件；亦不同於朱熹的欲格盡天下之物，邢氏的看法指出謝氏之「窮理」是：

> 只要能窮盡一件事物之理，就能觸處皆通，理會所有事物的道理。這就是謝良佐的哲學邏輯，而這種思想與陸九淵「心即理」哲學有很大的不同……同樣，王蘋與張九成也是如此，他們思想中或許存在著心學相似的傾向，但他們並不是心學的開啟者，陸九淵本人在論學時也未曾提過他們中的認何一人，《宋元學案》對陸九淵學脈的說法是值得商榷的。[87]

本文對此類觀點則持相反的意見，我們認為從謝氏所窮之理的定義來看，他已經明確地承續孟子「大體」哲學的精神，此本為象山哲學的主要原則。其次，如果說「只要能窮盡一件事物之理，就能觸處皆通」，此一命題之中的內在邏輯與「心即理」命題的邏輯兩者間完全一致，看不出為何「謝良佐的哲學邏輯與陸九淵『心即理』哲學有很大的不同」。其三，「陸九淵本人在論學時也未曾提過他們中的任何一人」這並不代表陸氏未曾讀過二程與伊洛之學，相反地，在《陸九淵集》中記載：「韓退之言，軻死不得其傳。固不敢誣後世無賢者，然直是至伊洛諸公，得千載不傳之學。但草創未

[87] 邢舒緒：〈陸九淵學脈問題淺論〉，《寧波大學學報》，2004.05.，頁 83。

為光明，到今日若不大段光明，更幹當甚事？」[88]此即表示象山讀過伊洛諸公之學，且依象山讀書必有體會的紀錄觀之[89]，能為象山稱讚其為「得千載不傳之學」，象山必定從中有所學習與吸收[90]，此即符合象山所言之「求得血脈」[91]，或是「取之可也」[92]。

簡言之，本文認為象山哲學的發展是源於下列儒學史脈絡中，從孟子闡發的「心之官則思，以心為大體」，強調「盡心而後知天」，擴充人性四端，使心、性、天通而為一。到了北宋，程顥則指出「學者須先識仁，仁者，渾然與物同體」，指出如能盡仁，能以個體生命了解「萬物一體」觀，則可「以心知天」，並理解「只心便是天」如何可能。其後，謝良佐則以「活者為仁，死者為不仁」的原則，透過「仁」觀念詮釋孟子之「心」，側重其理論中的「活力」觀念。而張九成則認為「心」是學問的關鍵，而「心」的內涵具體來說即是「覺」，其理論於「心」與「仁」觀念之間，輔以「覺」觀念為其理論的「入手處」。王蘋則以「已之心無異聖人之心，萬善皆備」的原則，詮釋孟子的「萬物皆備於我矣，反身而誠」。從這些理論脈絡下，象山哲學自然亦必須對此中議題，例如「心」的內在性為何，「心」與「外在世界」（心與萬物的關係，或「心」與外在「社會」關係）提出看法，這兩個主要的思考方向，本書將在第二章與第四章中進行闡述。

---

88 《陸九淵集》卷三十四，〈語錄上〉，頁 413。

89 象山讀書態度是「詁訓章句，茍能從容不迫而諷詠之，其理當自有彰彰者」（《陸九淵集》卷三，〈書〉，頁 34。），即象山要求讀書要能「從容不迫」細細品味。

90 即象山必定有學習與吸收「符合孔孟精神者」與其「思想上相通者」。例如學者劉宗賢亦認為「陸九淵之學出於家傳是確切的，而與謝、張、林等並無師承關係，就思想上看卻不無相通之處。」劉宗賢：〈陸九淵心學源流辨析〉，《孔子研究》，2005.03.，頁 98。

91 《陸九淵集》卷三十五，〈語錄下〉，頁 444。

92 《陸九淵集》卷三十二，〈拾遺〉，〈取二三策而已矣〉，頁 381。「書不可以不信，亦不可以必信。使書而皆合於理，雖非聖人之經，盡取之可也。」

貳、「朱陸之爭」及其「調和可能性」之分析

「朱陸之爭」基本上可以包含兩次朱陸重要的會晤，以及書信往返等等討論；依據歷史記載，兩人在信州的「鵝湖之會」、象山在朱熹知南康軍時登白鹿洞書院講「義利之辨」，以及兩人書信中有關「無極與太極」的爭議[93]，都算是「朱陸之爭」的歷史，其中以「鵝湖之會」最為著名，並以探討「尊德性」與「道問學」觀念為此次辯論主軸。[94]此一問題源自《中庸》提出「君子尊德性而道問學，致廣大而盡精微，極高明而道中庸」觀點後，儒家學者到底應該重視「尊德性」或者重視「道問學」，或者說「道德」和「知識」兩者在修養論中的輕重問題，即成為一具有爭議性的課題；特別是在朱元晦和陸象山的鵝湖之會（1175）後，儒家方法意識，便逐漸發展出朱子重「道問學」與陸子重「尊德性」的分別。

對於宋代理學紛紜的意見，方東美先生認為無論我們用什麼名稱去稱呼它，道學也好，理學也好，心學也好，「對他們要做適當的評價，也是非常困難的事；何況他們黨同伐異，彼此否定，當然是尤增困擾了。」[95]即方先生對整體宋明理學的看法是兩宋諸儒都自稱為孔孟真傳，才會發生朱陸異同、程朱陸王之爭，同是儒學，皆宗孔孟，卻擾攘數百年而各以真理自許。[96]因此本節對此一問題並不採取「朱陸比較」模式[97]，因為「比較」皆為各取重點，故而

---

[93] 例如在《與趙詠道》及《與曾宅之》討論到的「無極太極」之辯。

[94] 有關「義利之辨」的問題，本書將在第三章討論象山哲學對「人」與「社會」關係時有所分析；有關「無極與太極」的議題，本書將在第四章申論象山哲學對「人」與「自然」的關係中有所處理，故而在此不做贅述。

[95] 方東美：《新儒家哲學十八講》，台北：黎明文化，1985，頁 3。

[96] 方東美：《新儒家哲學十八講》，台北：黎明文化，1985，頁 2。

[97] 「朱陸比較」和「朱陸之爭」是不同的，例如杜保瑞先生指出：「就朱陸異

難以解決爭端；本節做法是試圖從相關「史實」出發，先分析其爭議史實與源起，其次再分析其「調和的可能性」。

一、爭議史實與源起

鵝湖之會是淳熙二年（1175），在江西信州鵝湖寺舉行的一次辯論，由朱熹好友呂祖謙[98]發起，希望能調和當時儒家的兩大派別，使其觀點「會歸於一」[99]；因此動機，呂氏邀請象山及其兄復齋（九齡）到鉛山鵝湖寺與朱子進行討論，此即著名的「鵝湖之會」。會議前，陸氏兄弟先討論出其共同立場，並由復齋賦詩以為辯論之思想主軸，復齋的詩如下：

> 孩提知愛長知欽，古聖相傳只此心。
> 大抵有基方築室，未聞無址忽成岑。
> 留情傳註翻蓁塞，著意精微轉陸沈。
> 珍重友朋相切琢，須知至樂在於今。[100]

同的討論而言，卻應分出「朱陸之爭」與「朱陸比較」的兩個面向……朱陸比較是整個哲學史的問題，而朱陸之爭則是兩個哲學系統的問題……目前的實際情況是，後來的學者的討論往往是把朱陸之爭中未及處理的問題亦視為朱陸之間必然衝突對立的問題，擴大戰線，為朱陸之爭量身定做更多的衝突對立的資源，從而發揮他們自己的哲學意見，建構自己的詮釋系統，也因此極易在針對朱陸二人本身的理解詮釋上有所誤解。」

參見杜保瑞：〈朱陸鵝湖之會的倫理義涵〉，網址：http://homepage.ntu.edu.tw/~duhbauruei/4pap/1con/4901.htm。擷取日期：2009/1/13。

[98] 呂祖謙（1137-1181）南宋哲學家，字伯恭，學者稱東萊先生。

[99] 《陸九淵集》卷三十六，〈年譜〉，頁491。朱亨道書云：「鵝湖講道，切誠當今盛事。伯恭蓋慮陸與朱議論猶有異同，欲會歸於一，而定其所適從，其意甚善，伯恭蓋有志於此。語自得，則未也。」

[100] 《陸九淵集》卷三十四，〈語錄上〉，頁427。

此詩之中，「古聖相傳只此心」指出了承續孟子重視「心」觀念的特徵，並以「大抵有基方築室」說明了發明此「心」方為讀書與為學的基礎，藉此批評朱學強調「道問學」的不足。象山亦賦詩回應復齋說道：

> 墟墓興哀宗廟欽，斯人千古不磨心。
> 涓流積至滄溟水，拳石崇成泰華岑。
> 易簡工夫終久大，支離事業竟浮沉。
> 欲知自下升高處，真偽先須辨只今。[101]

象山詩云：「墟墓興哀宗廟欽，斯人千古不磨心」，其中的「興哀」與對宗廟「欽敬」之「情」，即指出了人人皆有的「四端之心」，並且此心更不必如其兄復齋所云需要透過「古聖賢」方能「相傳」，而應是「人人自有」之「千古不磨」，千古不變的。第五、六句則以自己的方法為「易簡」，而以朱學為「支離事業」，顯出兩者爭議重點。除了詩的記錄外，我們可從《象山年譜》三十七歲年記鵝湖之會中再看到下列相關記載：

> 鵝湖之會，論及教人，元晦之意欲令人泛觀博覽而後歸之約；二陸之意欲先發明人之本心，而後使之博覽。朱以陸之教人為太簡，陸以朱之教人為支離。此頗不合。[102]

本段引文與上述詩論宗旨大致相同，如反觀歷史，朱子所云「欲令人泛觀博覽」，實即《中庸》所言之「道問學」，亦是《論語》所言之「博學於文」，即強調閱讀經典之益，希能透過廣泛閱讀而後能歸納出事物之理，以增加對道德的體會。而陸氏主張的「二陸之意欲先發明人之本心，而後使之博覽」，實即《中庸》所言之「尊

---

[101] 《陸九淵集》卷二十五，〈詩〉，頁 301。
[102] 《陸九淵集》卷三十六，〈年譜〉，頁 491。

德性」，以及《論語》所說的「約之以禮」，著重於道德本心之自覺與發明，強調以德性引導知性，故有可能產生重道德實踐而輕忽經典閱讀之偏頗。

鵝湖會後朱陸兩人仍有聯繫，象山亦曾寫信予朱熹，要求承續梭山（陸九韶）和朱子進行有關「無極太極」的辯論；兩人書信往返之間觀念差距仍大，雖各自皆有自省，特別是朱子觀點進行了一些調整，但最後兩人仍無法取得共同之看法。

二、爭議的持續發展

鵝湖之會後，朱子有所省思，他認為自己與象山皆「墮於一偏」，認為自己與象山理論各有優缺，因此他說：「務反求者，以博觀為外馳；務博觀者，以內省為狹隘，墮於一偏。此皆學者之大病也！」[103]朱子反省後認為應重返《中庸》一書原意，而不應偏於一隅，他進而指出：

> 大抵子思以來，教人之法，惟以尊德性、道問學兩事為用力之要。今子靜所說專是尊德性事，而熹平日所論卻是問學上多了。所以為彼學者多持守可觀，而看得義理全不仔細，又別說一種杜撰道理遮蓋，不肯放下。而熹自覺雖於義理上不敢亂說，卻於緊要為己為人上，多不得力。今當反身用力，去短集長，庶幾不墮一邊耳。[104]

即朱子強調既不能只求「博觀」，亦不能只求「內省」方符合《中庸》之原意，方為儒學修養之正確方式。即必須從「道問學」

---

[103] 《朱子語類》卷九。

[104] 《朱文公文集》卷五十四。

入手，以格物致知為目標，以求事物之理，如能格物以致知，即可從內在之修身以達外在之治國、平天下的功效。相對而言，象山對原有觀點則相當堅持，認為「既不知尊德性，焉有所謂道問學？」故鵝湖會後仍反對朱子「去短集長」的建議，象山對其態度做如下表示：

> 朱元晦曾作書與學者云：「陸子靜專以尊德性誨人，故游其門者多踐履之士，然於道問學處欠了。某教人豈不是道學問處多了些子，故游某之門者踐履多不及之。」觀此，則是元晦欲去兩短，合兩長，然吾以為不可。既不知尊德性，焉有所謂道問學？[105]

引文中顯出象山的堅持態度，以及其毫無妥協的原則——「既不知尊德性，焉有所謂道問學？」，此處，吾人可以有兩項思考的可能，一是假設象山為正確，另一是假設象山為錯誤。以假設象山正確的當代詮釋而言，即如學者牟宗三先生曾經以「直貫形態」與「靜函形態」，概括象山與朱子「尊德性」與「道問學」的不同特性；進而指出朱子所以終不契象山之樸實而涉無謂之遐想，乃因其與《孟子》、《中庸》與《易傳》之義理不相應，故不能於此著力，是故牟先生亦以「別子為宗」定位朱熹非孔孟嫡傳[106]；又由於牟先生在當代新儒家中影響深遠，因此其此一觀點自然在當代引發諸多爭議，並對朱熹的學術定位引起廣泛的討論。[107]

---

[105] 《陸九淵集》卷三十四，〈語錄上〉，頁 400。

[106] 牟宗三：《從陸象山到劉蕺山》，台北：台灣學生書局，1979，頁 89-102。

[107] 在這方面劉述先先生曾經有詳細的討論，他從看朱子如何闢佛、如何建立道統、如何會產生朱陸異同的公案，客觀地衡定朱子在中國思想史上的地位。詳見劉述先：《朱子哲學思想的發展與完成》，臺北：台灣學生書局，1982，頁 395-484。杜保瑞先生對此亦有深刻的分析，詳見〈對牟宗三詮釋朱子仁說的方法論反省〉一文，

如果假設象山是錯誤的，即如明代後來王學末流的情事——王門後學虛言良知，廢弛學問，因而在明末形成學界馮貞白、陳清瀾、吳蘇原、郝楚望等大批學者對陸王的深刻反省，即代表此理論存在的先天缺失。例如陳清瀾指出：「在德性上求心之本體是聖學，朱子學便是如此。而求心之本體於靈妙之神的，則是莊、列、禪，陸王派的心學也屬此類」[108]，所以他把陸王學派當作「養神一路」，認為其理論大有故弄玄虛之意，同時亦有形成狂妄的可能，認為此皆由於特重「尊德性」所形成的弊端。

三、本文對「朱陸調和可能性」之分析

（一）有關「調和」鵝湖之會相關「史實」的分析

黃宗羲在在調和朱、陸之爭時試圖透過「為學次序」先後的觀點，以調和「尊德性」與「道問學」兩者間的距離。他說：

> 況考二先生之生平自治，先生（按：指象山）之尊德性，何嘗不加功于學古篤行？紫陽之道問學，何嘗不致力於反身修德？特以示學者之入門，各有先後，曰：此其所以異耳！[109]

即黃宗羲認為「尊德性」與「道問學」兩者非「本質差異」，而是「為學次序」先後的不同。因為「尊德性」者事實上亦努力於「學古篤行」，而「道問學」者亦「致力於反身修德」，故兩者並非

網址：http://homepage.ntu.edu.tw/~duhbauruei/4pap/5mod/28.htm；擷取日期：2009/01/10。

[108] （日）岡田武彥：《王陽明與明末儒學》，上海：上海古籍出版社，2000，頁 284。

[109] 《宋元學案・象山學案》。

「本質差異」，只是強調的次序不同；但是本文對此則有不同看法，本文認為就前文所述鵝湖之會的情況言，兩人之學在當時並未能會通，以下對此進行說明。

首先，在鵝湖之會相關的史實記載中，我們可以觀察到就象山態度言，象山並未接受朱熹的看法，《陸九淵集》中記載：

> 或謂先生之學，是道德、性命，形而上者；晦翁之學，是名物、度數，形而下者。學者當兼二先生之學。先生云：「足下如此說晦翁，晦翁未伏。晦翁之學，自謂一貫，但其見道不明，終不足以一貫耳。[110]

引文語氣顯見兩人差異極大，象山認為朱子之學「見道不明，終不足以一貫耳」，認為朱學未能洞見真相，故其為學諸方法間亦未能保有一致性；甚至對有意協調兩人的看法——「學者當兼二先生之學」的說法，象山也明確反對。即就當時情況與史實而言，本文認為兩人之學不可能會通，此即如黃宗羲指出的「兩家之學，各成門戶，幾如冰炭矣。」[111]但如果就哲學標準分析，本文認為雙方皆有其自持之理與優缺點可再析論如下。（此或亦可表示我們在觀看朱陸之爭的史實後所應有之省思與追求）

（二）有關「朱陸調和可能性」之分析

1. 從「尊德性」與「道問學」兩者的「關係」看朱陸調和可能性

首先，當《中庸》指出「君子尊德性而道問學」時，「而」字在文本中到底是表示「平列」或「相承」，這兩者是有完全不同之

110 《陸九淵集》卷三十四，《語錄上》，頁 419。
111 《宋元學案・象山學案》。

意義的。[112]如果是代表「平列」，例如：「多而雜」，則「尊德性」與「道問學」兩者是「並且」的關係。其次，如果「而」代表「相承」關係又可有兩種意義[113]，第一種是如「取而代之」的「而」，則表示「尊德性」觀念可代替「道問學」，「尊德性」的哲學功能可取代「道問學」。第二種則是「次序」的觀念，即在為學次序上應先重視「尊德性」而後「道問學」。本文認為「取代」的推論似乎是不可取，因為無論就原文的分析或常理之判斷皆不可行；因為原文明確地記載了「君子尊德性而道問學，致廣大而盡精微，極高明而道中庸」，如果兩者間有一者是可被替代的，則原文即不必兩面具呈，以「君子尊德性、致廣大，即可極高明」代替原文之表述即可。在排除「取代」意義的可能後，我們有合理的推論指出，「尊德性」與「道問學」兩者是「並且」與「次序」的關係，即在儒學方法中「尊德性」與「道問學」兩者缺一不可；但由於原文是以「尊德性而道問學」的次序出現，因此就常理判斷，我們有理由以《中庸》原意是以「尊德性」為「為學」的入手處，但毫無疑慮地，它仍需透過「道問學」工夫相輔相成，方具思考的完整性。

---

112 「而」字在中文語氣中至少有下列用法：a 表平列，如「多而雜」。b.表相承，如「取而代之」。c.表遞進，如「而且」。d.表轉折，如「似是而非」。e.連接肯定和否定表互為補充，如「濃而不烈」。f.連接狀語和中心詞表修飾，如「侃侃而談」。本文僅探討與主題相關的 a、b、c 三者，又其中 c 的邏輯範疇與 a 相同，故本文主要以 a、b 兩種可能性探討此問題。參見：《中國百科學網》，網址：http://www.chinabaike.com/dir/zidian/E/508202.html，擷取日期：2008/5/9。另見呂叔湘主編：《現代漢語八百詞》，北京：商務印書館，1999，頁 192-194。

113 「而」如果統合前註之 b 與 c 的意義，「相承」觀念應有兩義，第一是「遞進」，第二是「取代」；分別代表先「尊德性」而後「道問學」，以及以「尊德性」取代「道問學」。

2. 對「尊德性」的反思：象山哲學「重道德輕知識」價值觀的補強[114]

其次，在朱陸雙方的爭論中，朱子之「道問學」強調的即是重視「認知」之學，此確為一般心學學者之弱點；因為心學理論精神不易掌握，在一般儒者心中標準難以拿捏，故極易流於束書不觀的反智傾向。在宋明理學中王學末流是一例證，而在當代——重科學、重知識的時代中，此一重道德輕知識的價值觀更需加以知性的補強。例如余英時先生指出：「我深信，現代儒學的新機運祇有向它的『道問學』的舊傳統中去尋求才有著落。」[115]他又說：「有清一代的『道問學』傳統正可以代表儒家發展的最新面貌。尤其重要的是這個新的發展恰好為儒學從傳統到現代的過渡，提供了一個始點。」[116]換言之，余先生在具史觀性的反省後，提醒吾人於哲學工作歷程中，應當盡可能追求知識的完備性——重視「學」的歷程，使「尊德性」的優點不致為其缺點所盡噬，同時亦能使「尊德性」後的「體悟」能透過其他經典與文本閱讀得到印證，使《論語》所言「學」與「思」並重原則得到整全的實踐。[117]

3. 對「道問學」的反思：從「哲學人類學」觀點的反思當代「精確表達之要求」

其三，當代哲學人類學除重視追求「哲學」式的「精確表達要求」外，亦相當重視「神話」中的「存在」精神，此一結構或許亦

---

[114] 此處象山學重道德輕知識之說，並非認為「尊德性」與「道問學」兩者具有「本質差異」，而是指「輕重」的不同。

[115] 余英時：《歷史與思想》，台北：聯經出版事業公司，1979，頁 164。

[116] 余英時：《歷史與思想》，台北：聯經出版事業公司，1979，頁 162。

[117] 《論語・為政》篇裡說：「學而不思則罔，思而不學則殆。」

可為朱陸之爭尋求調和之道做為參照。因為「道問學」是較重視「知性」傾向[118]，較近似當代哲學的學術標準與要求；而「尊德性」則較重視「德性」傾向，較重視存在性的工夫與修養境界之體悟，同時亦容易使人與「禪」或神秘性產生聯想，在性質上較近似卡西爾（Ernst Cassirer）[119]界定的「神話」之意義。

卡西爾認為「神話」是「哲學」的開端，是「力量」與「效果」的複合體；即便是哲學時代來臨後，「神話」與「哲學」仍不可能就此分道揚鑣，其中仍有兩者在「本源」上交互相關的「模稜兩可」的地帶。[120]卡西爾又說：「誰要是在意人類文化傳統，都必須回到神話」、「神話代表人類精神的最初取向，人類意識的獨立建構」。[121]這裡我們可以發現中西文明從「神話」時期進入「哲學」時代的意義，在於其指出當代文明所特重的「合理化時代」之來臨，以及其對「精確表達」之要求；同時，兩者間雖有歷史的次序性，但兩者間卻不可截然二分，即兩者在「本源」上仍有交互相關的「模稜」地帶。

---

[118] 這裡本文認為「道問學」重「知性」傾向只是就「相對」意義言的，並非代表其完全不重視「尊德性」，亦如同卡西爾的神話與哲學亦是互相融滲的，而非互斥的觀念。

[119] 卡西爾（Ernst Cassirer，1874-1945），德國哲學家，新康德主義的馬堡學派的主要代表人物。

[120] 卡西爾原文如下：對神活意識的內容作哲學性探討以及對它們作理論解釋的嘗試，要追溯到哲學的開端……早在世界呈現為經驗物整體和經驗屬性集合體的意識之前（哲學時代開始前），它就表現為神秘力量和效果的復合體。當專門的哲學趨向出現時，它並不能即就使它的世界現與這種曾經是其淵源和素樸思想土壤的觀點分道揚鑣。此後，哲學思維很久還保持中立，在本源問題的神話觀與真正哲學觀之間，似乎摸稜兩可。

[德]恩斯特・卡西爾：《神話思維》，北京：中國社會科學出版社，1992，頁 1-2。

[121] [德]恩斯特・卡西爾：《神話思維》，北京：中國社會科學出版社，1992，頁 4。

這種歷史「向前行」而且「不可逆轉」的事實——代表人類追求「哲學」，遠離「神話」；以及強調知性，輕忽修養的狀況，事實上其發展是一種必然的趨勢，同時兼具優缺點的。其優點在於哲學時代重視理性發展，擺脫神話中之迷信，消除神權對人權的獨裁，擴大了人性發展之合理性範疇。但其缺點亦在於「精確表達」，由於表達工具先天的限制性，必定發生《周易‧繫辭上》言所言「書不盡言，言不盡意」的現象。若以「神話」與「哲學」的關係而論，此一「表達歷程」必定喪失神話時代中所保有的神秘性背景中的存在精神[122]，其影響則是失去了我們從「表達物」重返對「創造」表達物的「人」之「全面探討」。即我們在哲學時代中更容易只重注理性，忽略了人內涵中的某些「理性外之可能性」，一如今日我們只追求「哲學」而遺忘對「神話」的關注，以理性等同優越而視原始為落後，其中的思考結構是相近似的。

卡西爾此一當代西方哲學人類學的關懷目標，或許亦足以為今日吾人重探「朱陸之爭」做為參考，當我們重視「精確表達」時，必定伴隨著由於文字對事實的簡化，以及符號對文字的高度抽象，因而喪失原有於的存在性精神；同理，當我們過於重視「道問學」之際，必定亦將忽略「尊德性」的理論初衷，有可能失去了探討理論發生之際的存在狀態的動機。如在春秋時代，或許這就是孔子感嘆：「子曰：『禮云禮云，玉帛云乎哉？樂云樂云，鐘鼓云乎哉？』[123]的狀況，深感後人皆僅能「行禮如儀」，卻未能了解「儀式」創建之初，開拓者披荊斬棘的心路歷程；亦無法徹底地了解「制禮作樂」之初，「儀式」本身接近完整的神聖性。

---

[122] 即我們的「表達」是有限度的，無論何種表達方式，皆無法對上述「神秘性之背景」進行徹底而完整的表達。

[123] 《論語‧陽貨》

此一有關哲學方法與文明發展兩者間之關係的反省，亦為西方二十世紀以來追求「文明之基礎」探討風潮起因之一，一如胡塞爾強調「回到事物本身」的探討，以及海德格爾強調哲學應從重視研究「個別存在」重返研究「存在本身」的方向[124]，都值得吾人在重新審視「尊德性」與「道問學」的當代意義時，一併納入吾人思考中國哲學現代化的範疇內加以參照。

4. 從理論反省實踐的可行性：從「教學方法」看「朱陸調和可能性」

其四，象山文本明確指出「鵝湖之會，論及教人」，可見兩人討論的主題是實踐的部分，是「論及教人」——即「教學方法」的範疇。事實上，客觀而言「教學方法」本身由於「學生資質之差異」，教法實有極大的差異，此即《論語》的「因材施教」觀念。孔子說：「中人以上、可以語上也，中人以下、不可以語上也」[125]，其中我們發覺《論語》是就常理，將學生依「中人」的標準約略區分為聰明與平庸兩類，因此方有「上智」與「下愚」之說[126]。《中庸》亦有「人一能之，己百之；人十能之，己千之」的說法。其目標雖說皆為「有教無類」[127]，其教學熱忱雖說是「自行束脩以

---

124 胡塞爾（Edmund Gustav Albrecht Husserl，1859-1938），現象學之父，強調哲學工作應朝向「回到事物本身」（Zurück zu den Sachen selbst）的探討，重返「意識」之領域。
馬丁・海德格爾（Martin Heidegger，1889-1976），透過確定生存（existence）相對於存在（Sein/being）的優先性的觀念，強調哲學應從重視研究「個別存在」重返研究「存在本身」的問題。

125 《論語・雍也》

126 《論語・陽貨》

127 《論語・衛靈公》

上，吾未嘗無誨焉」[128]，但教學方法必須加以區分，例如孔子說：「可與言而不與之言、失人；不可與言而與之言、失言。知者不失人，亦不失言。」[129]孔子所言標準是相當高且困難的，必須對個別學生有深刻認識方能區分「可與言而」與「不可與言」，此標準於今日的高等教育中由於教育資源的有限性，此一理想確有其落實的困境。

此時，前文中黃宗羲所言「尊德性」與「道問學」兩者非「本質差異」，而是「為學次序」先後不同的觀點是可以參考，亦是可以調和上述兩種不同學生所需之教學方法的。即對《論語・述而》所言之「生而知之者」，本文認為象山所言的「尊德性之教」可能適合他們的情況會多一些；對「好古敏以求之者」而言，很可能「道問學之教」成功的機率多一些，這亦是孔子以「學而不厭」與「發憤忘食」者自許的原因。但不論是重視「尊德性」或「道問學」，本文皆認為《論語・述而》說的「與其進也，不與其退也」[130]是面對學生應把握的總原則。同時，在面對學生的分類中，即便是分類後教學方法確定了，在某一分類範疇下，吾人仍將面對千萬種不同的再次分類之可能性。例如：蔣伯潛認為「孔子弟子，富如子貢，貧如顏回、原憲；孟懿子等則為貴族，子路則為卞之野人；曾參之魯，高柴之愚，顓孫師之辟，皆為高弟。故東郭子惠有『夫子之門何其雜也』之嘆」[131]，此即一方面說明對學生分類之困難，另一方面亦告訴我們在不可能完全分類之事實下，「尊德性」與「道問學」

---

[128] 《論語・述而》

[129] 《論語・衛靈公》

[130] 「與其進也，不與其退也。唯！何甚！人絜己以進，與其絜也，不保其往也。」《論語・述而》

[131] 蔣伯潛廣解：《四書讀本・論語》，台北：啟明書局，頁 246-247。

兩種方法交互運用即有其實際的必要性，而此一歷程亦考驗者儒者的傳道、授業與解惑在具體情境中成功的可能性。

5. 從語錄反省與尋求象山「理論正確的存在性位置」：從區隔與界定朱陸的「理論位置」看調和的可能性

本文所謂尋求「理論正確的存在性位置」，主要是指當代詮釋者，應設法分析出「促使」某一位哲學家其理論「發生」的論述「動機」，以及其論述「目標」；並使其本文的解讀方向，根隨原初哲學家的核心價值適切地發展與延伸，使讀者能正確地掌握其理論精神。例如不同於朱子分「心」與「理」為二，將「理」視為先於「人」的客觀存在，以「理」超越於人的主體意志外[132]；象山之「理」則是道德本源，在主體「吾心」範疇之內，以「心外無理」合「心」與「理」為一，如果我們試圖比較兩人哲學觀點時，即必須了解兩人理論在存在性位置上之差異。

朱熹理論的特性是較明確的，他是從「道問學」與「格物」原則發展出其較重知識與分析之學問性格，此與當代哲學要求「精確表達」的風格較為一致。相對而言，象山哲學則具有隱蔽性，其文本常不只是文字表面的意義，而是一種「啟發語」與「指點語」[133]。象山欲啟發與指點者，本文認為是一種人性中的「無私」狀態；對此一「無私」的狀態的內涵，為求說明之便利，本單元運用「語言」與「使語言發生」的差異情境做分析與說明。

---

[132] 朱子之理是「有此理，便有此天地，若無此理，便亦無天地，無人無物，都無該載了。」《朱子語類》卷一。

[133] 牟宗三先生亦曾經指出理解象山文本是困難的，他說：「象山之學並不好講，因為他無概念的分解，太簡單故。又因為他的語言大抵是啟發語，指點語，訓誡語，非分解地立義語故。」參見牟宗三：《從陸象山到劉蕺山》，台北：台灣學生書局，1979，頁 3。

「語言」是一種相當特殊的文明「工具」，**一旦我們有所「意欲」，試圖轉變成行為時，期間吾人之內心必然存在著內在語言與外在語言；前者可以「潛意識」或「意向性」等同一等次的概念做說明，後者則透過各種類形的「表達方式」[134]做陳述。但無論是那一種語言或表達形式，兩者皆必以「原初的人性內涵」為基礎；又，如果再從「人文化成」的觀點而言，哲學家更期盼的是透過「提升人性」的文明設計，提升整個社會的文化深度，進而營造出人類發展的最佳可能的模式**。因此在人性的各種可能性中，孔子特別強調「仁」的觀念，強調「我欲仁，斯仁至矣」；孟子則突顯其「四端之心」人皆有之[135]，皆試圖透過其哲學理論對時局能有最大的指引與貢獻。儒學經兩漢低迷的發展，又遭遇隋唐佛學的洗禮，**在宋代的象山哲學如欲再次完成上述「提升人性」的文明設計，則必須重新尋求其新的表達方式，方能適合其時代的需求。**

在宋代的科考制度下，象山本人雖亦參加科舉考試，但他認為讀書之餘，應避免讀書方式的錯誤，形成生命遭受理論掩埋的形況。以象山之語言形容，即他認為讀書之目標應避免「疲精神、勞思慮，皓首窮年，以求通經學古」與「內無益於身，外無益於人」[136]的讀書態度，換言之，**象山試圖尋求一種「表達方式」告訴其門人「如何正確地讀書」，以找到「理論正確的存在性位置」。同時，又在禪宗的風潮下，象山即發展出其透過「無言」以論述其「無私」的道德理想的方式**；因為如前文所言，一旦我們有所

134 各種類形的「表達方式」即例如：科學的符號運算，哲學的文字分析，藝術的圖象與音樂等等。

135 「我欲仁，斯仁至矣」《論語・述而》。「惻隱之心，仁之端也；羞惡之心，義之端也；辭讓之心，禮之端也；是非之心，智之端也。人之有是四端也，猶其有四體也。」《孟子・公孫丑上》

136 《陸九淵集》卷三二，〈拾遺〉，頁 382。

「意欲」試圖轉變成行為時，「語言」是必備的工具，人與人之間的誤解，以及個人的煩惱，都由此發展而出。**因此，「語言」可以當成一種「方法性」的象徵，象徵式地述說著「人間」紛爭的起點；相對而言，「語言之前」即「象徵」人性之各種完整性與無窮之可能性。**[137]

根據此一思考方向，本文認為象山關注的「道德起源狀態」，基本上其「理論位置」是一語言外的世界，是一「無言」與「無私」的世界。象山在語錄中曾指出在「辯」與「不辯」之外的世界——「無言」與「無私」的世界才是他關注的哲學世界，他認為這才是儒家的「典則法度」成立與具有力量的根源，象山原文說道：

> 先生與晦翁辯論，或諫其不必辯者。先生曰：「女曾知否，建安亦無朱晦翁，青田亦無陸子靜。不曾過得私意一關，終難入德。未能入德，則典則法度何以知之？」[138]

本文認為在「建安」有「朱晦翁」，「青田」亦有「陸子靜」的情況下，象山此言欲指何物是值得深刻探討的。**這種在「存在」與「不存在」的交互辯證中，在西方哲學可以是「中性」地探討有關「真假」的知識論客題；然而，在中國哲學中其屬性不同，「存在與否」之真假問題的探討必須轉向為「道德是否實踐」的課題，而道德實踐之重要原則即是「去私」；即「私欲」與如何「去私欲」的問題即是代表中國哲學家探討「存在意義」的主**

---

[137] 此種探討「語言之前」的哲學思考，不禁令人連想到老子哲學中之「復歸嬰兒」、「赤子之心」，以及胡塞爾對於日常判斷的「懸置」或「加上括號，存而不論」等觀點，其中之要點應是可再深度探討的方向。

[138] 《陸九淵集》卷三十四，〈語錄上〉，頁399。

要「思考模型」。即「去私欲」成為宋明理學家常用的「表達形式」，運用此與「道德」相關的「表達形式」以說明其為真具「存在價值」與「存在意義」的實體。另一段相關紀錄亦顯示出相同的意義：

> 一夕步月，喟然而嘆。包敏道侍問曰：先生何嘆?曰：朱元晦泰山喬嶽，可惜學不見道，枉費精神，遂自擔閣奈何。包曰：勢既如此，莫若各自著書，以待天下後世之自擇。忽正色厲聲曰：「敏道敏道，恁地沒長進，乃作這般見解。且道天地間有箇朱元晦、陸子靜，便添得些子，無了後便減得些子。」[139]

引文中可見象山對朱子有所批評，亦使得象山為後世學者再根據此文以批評象山。本文的看法是象山不應批評朱熹，因為彼此的「理論的存在性位置」完全不同，象山是以「去私意」而入其「無文字性爭議」[140]的世界為理論目標，尋得其存在之價值；即在「去私意」中「安身立命」取得道德實踐力量（理論之第一階段目標），而後用以面對外在各種現實的挑戰與遭遇（理論之第二階段目標）。即在理論的「第一階段」其所言的「去私意」是一種「捨棄人我」觀點後，近似「宗教性」的「無私」；但是我們了解此已非哲學語言可分析的世界，而是無主客對立、言語道斷或言詮之外的世界。但是一般來說哲學所言皆是理論的「第二階段」以後的世界，此即朱子哲學的理論目標，象山哲學在這方面雖有

---

139 《陸九淵集》卷三十四，〈語錄上〉，頁 414。

140 當象山說：「建安亦無朱晦翁，青田亦無陸子靜」時，本文認為象山試圖要求其門人思考一種「無文字性爭議」的「人性原初完整之狀態」，引文中所言：「天地間有個朱元晦、陸子靜，便添得些子，無了後便減得些子」，亦具有相同的論述目標。這兩種表達形式，筆者認為仍受禪宗之教法影響。

著力，但卻缺少系統性的論著。相對而言，朱子則在當時一片佛道思想風潮中，透過對性、情的解析，以「心統性情」之說完備了伊川之學，使儒學能更具系統性與完整性[141]。因此，本文認為兩人的「理論的存在性位置」不同，故在分析兩人差異時應先區隔與界定問題側重的面向，再探討我們的提問目標是什麼，然後再分析朱陸兩人的建議與解答，最終方能找到兩人理論調和的可能性。

總之，朱陸之爭是涉及整個哲學史的問題，本節首先從「尊德性」與「道問學」兩者的關係看朱陸調和可能性，透過對「而」字在文本中的意義分析，指出《中庸》原意是以「尊德性」為「為學」的入手處，但毫無疑慮地，它仍需透過「道問學」工夫，方可達成兩種方法相輔相成的功效。其次，我們對象山哲學「重道德輕知識」價值觀有所反思，認為在當代的學習歷程中，應當盡可能追求知識的完備性——重視「學」的歷程，以使《論語》所言「學」與「思」並重原則得到整全的實踐。其三，我們透過了卡西爾的哲學人類學觀點，思考了在重視「道問學」之際，可能忽略了「尊德性」的理論初衷，可能失去了探討理論發生之際的存在狀態的動機。其四，我們透過「鵝湖之會，論及教人」，定位了兩人討論的主題是「論及教人」，是屬於「教學方法」的範疇，進而分析出在「生而知之者」與「好古敏以求之者」兩組型態學生之間，「尊德性」或「道問學」兩種教法交互運用的必要性。最後，我們從語錄中反省象山「理論的存在性位置」，希望能從區隔與界定「朱陸理論位置」看調和的可能性。即透過此五個面向的探討，我們希望能彰顯其爭議的發生之背景狀態，並指出象山提

141 蔡仁厚先生亦認為朱子的「心」概念，相當有時代意義。蔡仁厚：《儒家思想的現代意義》，台北：文津出版社，1998，頁207。

出的「建安亦無朱元晦，青田亦無陸子靜」[142]，以及「學者不須存門戶之見」與「此理所在，安有門戶可立」的理想[143]，使我們能透過對朱陸之爭史實的了解後，在儒家的修養方法上有更深刻的反省與追求。

參、從象山哲學看儒佛兩家之區別

魏晉南北朝之際中原文化已是儒、釋、道三教鼎立的狀態，唐初以來禪宗大盛，在宋代儒學發展中佛老的影響依然深遠，例如象山曾說：「道之不明不行，佛老之徒遍天下，其說皆足以動人，士大夫鮮不溺焉」[144]，可見當時相信佛老者人數眾多，且由於佛老學問亦有其動人處，因此士大夫多有沈溺其中者。[145]此外，又由於儒佛兩家之學皆具有「為己之學」的特性，亦皆以反躬自省為工夫，故而儒佛兩家在為學之道上確有相似與極易混淆處；因此歷代學者對儒佛之學多所比較，例如《正誣論》強調佛儒之異，郗超的《奉法要》強調佛儒之同，王通主張三教融合，韓愈則倡滅佛之論。本節將對象山之學為禪學的批評有所反思與

142　《陸九淵集》卷三十四，〈語錄上〉，頁 399。

143　《陸九淵集》卷三十四，〈語錄上〉，頁 400。
「後世言學者需要立個門戶。此理所在安有門戶可立？學者又要各護門戶，此尤鄙陋。」

144　《陸九淵集》卷三，〈書〉，頁 41。

145　學者孔令宏認為陸九淵對《老子》、《莊子》、《列子》和黃老道家的思想深有所究，對道教也有所瞭解，在理本論、功夫論、境界論和社會政治思想等方面都深受道家、道教的影響。參見〈陸九淵思想與道家道教〉，《世界弘明哲學季刊》，2003.06。網址：http://phil.arts.cuhk.edu.hk/~cculture/library/hongming/200306-002.htm#_edn23；擷取日期：2009/2/16。

分析，從象山文本的角度釐清儒佛兩家的分別，並指出其哲學的主要目標。[146]

一、宋明理學的時代背景

隋唐時期佛教興盛，佛學之論著既多，論辯亦精，故而在學術氣氛上對儒家形成諸多影響；宋明之際諸多思想家，幾乎都有過出入于釋老，最後歸之於儒門的經歷。一如理學先驅周敦頤即曾經在幾座寺院中參學問道，張載、二程，以及朱陸亦皆有相關出入佛老的經驗，例如《宋史・張載傳》曾紀錄：「（張）載讀其書，猶以為未足，又訪諸釋老，累年窮極其說，知無所得，返而求之《六經》」。《宋史・程顥傳》則記載程顥「氾濫于諸家，出入于釋老者幾十年，返求諸《六經》而后得之」。《二程語錄・卷九》則記載有程頤比較莊周與佛學境界的觀點，程頤指出「（莊）周安得比他佛！佛說直有高妙處，莊周氣象大都淺近」。《宋元學案・卷四十八》則描述朱熹所學如下：「（朱）熹舊日無所不學，禪道文章……事事要學」，這些史實都說明宋代學者對佛教的學習歷程，由此亦可知其思想必定受佛教影響深遠。當代學者唐君毅先生亦曾指出宋明理學是經過了佛學之超人文的思想刺激後，儒家精神的進一步發展。即我們不能否認當時的環境下，象山必定也

---

146 引文雖指出佛老兩家，但本文的探討將以佛教為代表，因為老氏之學在晉朝已為佛教取代，例如象山說：「孟氏沒，吾道不得其傳。而老氏之學始于周末，盛於漢，迨晉而衰矣。老氏衰而佛氏之學出焉。佛氏始于梁達摩，盛于唐，至今而衰矣。」《陸九淵集》卷三十五，〈語錄下〉，頁 473。
又因為佛學與老學雖說在義理方向和理論境界有所差異，然而，在面對社會的義務觀上——佛老皆持「遠離現實」的基本立場，在這方面兩者是相同的，所以本文選擇以「儒佛兩家之區別」作為分析的代表，以使問題意識能較為凝聚且集中。

受到禪學的影響，例如象山曾經做了一首詩寫道：「仰首攀南斗，翻身倚北辰；舉頭天外望，無我這般人。」[147]其中象山對自我多所肯定，但這首詩為當代學者徐復觀先生發覺源自禪師之手，徐復觀先生認為象山這首詩實是根據唐智通禪師「舉手攀南斗，回身倚北辰。出頭天外見，誰是我般人」的詩得到靈感[148]，可見象山雖批評佛學，但亦深受佛學影響。

不僅象山受佛學影響，也不僅是儒者批評佛家，同為儒者彼此間——例如朱陸兩人亦互相批評對方為「禪」。例如朱熹曾說：「陸子靜之學，自是胸中無奈許多禪何。」當吳仁父說及陸氏之學時，（朱子）曰：「只是禪，初間猶自以吾儒之說蓋覆，如今一向說得熾，不復遮護了。」[149]這是朱子批評象山的記載；同樣的，象山也曾說朱熹論「太極」的內涵為禪，他說：

> 尊兄兩下說無說有，不知漏洩得多少。如所謂太極真體，不傳之秘，無物之前，陰陽之外，不屬有無，不落方體，迥出常情，超出方外等語，莫是曾學禪宗，所得如此。平時既私其說以自高妙，及教學者，則又往往秘此；而多說文義，此洩露之說所從出也。[150]

朱陸之間此類型互評的對話極多，從對話型態觀察一方面可見當時儒佛兩家間的對抗風潮，二方面亦顯出當時儒者多深受禪學影響；並且從「多說文義，此洩露之說所從出」的情況看，儒

---

147 《陸九淵集》卷三十五，〈語錄下〉，頁 459。

148 徐復觀：〈象山學術〉，《中國思想史論集》，台北：台灣學生書局，1993，頁 56。

149 宋・黎靖德編《朱子語類》（八），卷一二四，北京：中華書局，1986，頁 2978。

150 《陸九淵集》卷二，〈書〉，頁 30。

者於言談之際非常容易透過「超出方外」[151]等佛教用語，一不小心即落入禪學的思維，因此在理論上思考區分兩者之判準實有其必要性。

二、象山區分儒佛的動機與態度

象山對區分儒佛的要求是強烈，甚至於直接指出「天下之理但當論是非，豈當論同異」的觀點，強調理論的對錯必須明辨，象山原文如下：

> 天下之理，但當論是非，豈當論同異，況異端之說，出於孔子，今人鹵莽，專指佛老為異端，不知孔子時固未見佛老，雖有老子，其說亦未甚彰著，夫子之惡鄉原，論孟中皆見之，獨未見排其老氏，則所謂異端者，非指佛老明矣。異字與同字為對，有同而後有異，孟子曰耳有同聽，有目同美，口有同嗜，心有同然，又曰若合符節，又曰其揆一也，此理所在，豈容不同，不同此理，則異端矣。[152]

象山強調理論的是非對錯必須明辨，而不可走論同異比較的方法，他認為這是不徹底的方式，同時指出此與孔子批評鄉愿的狀況如出一轍。此外，我們可以發現象山批評的「異端」是專指其「理論」內涵不符合儒家之「理」，而不問其學派是否為佛老之學，即

---

[151] 在《管子》、《詩經》中，「方外」是指中原地區之外，即夷狄之地。在《莊子》中有「彼游方之外者也」，其「方外」指世俗空間之外，除指世俗空間外，亦指一種有能力超越世俗誘惑的修養意境。如以佛教、道教思想而言，因為僧侶、道士都是出家眾，遠離俗世生活，故亦稱「方外之士」。

[152] 《陸九淵集》卷十三，〈書〉，頁 177。

便是儒家學者如不能見道亦屬「異端」。此種不能見道的情況，在象山來說主要是由其判準——「有無私心」所決定的。

三、象山區分儒學與佛學的判準

（一）本體理論設定的差異

有關象山對儒學與佛學的區分，主要可從「理論」與「實踐」兩方面進行觀察。首先我們從「理論」的本質分析，象山說過「諸子百家，說得世人之病好，只是他『立處』未是，佛老亦然」[153]，此一「立處」即是理論之大本，在於佛家對人生的厭惡，以及佛家棄人道，而不謀正德、利用與厚生之事，試觀象山的分析如次：

> 儒者以人生天地之間，靈於萬物，貴於萬物，與天地並而為三極。天有天道，地有地道，人有人道。人而不盡人道，不足與天地並。人有五官，官有其事，於是有是非得失，於是有教有學。其教之所從立者如此，故曰義、曰公。釋氏以人生天地間，有生死，有輪迴，有煩惱，以為甚苦，而求所以免之……故曰利、曰私。[154]

首先，象山在此課題中指出「人」與「天」、「地」並立為三極，即「天有天道，地有地道，人有人道」，因此如果「人而不盡人道」，即「不足與天地並（立）」為三。這種將「人」的地位提升，並且使之與「天」、「地」並立為三，是為象山哲學的重要假設。其中的意義，在於其哲學深化了「人」在天、地間的角色扮演，考驗人如

153 《陸九淵集》卷三十五，〈語錄下〉，頁 454。
154 《陸九淵集》卷二，〈書〉，頁 17。

何真正能夠成為「頂天立地」的君子；具體來說，即考驗人於「公私之間」如何能妥善處理人倫日用的問題——此即其「人道」的精神內涵。「公私」問題在象山實即「義利之辨」的問題，這點容於第四章再做說明。[155]

其次，從「心」的內涵亦可區分儒佛兩家，象山哲學以「心即理」為主軸，禪宗則以「心外無理」為思想綱領，兩者形式上相當接近。但在象山哲學深化了「人」的地位後，象山的「本心」是依於人倫日用的，是以仁義道德為內涵的。例如象山說：「仁義者，人之本心也」[156]；又說：「蓋人受天地之中以生，其本心無有不善」[157]，即其心是以倫理為內涵的。相對而言，禪宗未能肯定人心的主體性，故而其倫理基礎亦不在人倫日用，而在於空山無人的高遠意境中。例如《金剛經》說道：「一切有為法，如夢幻泡影，如露亦如電，應作如是觀」，此即以「夢幻泡影」否認社會的實體性，對人間一切有為之事保持中性的看法與遠觀的距離，不希望落入某一特定時空與價值觀中。《六祖壇經》又指出：「一切無有真，不以見於真，若見於真者，是見盡非真」，此即於認識論中無法認肯人的主體性，人既然無法確證一真實之理，真實之社會，則更無仁義之正面認肯。如此，即完全不似象山之視心、性、天、理為同一事，以「在天曰陰陽，在地曰剛柔，在人曰仁義」[158]的結構，擔負起對自我、他人與社會的責任與義務。簡言之，從理論本質看儒學與佛學的區分，主要在於儒者正面肯定「宇宙」與「本心」的存在意義，並以一生生不已的「天道」與「人道」

155 請參見本書第四章第一節「象山實踐理論之工夫」一單元。

156 《陸九淵集》卷一，〈書〉，頁 9。

157 《陸九淵集》卷十一，〈書〉，頁 154。

158 《陸九淵集》卷一，〈書〉，頁 9。

做為代表，而不以虛幻的觀念定位宇宙本體，此為儒佛兩家在理論上的差異。

（二）實踐理論之判準不同

除了理論的本質觀察外，在理論的實踐方面，我們亦可從人的價值觀、社會觀與生命觀三角度觀察，明確地得到象山對儒學與佛學區分的判準。

1.在價值觀方面

在人的價值觀方面，象山認為儒佛的區別主要是表現在人有無「私心」的標準上，他說過：「釋氏立教本欲脫離生死，惟主於成其私耳，此其病根也」[159]，在與〈陶贊仲〉書信中記載更詳細的說明，象山說：

> 古人所謂異端者，不專指佛老。異端二字出《論語》，是孔子之言。孔子之時，中國不聞有佛。雖有老氏，其說未熾，孔子亦不曾闢老氏。異端豈專指老氏哉？天下正理不容有二。若明此理，天地不能異此，鬼神不能異此，千古聖賢不能異此。若不明此理，私有端緒，即是異端，何止佛老哉？近世言窮理者，亦不到佛老地位？若借佛老為說，亦是妄說；其言闢佛老者亦是妄說。[160]

這裡象山分析了「異端」的定義，指出從《論語》有「異端」一詞以來本非專指儒家對佛老的批評，而是指對人的動機——以「私有端緒」為行為動機的看法；象山強調其評論的「標準」是：根本

[159] 《陸九淵集》卷三十四，〈語錄上〉，頁 399。
[160] 《陸九淵集》卷十五，〈書〉，頁 194。

不論「儒家」或「佛老」，只論有無「私有之心」，此即宋明理學「去人欲」的目標。即便是儒家中的「闢佛老者」，若有「私有之心」，亦是異端。象山根據此原則而視佛家是為「私」與謀「利」，他說：

> 釋氏以人生天地間，有生死，有輪迴，有煩惱，以為甚苦，而求所以免之。其有得道明悟者，則知本無生死，本無輪迴，本無煩惱。故其言曰：「生死事大。」如兄所謂菩薩發心者，亦只為此一大事。其教之所從立者如此，故曰利、曰私。[161]

即從象山觀點而言，佛家之求解脫於生死、煩惱與輪迴，所求者皆屬於一已之事，所以他認為如果僅僅依此立教，即是為私為利，此即「其教之所從立者如此，故曰利、曰私」的意思。換言之，「去私」的目標即成為其象山理論中的主要特徵，此不但是宋明儒學強調「去人欲存天理」的目標，亦是儒家注重「義利之辨」的課題。

象山在此課題中指出：「某嘗以義利二字判儒釋，又曰公私，其實即義利也」[162]，代表儒釋之別即在「公私」觀念，具體言即在「義利之辨」。「公私」觀念強調吾人的思考必須納入「群體生活」的原則，故方需要考量公私的區別；而「義利之辨」則強調對「內心觀念」的釐清，要求能在義利衝突中「捨生而取義」。[163]在象山的批評中，一方面承襲了對《孟子・梁惠王》首章中強調「義利之辨」的觀念，另一方面，則代表其理論堅持「是非善惡」之辨，而不能接受佛家所言「諸法皆空」，諸法皆幻，故「是非善惡無區別」。因為如果按照佛家標準，一切「概念」皆是「假名」，皆「無自性」

---

161 《陸九淵集》卷二，〈書〉，頁 17。

162 《陸九淵集》卷二，〈書〉，頁 17。

163 「生亦我所欲也，義亦我所欲也，二者不可得兼，捨生而取義者也。」《孟子・告子上》

的說法，象山認為將會形成「彼視吾《詩》、《禮》、《春秋》，何啻以為緒餘土苴」，形成我文化經典被視為土苴，將其中的價值意義加以消除，故象山認為這是「大偏」[164]。簡言之，象山哲學中，「儒釋之所以分，義利之所由別，剖析至精，如辨白黑」[165]，其間兩者的分別至為明顯。

2.在社會觀方面

除了「去私」的特徵外，陸象山的想法和佛家所不同者，在於他不只要修身，他更要待在人群中為現實中的同胞效力，此即涉及象山哲學社會觀的內涵。象山在〈贈僧允懷〉一文中指出：

> 子弟之於「家」，士大夫之於「國」，其於父兄君上之事，所謂無所逃於天地之間者，顧乃不能竭力致身以供其職，甚者至為蠹害。懷上人，學佛者也，尊其法教，崇其門庭，建藏之役，精誠勤苦，……何其能哉！使家之子弟，國之士大夫，舉能如此，則父兄君上，可以不詔而仰成，豈不美乎？[166]

引文可見象山之學理論絕非不理世事只為一己之學，相反地，它定位儒者的思考範疇必須涵蓋「家」與「國」，即儒者對家國的義務應是「無所逃於天地之間者」。換言之，歷代儒者定位其自身「行為」時，都是與「外在」相關，其「理想」都是與「天下」相連繫的，例如《孟子‧公孫丑上》說：「行一不義，殺一不辜，而得『天下』，皆不為也」，即由一己之「行」至「家」、「國」

---

164 《陸九淵集》卷二，〈書〉，頁 20。
165 《陸九淵集》，〈附錄一〉，頁 536。
166 《陸九淵集》卷二十，〈序贈〉，頁 245。

與「天下」，都是儒者的關懷範圍，此一原則亦為象山所繼承。象山的社會觀是積極入世的，他認為所謂「釋氏謂此一物，非他物故也，然與吾儒不同。吾儒無不該備，無不管攝，釋氏了此一身，皆無餘事。公私義利於此而分矣」[167]其中所言吾儒「無不該備，無不管攝」，與釋氏「了此一身，皆無餘事」，即可區分出儒釋的社會觀差異極大。

3.在生命觀方面

儒家對生死則不求超脫，不論輪迴，而論「樂天知命」[168]，強調「夭壽不貳，『修身』以俟之，所以『立命』也」[169]；在「修身」與「立命」的目標下，一方面在理論上回應了《論語》所言之「志士仁人，有殺生以成仁，無求生以害仁」[170]的勇氣，另一方面，又以追求個人之德與社會圓滿的「三不朽」代替「出離生死」的追求目標。相對而言，佛家哲學追求涅槃境界，以超脫生死與輪迴為其修行目標，象山認為如此仍有所求，仍終將陷入輪迴，象山說：

> 某雖不曾看釋藏經教，然而《楞嚴》、《圓覺》、《維摩》等經，則嘗見之。如來書所舉愛涅槃，**憎生死，正是未免生死，未出輪廻**……故其文曰：「若有人讚歎彼法，**則生歡喜**，便欲濟度，若有人誹謗彼所得者，即生嗔恨。」**此亦正是未免生死，未出輪廻**。[171]

---

167 《陸九淵集》卷三十五，〈語錄下〉，頁 474。
168 《易經・繫辭上》：「樂天知命，故不憂。」
169 《孟子・盡心》
170 《論語・衛靈公》
171 《陸九淵集》卷二，〈書〉，頁 19-20。

「愛涅槃，憎生死」是象山對佛家的觀察，其中即隱含象山認為佛教是以「生」為苦為累者，故以「脫生死」與「出輪廻」為理論目標，象山認為這是一種「私心」，是求一己之「利」，此亦是佛家的「病根」[172]，與儒者不類。簡言之，儒家視生死為自然現象，不求出離生死，但求「修身」與「立命」，以及「樂天知命」。佛家則苦生憎死，在欲去「四相」[173]中追求去除「我相、人相、眾生相、壽者相」四者的可能性，然而，由於其仍有去除的目標，故而象山認為其目標仍不夠究竟——「此亦正是未免生死，未出輪廻」。

總之，有關象山哲學與佛學的區分，本文從「時代背景」出發，說明宋明理學是經過了佛學思想刺激後的革新與發展，故而其中必有儒佛兩家在為學之道上的相似與易混淆處。其次，我們指出了不只象山受佛學影響，也不只是儒者批評佛家，儒者之間——例如朱陸兩人亦互相批評對方為「禪」；即儒者於言談之際極易落入禪學的思維，因此在理論上思考區分兩者之判準實有其必要性。因此，本節除了透過理論與實踐觀察儒佛的差異，並在實踐方面，從人的價值觀、社會觀與生命觀三角，分析了象山對儒學與佛學區分的判準；希望能從象山文本角度釐清儒佛兩家的分別，並指出其哲學的主要目標。

本節結語：本節針對象山學術之脈絡、朱陸之爭與儒佛兩家之區別進行分析，篇幅雖多，然而卻為本書各種方法論要求下理解陸象山所需。本節中我們透過象山思想史之脈絡，探討了象山心學之傳承與源流；其次，亦分析了朱陸之爭的史實與源起，以及其調和

---

172 象山原文如下：「釋氏立教本欲脫離生死，惟主於成其私耳，此其病根也。且如世界如此，忽然生一個謂之禪，已自是無風起浪，平地起土堆了。」《陸九淵集》卷三十四，〈語錄上〉，頁 399-400。

173 四相，指我相、人相、眾生相、壽者相；此四者是《金剛經》中指出修行應加以消除的對象。

的可能性；最後，我們從宋明理學的時代背景、象山區分儒佛的態度、象山區分儒佛的價值判準，討論了儒釋在理論與實踐觀念之差異。本節的工作主要是探討歷史文獻中與象山哲學相關的學術事件，希望能從此歷史背景的還原中，有益於讀者理解象山哲學在整體哲學史中之意義。

第三節　象山哲學之當代研究概況

前言

象山哲學的研究在兩岸與華人地區並非研究儒學之主流，根據台灣的 CEPS 資料庫收錄狀況，從 1986 年至 2009 年有關陸象山的資料有四筆，分別為大陸學者徐國華一筆[174]，台灣學者莊慶信與曾春海等三筆資料[175]。如以陸九淵為關鍵字查詢「篇名」範圍，則總

[174] 徐國華：〈試論陸象山的詩文創作〉，《江西師範大學學報（哲學社會科學版）》，37 卷 6 期，2004/11，頁 47-51。
[175] （1）莊慶信：〈陸象山知識學研究〉，《哲學論集》，25 期，1991/07，頁 133-164。（2）曾春海：〈陸象山的政治思想與實踐〉，《哲學論集》，21 期，1987/07，頁 1-25。（3）曾春海：〈陸象山與禪初探〉，《哲學論集》，20 期，1986/07，頁 47-61。

共找到十八筆資料則全部為大陸學者作品。[176]相對而言，從 1994 年至 2009 年間，大陸的「中國期刊全文數據庫」(CNKI) 有關象山的期刊論文約有一百四十二筆資料。這種研究量相對於朱子研究成果在 CEPS 資料庫收錄九十五筆資料，以及在 CNKI 資料中數千筆資料的狀況言[177]，顯然象山哲學的研究數量極為不足。

象山哲學在當代未能受到重視並非始於今日，早在明代即已如此。試觀《陽明全書》即已指出：「看得宋儒象山先生兄弟，得孔孟之正傳，吾道之宗派，學術久晦，致使湮而未顯」[178]，即從明代以來象山哲學即非顯學；雖然象山本人講學異常精彩，〈年譜〉中亦載有「聽者無不感動興起」[179]的描述，但象山歿後其學實有難傳之窘困。從內在特性言，心學本有可意會而難以言詮之特徵；若從外在推廣教育言，官學以朱學為正統的風潮亦助長了心學荒蕪之風。然而，由於象山繼承了孟子哲學的精神，以及孟子學在 1990 年以來受海內外學者重視的情況分析[180]，做為當代新儒家與孟子之間的象山哲學，其對先秦儒學的傳承與創新精神實值得吾人再次研究。

本節將在第一部分對當代研究象山哲學的成果進行分類，分類方式概略可分為兩大部分，第一類(A 類)是有關象山理論者，第二類(A 類以後)則為由象山理論延伸出的相關問題，並於本節後半部詳述有關其理論之核心觀念——「心」與「本心」理論之當代研究概況。

---

[176] 這是以「篇名」查詢的結果；如果以「關鍵字」查詢則結果較多，以象山為關鍵字查詢約有 33 筆資料，若以陸九淵為關鍵字檢索則約有 109 筆資料。

[177] 在 CNKI 資料庫中，以朱子為關鍵字查詢約有 1852 筆資料，若以朱熹為關鍵字檢索則約有 3528 筆資料。

[178] 《王陽明全書》(三)，〈褒崇陸氏子孫〉，台北：正中書局，1970，頁 277。

[179] 《陸九淵集》卷三十六，〈年譜〉，頁 501。

[180] 黃俊傑編：〈二十一世紀孟子學研究的新展望〉，《東亞儒學：經典與詮釋的辯證》，台北：台大出版中心，1987，頁 419-420。

本節細目

壹、本文對當代研究象山哲學之分類工作

由於本研究所收集資料龐雜，為求讀者理解便利，暫時將所收得期刊論文資料略分為 A 類至 G 類，各類之定義採取較具彈性的界定方式，以下即對本文採取之分類方式進行說明。

一、本文對當代研究之分類方式、目的與原則

（一）分類方式：

本文的分類方式概略可分為兩大部分，第一類（A 類）是有關象山理論者，第二類（A 類以後）則為由象山理論延伸出的相關問題，細部說明如下：

A 類：有關象山學說者（再分為 A1 至 A6 六項）

A1 類：有關象山學說之統整、心即理思想

A2 類：有關象山與易學

A3 類：有關象山哲學之實踐、政治思想、荊門之政、實學

A4 類：有關「六經注我」

A5 類：有關象山學脈

A6 類：有關工夫論者

B 類：為心學辯護者

C 類：比較朱陸者

D 類：論儒佛之異者

E 類：從文學角度分析者

F 類：從教育角度分析者

G 類：當代學者對象山學之應用類

（二）分類的目的與原則

本文分類的目的在於歸納出前人對象山的研究趨勢、核心觀念與重要問題；例如學者探討過的本心觀念、義利之辨、心即理、吾心即是宇宙等觀念皆為象山思想之核心，其詮釋方式亦代表學者運用當代意識對宋明理學的反思成果。我們認為如果能較全面地掌握這些思想脈動，較全面地運用學者的研究經驗做為本文探討背景，在前人作品的指引下，我們將能夠得出更深刻的分析成果。

本文分類與取材的原則有二：

第一：選擇過程維持代表性原則，而非完整性原則：本文資料的收集以具代表性題材為目標，而非試圖於汗牛充棟的典籍中

追求完整性；追求完整性較符合於辭典的工作任務，並且亦與本文研究動機不盡相同。即本文希望能以統觀當代有關研究象山哲學之概況為目標，使研究範疇盡可能涵括學者過去所關心的題材與研究經驗。

第二：結構簡明原則：本文希望能維持分類之結構簡單明瞭，從整體與個別角度概略分為兩大部分，第一類（A 類）是有關象山理論者，代表整體的統觀，目標在分析象山哲學主要觀念。第二類（A 類以後）則為由象山理論延伸出的相關問題，是為輔助性的個別主題，即 A 類以後的各項區分皆是從第一類問題中所延伸出的討論與問題。

本文希望能根據此兩方向使分類與取材既具代表性，又能兼具簡明的結構，使此一主題的研究成果能較有系統地呈現在本書中。

二、研究象山哲學之各類型文章細部整理

本文搜集了從 1994 年至 2009 年，對象山哲學探討之各類型文章。搜集資料的方式是以「篇名」或「書名」為對象，並以陸象山或陸九淵為關鍵字進行檢索，哲學史中的看法由於不在資料庫收錄範圍則不列入分析；但主要哲學史中對象山的看法仍將於本書相關主題中陳述。又由於宋明理學的資料量可謂汗牛充棟，故而在研究目標——深入分析「象山哲學精神」觀點下，本文搜集資料的目標乃根據上述兩原則，以能掌握各類型的文章或以具代表性的題材為目標。本文對象山哲學探討之各類型文章整理如下，其中各類皆以「論文」、「專書」或「碩博士論文」為排列次序，缺乏該類文獻者則加以省略，各項資料依「姓氏筆畫次序」

分類如下（文章或書籍之出版年、出版單位等內容，請參考本書「參考書目」）：

（一）第一類有關象山理論者（A 類）

A1 類：有關象山學說體系之探討

1. 邢舒緒：〈陸九淵學脈問題淺論〉。
2. 曾春海：〈象山學脈及其哲學方法上的法初探〉（下）。
3. 王大德：〈陸象山思想新探〉。
4. 王冰泉從：〈「太極辯論」剖探陸象山晚期思想的道家傾向〉。
5. 王金淩：〈本心論〉。
6. 王新瑩：〈本心與自由——論陸九淵哲學的特征與精神〉。
7. 王艷琴：〈陸九淵義利之辨探析〉。
8. 吳凡明：〈陸九淵誠論的心學向度〉。
9. 李華青：〈陸象山研究三題〉。
10. 李燕：〈「堂堂正正地做個人」——陸九淵其人其學〉。
11. 李蘊瑚：〈論陸象山哲學思想的性質〉。
12. 肖永明：〈陸九淵理論體系的建構與《四書》〉。
13. 修淦川：〈淺談陸象山的「尊德性」思想〉。
14. 徐復觀：〈象山學術〉。
15. 涂宗流：〈陸九淵心學中的「物與我」、「心與物」：陸九淵心學九辨之五〉。
16. 涂宗流：〈陸九淵心學中的心、本心：陸九淵心學九辨之六〉。
17. 郭振香：〈象山存養本心說之淺析〉。

18. 黃甲淵：〈陸象山「心即理」哲學與其「易簡工夫」論〉。
19. 黃春木：〈象山「心即理」思想及成德之教〉。
20. 黃信二：〈論陸象山心學之方法〉。
21. 黃信二：〈象山哲學對儒學研究方法之啟示〉。
22. 黃信二：〈從陸象山本心哲學析論儒家追求「人與自然的直接關係」之觀念〉。
23. 楊柱才：〈陸九淵心學的方法理論和實學主張〉。
24. 楊柱才：〈陸九淵心學的兩個根本觀念〉。
25. 劉英波：〈陸九淵「心即理」的一種讀解〉。
26. 劉英波、李雪：〈陸九淵「心即理」的一種讀解〉。
27. 劉財安、葉國平：〈淺議陸九淵的工夫理論〉。
28. 劉磊：〈「孟子之后，至是而始一明」——牟宗三對陸九淵的解讀〉。
29. 蔡邦光：〈陸九淵文化個性芻議〉。
30. 蔡琪惠：〈陸象山「心即理」研究〉。
31. 鄭傳芹：〈陸九淵論「心」的本質〉。
32. 鄧樹英：〈陸九淵主體意識探微〉。
33. 譚清宣：〈試論陸九淵的道德主體控制思想〉。
34. 譚清宣：〈論陸九淵「心即理」的真實意蘊〉。
35. 蘇潔：〈陸九淵「吾心即是宇宙」的認識論意義〉。
36. 鐘小石：〈論陸九淵哲學的本體論思想〉。
37. 饒國賓：〈陸九淵主體思維芻議〉。
38. 饒國賓：〈論陸九淵的心學辯證法思想〉。
39. 顧厚順：〈淺析陸象山的人性論〉。
40. 楊祖漢：〈陸象山「心學」的義理與王陽明對象山之學的了解〉。

專書：

41. 牟宗三：《從陸象山到劉蕺山》。
42. 李之鑒：《陸九淵哲學思想研究》。
43. 林繼平：《陸象山研究》。
44. 祁潤興：《陸九淵評傳》。
45. 張立文：《走向心學之路——陸象山思想的足迹》。
46. 曾春海：《陸象山》。
47. 崔大華：《南宋陸學》。

碩博士論文

48. 王新營：《本心與自由——陸九淵哲學思想研究》；博士。
49. 邢舒緒：《陸九淵研究》；博士。
50. 葛維春：《陸九淵心性論思想研究》；碩士。
51. 陶俊：《陸九淵生命哲學研究》；碩士。
52. 彭豔梅：《陸九淵道德思想的研究》；碩士。

A2 類：有關象山與易學

1. 石明慶：〈易簡工夫終久大——《周易》與陸九淵的心學〉。
2. 李之鑒：〈陸九淵易學思想簡評〉。
3. 陳明華；鄒小平〈陸九淵：「簡易工夫、剝落、優游讀書」的現代啟示〉。
4. 傅榮賢：〈陸九淵易學的心學建構〉。
5. 黃黎星：〈論陸九淵《易》說〉。
6. 黃黎星：〈論陸九淵《易》說中的社會人事觀〉。
7. 楊云生：〈陸象山易簡教育論綱〉。

8. 楊月清：〈論陸九淵的《易》學思想〉。
9. 范立舟：〈《周易》與象山心學〉。

A3 類： 有關象山哲學之實踐、政治思想、荊門之政、實學

1. 吳漢：〈一篇聲討貪官污吏的檄文——讀陸九淵《與辛幼安》書〉。
2. 李聽思：〈試論陸象山的德、法治思想〉。
3. 邢舒緒：〈陸九淵政治思想淺探〉。
4. 范立舟：〈陸九淵對理想社會的構思〉。
5. 涂宗流：〈陸九淵荊門之政功不可滅〉。
6. 涂宗流：〈憂國憂民的一代名臣——評陸九淵的荊門之政〉。
7. 許懷林：〈躬行踐履　匡時救弊——陸象山政見、政績評述〉。
8. 陳忻論：〈南宋心學領袖陸九淵的政治思想〉。
9. 曾春海：〈陸象山的政治思想與實踐〉。
10. 楊小光：〈陸九淵治荊及其思考〉。
11. 萬斌生：〈一篇正確評價王安石的劃時代文獻——讀陸九淵《荊國王文公祠堂記》〉。
12. 趙水泉：〈陸九淵治荊政績錄〉。
13. 蔡仁厚：〈朱陸異同與象山實學〉。
14. 鄭曉江：〈陸象山「荊門之政」及其反思〉。
15. 鄭曉江：〈論陸學即實學〉，《文史哲》。
16. 鄭曉江：〈儒家德治觀念與實踐研究：以陸象山「荊門之政」為例〉。

專書：

17. 嵇文甫：《實學文化與當代思潮》。

A4 類：有關「六經注我」

1. 張文修：〈陸九淵「六經注我」的生命實踐詮釋學〉。
2. 張發祥：〈陸九淵「六經皆我註腳」說詮釋〉。
3. 許懷林：〈宇宙・六經與我——陸九淵思想略說之二〉。
4. 劉化兵：〈陸九淵「六經注我，我注六經」本義辨析〉。
5. 劉玉敏：〈六經注我，我注六經——簡述陸九淵的經學思想〉。
6. 劉玉敏：〈六經注我，我注六經——簡述陸九淵的經學思想〉。
7. 劉宗賢：〈楊簡與陸九淵〉。

A5 類：有關象山學脈

1. 王向清：〈陸九淵心學派與湖湘性學派關系考論〉。
2. 何靜：〈論王陽明對陸九淵心學的揚棄和超越〉。
3. 何靜：〈論王陽明對陸九淵心學的揚棄和超越〉。
4. 吳文丁：〈陸九淵考卷手鈔本的考辨〉。
5. 邢舒緒：〈陸九淵學脈問題淺論〉。
6. 涂宗流：〈郭店楚簡與陸九淵心學〉。
7. 曾春海：〈象山學脈及其哲學方法上的法初探〉（上）、（下）。
8. 劉宗賢：〈陸九淵心學源流辨析〉。
9. 劉宗賢：〈楊簡與陸九淵〉，《中國哲學史》。
10. 蔡文錦：〈論王艮與陸象山的學術宗源關系〉。

11. 鍾彩鈞：〈楊慈湖心學概述〉。

專書：

12. 徐梵澄：《陸王學述一系哲學精神》。
13. 劉宗賢：《陸王心學研究》。

A6 類：有關工夫論者

1. 屠承先：〈陸九淵的本體功夫論〉。
2. 劉財安：〈淺議陸九淵的工夫理論〉。
3. 劉偉：〈陸九淵的道德修養論〉。
4. 饒小敏：〈陸九淵道德修養思想略論〉。

（二）第二類：由象山理論體系延伸出的問題（A 類以後）

B 類：為心學辯護者

1. 余雪真：〈陸象山并未否定客觀世界及其物質存在和變化〉。
2. 吳一根：〈陸象山非醇儒及其非儒說〉。
3. 李國強：〈應當重視陸象山研究（代序）〉。
4. 宮哲兵：〈陸象山不是唯心主義哲學家〉。
5. 鄭曉江：〈論陸學即實學〉。
6. 龍躍牛：〈陸象山沒有唯心主義認識論〉。

C 類：比較朱陸者

1. 李延倉：〈試論朱熹與陸九淵心性論的區別〉。
2. 金春峰：〈朱熹思想之與陸象山〉。

3. 彭永捷：〈朱陸之辯的哲學實質——兼論陸象山的學術淵源〉。
4. 彭啟福：〈朱熹的知識論詮釋學和陸九淵的實踐論詮釋學〉。
5. 曾賢熙：〈朱陸異同試析〉。
6. 虞文華：〈陸九淵的做人之學及其對朱熹之學的批判〉。
7. 潘富恩：〈論陸九淵與呂祖謙思想之異同〉。
8. 蔡仁厚：〈朱陸異同與象山實學〉。
9. 蔡方鹿：〈朱陸經學之別〉。
10. 羅翌倫：〈兩種詮釋向度的溯源比較——試以朱陸「無極、太極」之辯為比較基點的探索〉。

D 類：論儒佛之異者

1. 陳明聖：〈陸象山之「心學」與馬祖道一的「禪學」〉。
2. 曾春海：〈陸象山與禪初探〉。
3. 趙偉：〈「天下皆說先生是禪學」：陸九淵與禪學〉。
4. 蘇潔：〈象山心學與禪學關係新探〉。

碩博士論文：

5. 周葉君：論陸九淵對佛教哲學的融攝（全文）；碩士。

E 類：從文學角度分析者

1. 王以憲：〈「自出精神與他批判」——陸九淵心學文論評議〉。
2. 江瑛；陸業龍：〈論陸九淵詩中的「生民」情結〉。

3. 束景南：〈陸九淵詩文輯補〉。
4. 徐國華：〈試論陸象山的詩文創作〉。
5. 陳忻：〈宋代心學領袖陸九淵的文學思想〉。
6. 陸業龍；江瑛論：〈陸九淵詩中的「生民」情結〉。
7. 楊光輝：〈理學成熟期之理學詩——試論陸九淵與朱熹的詩〉。
8. 雷斌慧：〈陸九淵散文理論探微〉。
9. 鄧麗芳：〈陸九淵詩作補輯〉。

F類：從教育角度分析者

1. 丁俊屏：〈陸九淵的教育思想及其現代價值〉。
2. 朱永齡：〈一代巨擘——南宋著名思想家和教育家陸九淵〉。
3. 艾幼光：〈陸象山的「收拾精神，自作主宰」〉。
4. 吳文宙：〈陸象山眼睛向下的哲學思考〉。
5. 吳定安：〈陸九淵辦書院〉。
6. 李蘊瑚：〈陸象山識道、用道，足以馳騁天下〉。
7. 李聽思：〈陸象山的理想人格論〉。
8. 李聽思：〈陸象山教育思想淺論〉。
9. 肖弟郁：〈「心學」教育家陸九淵〉。
10. 宗河：〈學習方法七得——南宋教育家陸九淵的學習方法論〉。
11. 修淦川：〈頗具特色的陸象山道德人格教育觀〉。
12. 高桂喜：〈對陸九淵「頓悟」教育理論的重新認識〉。
13. 陳明華：〈陸九淵德育思想的現實轉換〉。

14. 陸業龍；江瑛：〈「誰言曾點志，吾得與之偕」陸九淵「化民」思想芻議〉。
15. 章軍華：〈陸象山的禮樂思想論〉。
16. 章國平：〈陸九淵獨立型人格思想的現代價值〉。
17. 堯新瑜：〈主體精神：陸九淵道德教育理論的本真意蘊〉。
18. 黃勇明：〈陸九淵「主體性」教育心理思想及現代價值〉。
19. 黃春：〈陸象山論學之道〉。
20. 楊云生：〈陸象山社會成人教育思想──兼談陸朱《太極圖說》論辯的實質〉。
21. 楊安邦：〈論陸九淵湯顯祖施政實踐及其人文性格〉。

22. 劉玉敏：〈六經注我，我注六經──簡述陸九淵的經學思想〉。
23. 劉貴傑：〈陸象山的人格教育思想〉。
24. 劉輝平：〈陸九淵做人之學探析〉。

碩博士論文：

25. 陳明君：陸九淵教學思想研究（全文）；碩士。

G 類：當代學者對象山學之應用類

1. 王盛開：〈陸九淵的自由精神論〉。
2. 王新營：〈詩意化的哲學隱喻──陸九淵詩詞的哲學審美價值研究〉。
3. 江瑛：〈論陸九淵詩中的「生民」情結〉。

4. 余品華：〈現代新儒家眼中的陸象山〉。
5. 余雪真：〈陸象山并未否定客觀世界及其物質存在和變化〉。
6. 李小蘭：〈陸九淵禮樂思想探析〉。
7. 李明德：〈陸九淵對「寬猛相濟」的辨正〉。
8. 周世泉：〈陸象山心學感悟錄〉。
9. 周世泉：〈新傳・新意・新體例——讀吳文丁著《陸九淵全傳》〉。
10. 周琪：〈陸象山是「臨川文化」的傑出代表〉。
11. 涂宗流：〈「此心此理，實不容有二」辨：讀《陸九淵集》札記之四〉。
12. 涂宗流：〈不能讓事實湮于意見：就陸九淵研究與張立文先生商榷〉。
13. 張立文：〈論陸九淵的人學倫理學〉。
14. 莊慶信：〈陸象山知識學研究〉。
15. 陳平輝：〈尋求主體的詩性解放——論陸九淵心學的解構意義〉。
16. 陳忻：〈試論陸九淵之推賞黃庭堅〉。
17. 陳明華：〈陸九淵「簡易工夫、剝落、優游讀書」思想的現代啟示〉。
18. 陸業龍：〈「誰言曾點志，吾得與之偕」：陸九淵「化民」思想芻議〉。
19. 陸業龍：〈論陸九淵詩中的「生民」情結〉。
20. 曾春海：〈陸象山的政治思想與實踐〉。
21. 曾子魯：〈陸象山「兩書」芻議〉。

22. 曾昭聰：〈從「陸九淵語錄」看《漢語大詞典》的若干疏失〉。
23. 華啟和：〈陸象山生態倫理思想發微〉。
24. 楊安邦：〈陸九淵程文二題：析「取予兩得」、「寬猛相濟」兩說〉。
25. 萬斌生：〈大筆揆心學：新書照眼明——讀吳文丁《陸九淵全傳》〉。
26. 葛兆光：〈一個普遍真理觀念的歷史旅行——以陸九淵「心同理同」說為例談觀念史的研究方法〉。
27. 劉雪影：〈論陸象山的風俗觀〉。
28. 欒文華：〈王安石新學和陸九淵心學的相近之處〉。
29. 欒文華：〈鄉賢桑梓情深　君子和而不同：陸九淵《荊國王文公祠堂記》讀后〉。
30. 欒文華；戴文君：〈王安石新學和陸九淵心學的相近之處〉。
31. 歐陽禎人：〈民被其澤　道行于時——陸九淵在湖北〉。
32. 韓鐘文：〈現代新儒家與陸九淵散論〉。
33. 饒國賓：〈「收拾精神自作主宰」——論陸九淵的倫理主體意識〉。

專書：

34. 徐紀芳：《陸象山弟子研究》。
35. 張立文・（日）福田殖（主編）：《走向世界的陸象山心學》。
36. 陳德仁：《象山心學之比較研究》。

碩博士論文：

37. 劉雪影：陸九淵哲學的解釋學意義（全文）；碩士。

上述 A 類至 G 類七類資料是我們依據「題名」或文章的「形式」進行的分類，文章詳細之出版單位與出版日期，請參見〈參考書目〉。

貳、心與本心理論之當代研究概況分析

本單元對當代象山學研究概況分析，主要是以「象山專書」為對象，針對有關象山之核心觀念——「本心」、「心」與「理」等觀念之當代成果做分析，以掌握當代學者對象山研究的問題意識。本單元之論述，主要是透過方東美、唐君毅、牟宗三、徐復觀、馮友蘭、張岱年，以及勞思光、曾春海、張立文、崔大華、李之鑒、林繼平等先生的論著為分析主軸，**以專書為主，並輔以哲學史之觀點**，希望能立足於當代成果而有進一步較深刻的觀察。[181]

一、有關方東美先生的觀點

方東美先生以「唯心主義型態」形容象山哲學，他條列出五項原則說明其理論。第一項原則是「萬有同心論」（the Fundamental Principle of Cosmic-Mindedness in respect of Perennial Reason），指出

---

[181] 在分析的材料方面，由於資料量龐大，我們無法選擇所有的期刊論文進行探討，僅能以專書或主要之哲學史為主，在不遺漏代表性觀點原則下，盡可能做周延的討論。

象山「宇宙便是吾心，吾心即宇宙」命題為象山哲學第一原理，並且此原理絕不能以「經驗之真」（empirically valid）而証明[182]，而只能是「先驗之真」（priori true）。[183]方先生提出「萬有同心論」這種歸納性結論，可謂既統合了外在「宇宙的萬有」與內在的「人人本具之心」；此既符合了象山本意，亦引入西方存有學（Ontology）觀念用以詮釋中國哲學。

第二原理則是「人性平等論」（the Principle of Human Equality in respect of Intrinsic Nature），即強調人雖有經驗之異，但街坊之人與聖人同性，即依存有的本質觀人性之，則人無所差異。[184]方先生的詮釋除了保存傳統中國哲學中的人皆可以為堯、舜的精神，符合象山哲學本意；其人性平等觀的提出亦呼應與增強了民主社會中應重視「平等原則」的社會價值觀。

第三原則為「人心上躋天道論」（the Principle of the Human Edification on the basis of Divine Endowment），此原則突顯此「心」、

---

[182] 方先生認為象山承認人是不同的，例如：堯舜如果處在今日，他們彼此間的作為必定不同而有其個別差異，因此「萬有同心論」必屬先天的原理而無法以經驗証明。

Dongmei Fang, *Chinese Philosophy: Its Spirit and Development* (Taipei, Linking, 1981), p. 43.本單元方先生觀點可與譯本互相參照，中譯本見方東美：《中國哲學精神及其發展》（下），孫智燊譯，台北：黎明文化事業公司，2004。

[183] 方先生「先驗之真」的看法影響後來的諸多學者，例如陳來教授亦指出象山的「本心」即是先驗的道德理性，即是提供道德法則，發動道德情感的仁義之心；為人人所具有，是不慮而知、不學而能的。參見陳來：《宋明理學》，台北：洪葉出版社，1994，頁 172。又例如李振綱先生亦認為象山的「本心」不是物欲之心，亦非純精神主觀之心，而是「先驗道德理性之心」參見李振綱：〈象山心學與朱陸之辯〉，《河北大學學報》，2004.04，頁 2。

[184] 方東美：《中國哲學精神及其發展》（下），孫智燊譯，台北：黎明文化事業公司，2004，頁 126。另見 Dongmei Fang, *Chinese Philosophy: Its Spirit and Development* (Taipei, Linking, 1981), p. 435.

此「理」兩者皆為天賦之能，心之官在於能思，理之用在於能明；兩者皆得之於天而內具於人，與外物從無隔斷。其歷史與文化意義則在於宗教精神的闡發，但它非神秘化的宗教，而是周公孔子改革後的理性化宗教，所崇信者為理性神。[185]在分析此原則過程中，方先生反思了象山的思考路線是否符合孔子精神，他認為象山這條路較接近《尚書》中的永恆的本體論，即斷言「心」與「理」皆為終極實在。即依此特性，因此方先生判斷象山理論仍有缺失；方先生認為《尚書》的傳統仍不如孔子之動健生生哲學（俱見《易經》），或以創造力哲學而言，仍未臻圓滿。[186]

第四原則為「仁義彰顯心性論」（the Principle of Inborn Conscience of Humanity and Righteousness accounting for the intrinsic Goodness of Human Nature），方先生覺得象山理論可以說是源於《尚書》中的「皇極大中」的「大中」思想，又由於「大中」觀念保有的形上世界中之神秘，所以才發展出以人為代理者，於宇宙中「吾人」乃是道德實踐上之偉大的行動者，使人人自覺其道德良知，即依此而論「仁義彰顯（吾人之）心性論」。[187]其中「皇極大中」既存有從原始發展成人文的存在性動力，「仁義彰顯（吾人之）心性論」的觀念亦指出人從原始之曠野逐漸澄明，漸次發展出主體意識（心），以及反思自我與外在關係的哲學意識。

第五原則為「理想價值超越論」（the Principle of Transcendental-Ideality），這條原則中必須考慮幾個重要問題，例如人做為一個自然存有應承認尚有高層上界，即人性中具有一較高的

[185] 方東美：《中國哲學精神及其發展》（下），孫智燊譯，台北：黎明文化事業公司，2004，頁 127。
[186] 方東美：《中國哲學精神及其發展》（下），孫智燊譯，台北：黎明文化事業公司，2004，頁 126。
[187] 方東美：《中國哲學精神及其發展》（下），孫智燊譯，台北：黎明文化事業公司，2004，頁 128。

道德存在領域可使人性提升至完美聖人之境。其次，此一「（先驗）超越之理想」，必定嚴格地根據普遍之理（天理），以之做為人、天、地的共同標準。其三，應了解堅持此一「超越之理想」非常困難。其四，道德高尚之士應力求達成「超越之理想」，應能役物而不役於物。其五，欲獲至道德自由，浹化自然，其先決條件為與天地相同且本然性善。其六，不應如許多實在論型的新儒家受限於二元論，以為天理與人欲是互相對抗的；象山認為這種類型的觀點受老子無欲觀點影響，故擴大了天的影響力而輕視人。[188]在分析此原則中，方先生透過西方哲學背景對象山學有所反省，他認為象山強調聖人觀並不會變成尼采的超人，踩著大眾而行；或如老子之聖人視百姓如芻狗。因為象山堅持聖賢之心與百姓相同，道心是普遍的，自然包含所有不同的人，而且象山認為「夫民合而聽之則神，離而聽之則愚」，強調象山哲學並未使其漠視凡人與現實世界的存在，使人偏離天理。

最後，方先生指出象山診斷人心易於失去「超越之理想」的四種原因在於：「感官欲望、奢華享受」、「愛好虛偽、詐欺」、「賣弄學問、愛好理論中的瑣碎概念」，以及「飄浮在空想與無意義的信念中」。他又指出象山認為做學問的四種失誤與知識份子腐敗的原因，主要是因為失去了對「天理」的信念；即「遺忘天理」而走向人間瑣碎的事物，以及深在人心的「天道」被「社會約束力」（法律規章）混淆，因此而投向假權威（名利）。而補救社會與人心的方法則為「置賢人於重要職務」、「召請有能力者於公職」、「賞善」與「重罰惡人」等方法。[189]簡言之，方先生透過上述五項大原則的

---

[188] 方東美：《中國哲學精神及其發展》（下），孫智燊譯，台北：黎明文化事業公司，2004，頁 131。

[189] 方東美：《中國哲學精神及其發展》（下），孫智燊譯，台北：黎明文化事業

歸納與反思，藉由其統觀中西哲學的能力，宏觀地指出象山哲學於形上學與倫理學中的意義。其次，方先生又具體地分析出象山認為人易於失去掌握大體能力的四種原因以及其補救方式，從理論至實踐為我們指出了研究象山學之完整藍圖。

二、有關唐君毅先生的觀點

唐君毅先生在《中國哲學原論》的《導論篇》、《原教篇》與《原性篇》中對象山有諸多評析。唐先生首先在《原性篇》中分判了朱陸之異，其次在《導論篇》中再提出他較重視象山學的立場；最後又在《原教篇》中提出朱陸「異中之同」，透過避免學者陷入兩派理論對立的分析方式，提升與擴大讀者的視野。[190]在《原性篇》中，唐先生指出朱子教人於天道之理氣、人道之心性與內外工夫上開出種種面向，以立為種種條目學規；但其歸趣不外使此心不善之人欲淨盡，使人心化同於道心。具體來說，即朱子所終所歸，即象山教人為學之始。[191]在「心」觀念方面，唐先生認為：

> 依象山所辨，其根本正義在心即理。理即天理，而人之本心即天理、即道、即性，則天理與人欲不能相對。……此即明與朱子之將一心分為道心、人心與不善之人欲三者之言異。[192]

公司，2004，頁 132-134。

[190] 本文限於篇幅僅以《導論篇》、《原教篇》與《原性篇》三本論著為代表說明唐先生立場，事實上唐氏對陸王與程朱的分析資料散見其全集。

[191] 唐君毅：《中國哲學原論》(原性篇)，收錄於《唐君毅全集》卷十三，台北：台灣學生書局，1991，頁 431-432。

[192] 唐君毅：《中國哲學原論》(原性篇)，收錄於《唐君毅全集》卷十三，台北：台灣學生書局，1991，頁 439。

即《原性篇》中唐先生認為象山與朱子處理「天」與「心」，以及「天理」與「人欲」的基本立場是不同的。在《導論篇》中，對象山提出「心即理」與「宇宙便是吾心」兩命題，唐先生亦給予極高的評價，認為此實洞明「心」與「理」及「心所接之宇宙萬物」與「對萬物所為之事」之合一無間之言也。[193]此外，對象山論「心」的方式，唐先生的評價亦是高於朱子的，他說：

> 宋明儒學之陸象山王陽明一系之發展，更有進於朱子之所言者，則在朱子之言人心，乃在人氣之靈上說，而人之受氣，則依於天命；由此而其所謂心，雖能知理而具理，然其地位仍在天命之流行之下一層次上，而理對人之氣與心，乃特呈一超越義。此中之關鍵，可說在朱子未能扣緊兩程之窮理即盡性，盡心而至命，心理性命之直接相貫而為一之義，而加以措思之故。[194]

引文可見唐先生分判了兩種心性哲學，並以朱子依「氣」而論「心」方式不如象山直接將「心」的地位提升；唐先生認為象山「將心之連於氣之義，暫放在一旁，不以氣看心……而更能以理看心，將心上提，以平齊於理」，如此即可收「本心與理不二，更無天理能外於此本心之說」的功效。從中延伸而出並與此理論保持一致者，則是在實踐方面「人之踐此心此理之分內事，亦即宇宙內事，而非只是上承一超越之天命之事。此中，人如說此天命，有超越義，則人之本心，亦具此超越義，而與之平齊。」[195]此則清楚顯現出唐

---

[193] 唐君毅：《中國哲學原論》（導論篇），收錄於《唐君毅全集》卷十二，台北：台灣學生書局，1991，頁 508。

[194] 唐君毅：《中國哲學原論》（導論篇），收錄於《唐君毅全集》卷十二，台北：台灣學生書局，1991，頁 619。

[195] 唐君毅：《中國哲學原論》（導論篇），收錄於《唐君毅全集》卷十二，台北：

先生對象山學的評價頗高，亦以象山本心哲學為能使「心理性命直接相貫而為一」之學。

除了對象山哲學的高度評價外，唐先生亦試圖調和朱陸之爭[196]，甚至於處理包含陽明在內的不同意見，在《原教篇》中，唐先生指出：

> 朱子之即物窮理以致知之義，陸王之言，雖未能及，然亦實不能違。而陸王之言聖人與學者，皆終有其所不知不能之義，朱子亦實不能外。……由陸王言人皆當知其有所不知不能，更以其知能相輔為用，則理當歸于「四民異業而同道」。而朱子與陸王之學，則合以涵具一現代的學術社會之分工義；而又在異學異業之外，同有此同道之義，以超過現代。是即見三賢之學之異，而未嘗不同歸之一端。[197]

其中顯見唐先生於朱陸之「異」中仍見其中之「同」處，如此即透過「異業而同道」的詮釋擴大了研究者之思路，在我們熟悉的朱陸之爭視野外，提供了較高層次的思考方向。

簡言之，唐先生既分判了朱陸對道心、人心看法之異，同時表示出其較贊賞象山「心即理」與「宇宙便是吾心」兩命題，認為朱子未能扣緊二程之窮理即盡性，以及心理性命相貫為一的

台灣學生書局，1991，頁619。

196 唐先生認為朱陸之異在於：「此中之不同，在象山之教人自覺其理之顯于心之發用中者，乃就此心之為道德的心、此理之為道德的理處，正面的回頭自覺其「此心所已願之此理，而有以自信」。則此工夫，要在人之「知其自己之所已知」于內，以成其「所已知者之相續者。」而朱子則由其學之特有見于人之氣稟物欲之雜，故不取此工夫，而亦疑象山之自信其心之教，乃由其不見此氣稟物欲之雜之故。」唐君毅：《中國哲學原論》（原教篇），收錄於《唐君毅全集》卷十七，台北：台灣學生書局，1991，頁285。

197 唐君毅：《中國哲學原論》（原教篇），收錄於《唐君毅全集》卷十七，台北：台灣學生書局，1991，頁285。

道理；最後唐先生亦引導後人思考朱陸之爭的真相及其調和的可能性。

三、有關牟宗三先生的觀點

牟宗三先生對象山的觀點主要見諸其《從陸象山到劉蕺山》一書，書中指出「象山之學並不好講，因為他無概念的分解，太簡單故；又因為他的語言大抵是啟發語，指點語，訓誡語，遮撥語，非分解地立義語故。」[198]他認為面對這種類型的文本，必須從「第二層序」入手，即從「非分解的性格」入手[199]，方能「相應其風格逐步真切地疏解出其學之實義」。[200]象山雖從「非分解的性格」入手，然而並非糊塗，牟先生認為「他無概念的分解，然並非大糊塗。他義理精熟，事理分明，他顯然有所本」。[201]

有關象山之「心」觀念，牟宗三先生認為象山之心是上接孟子學一路，以「心」為一形上實體，他說：「象山陽明則純是孟子學，純是一心之伸展。此心即性，此心即天。如果要說天命實體，此心即是天命實體。」[202]此即清楚指出牟先生認為象山之心是一形上實體，心等同於性，心等同於天命實體。牟先生進一步指出象山「本心」是本於孟子言之「四端之心」，其「心即理」是本於孟子言之「仁義內在」以及「心之所同然」乃至「理義悅心」等

---

198 牟宗三，《從陸象山到劉蕺山》，台北：台灣學生書局，1979，頁3。

199 象山雖從從「非分解的性格」入手，並非糊塗，牟先生認為「他無概念的分解，然並非大糊塗。他義理精熟，事理分明，他顯然有所本」。牟宗三，《從陸象山到劉蕺山》，台北：台灣學生書局，1979，頁3。

200 牟宗三，《從陸象山到劉蕺山》，台北：台灣學生書局，1979，頁 3。其相對的觀點即是「分解地立義」，是之為第一層序上者。

201 牟宗三，《從陸象山到劉蕺山》，台北：台灣學生書局，1979，頁3-4。

202 牟宗三：《心體與性體》第一冊，台北：正中書局，1968，頁32。

觀念。[203]同時他亦認為象山有超過孟子者，在於他將孟子之學往外開展，從「心即理」而達絕對普遍性而「充塞宇宙」，並依此而論「心外無物」與「道外無事」。[204]即從內在心性哲學至外在宇宙萬物觀，牟先生指出象山哲學一方面掌握了孟子「心」觀念以仁義為本質的看法；另一方面，又能將其內在之心加以擴充，使之成為設定「萬物一體」觀成立的關鍵性觀念。

象山這種過於重視內心主觀感受的哲學牟先生也有所擔憂，他說象山哲學既只是一心之朗現，一心之伸展，必定對客觀地自「於穆不已」之體言道體性體欠缺興趣，因此其學純從主觀面伸展，在客觀面就不甚能挺立，因而不免使人有虛歉之感。[205]換言之，雖然牟先生肯定象山哲學以《論》《孟》為主，屬於以《論》《孟》攝《易》《庸》，以「逆覺體證」為主，為宋明理學嫡系；但在重視客觀知識的當代哲學價值觀中，其哲學屬性仍有令人遺憾與虛歉之感。

除了此種過於強調主體性的缺憾外，明代王陽明亦曾指出象山之學之弊在於其理論之「粗」[206]。牟先生對此弊有過分析，他說：「象山之粗只由其以非分解的方式揮斥『議論』點示『實理』而見」[207]，牟先生認為這是象山本人的生命風格所造成的，因為象山是高明爽朗之人，個性近似於孟子，所以如果就生命風格言「粗亦似不可說」。如就學問風格言，粗只是由「非分解」而顯，則此粗亦只是他人感想，故粗亦似可不說。因此牟先生結論道：「象山若復消融其非分解方式下之揮斥與點示而歸於淵默，則潔靜精

[203] 牟宗三：《從陸象山到劉蕺山》，台北：台灣學生書局，1979，頁2。

[204] 牟宗三：《從陸象山到劉蕺山》，台北：台灣學生書局，1979，頁19。

[205] 牟宗三：《心體與性體》第一冊，正中書局，1968，頁47-48。

[206] 參考《傳習錄》卷三，陳九川問陽明：「陸子之學如何？」先生（陽明）曰：「濂溪明道之後還是象山，只還粗些。」

[207] 牟宗三：《從陸象山到劉蕺山》，台北：台灣學生書局，1979，頁23-24。

微，『粗』相泯矣」[208]，即牟先生在「陽明的批評象山」的史實中設法為象山的缺失解套，認為陽明所言之「粗」乃個性之事，非知識的對錯問題，其中顯見牟先生對象山哲學的重視。[209]

四、有關徐復觀先生的觀點

徐復觀先生在〈象山學述〉一文中透過十個主題論述象山哲學[210]，並以「辨志、義利之辨、復其本心」三大要點總括象山之學。他認為象山哲學所謂的「學問」並不是「知識」，而是「完全是指『做人』，是要成就一個人的行為」[211]；而其中真正決定人行為者是「念慮初萌處」，即是動機，或中國古人所說的「志」。徐氏認為「辨志」即是將掩蔽人心者除去，或者是根據道德原則使人心撥雲見日；其中即有遮撥之「原則」與「標準」的問題，此一標準是「利已」或「利他」，即象山所謂的「義利之辨」或「公私之辨」。[212]又，如果進一步再追問「人何以能辨別出自己所志者是義或是利？」此即涉及一個更根本的問題，即「心」與「理」

---

[208] 牟宗三：《從陸象山到劉蕺山》，台北：台灣學生書局，1979，頁 24。

[209] 學者東方朔甚至認為：牟先生對象山之學的推尊與欣賞，甚至有過於陽明。參見東方朔：〈只還粗些：陽明對象山之學之評判及牟宗三先生之詮釋〉，《思問》，網址：http://www.siwen.org/XXLR1.ASP?ID=3312；擷取日期：2009/1/23。

[210] （1）小傳（2）象山學術思想的時代課題（3）象山思想的結構（4）象山對書與事的態度（5）朱陸異同——朱子自身的矛盾（6）六朱陸異同——知識與道德界域的混淆與厘清（7）朱陸異同——由對心性認識的不同而來的修養功夫之各異（8）陸王異同（9）象山與佛老（10）象山的政治思想

[211] 徐復觀：〈象山學術〉，《中國思想史論集》，台北：台灣學生書局，1993，頁 17。

[212] 徐復觀：〈象山學術〉，《中國思想史論集》，台北：台灣學生書局，1993，頁 18。

的問題。徐先生認為象山是承認宇宙間有一個昭彰的「理」，他引述象山語說：

> 天之所以命我者不殊乎天；天之所與我者即此心也。人皆有是心，心皆有是理，心即理也」。……因為「理」是天地人三極所共，故理即是公，即是義。「本心」即是公即是義，但一般人因利欲或意見把本心遮斷了……所以義利之辨的同時，即「復其本心」了，本心既復，因為本心即理，以後的理，便都從本心流了出來。而本心之理，是夫婦之愚可以與知的，所以說是「簡易」。[213]

此處徐氏透過下列程序分析了象山的「心即理」觀念，他指出象山透過本體之「心」——即「天之所與我者即此心也」之「心」，以及本體之「理」——即「天地人三極所共」之「理」的規劃，設法使此二核心觀念能以本體的高度指引人間行為；即經由形上世界的理想，指引人間社會中倫理學的實踐。其中的哲學機制在於「設定」了「本心」可以延伸出「公平」與「正義」等倫理原則，使形上的本心與倫理的實踐兩層次能保持一致，進而形成其「本心即是公即是義」命題成立之合理基礎。

除了上述對「心即理」的看法外，徐先生是反對以「唯心論」一詞看待象山心學的。徐先生指出：

> 把中國所說的心，附會到唯心論上去，可以說是牛頭不對馬嘴……陸象山以至其他主張「心即理」的人都認為倫理之理，乃由心而出；所以極究地說，便說「心即理」。……把「心即理」這句話解釋為「一切現象都由心生」，那完全是

[213] 徐復觀：〈象山學術〉，《中國思想史論集》，台北：台灣學生書局，1993，頁 18-19。

> 胡說八道的。……他們一方面不能真正了解西方的唯心論，而對中國的東西也沒有認真讀懂……於是把中國文化最重要的部分非完全抹煞不可。[214]

即徐先生認為以唯心論詮釋中國哲學之心學是不恰當的，因為中國文化最早的心性哲學重視的是工夫與實踐，與重知識論的西方哲學在最起點處即有著與唯心主義根本上的不同，因此不宜把中國所說的心附會到唯心論上去。

簡言之，本文認為徐氏對象山的分析體系是細緻而完整的，除了對「本心」與「理」的析論外，他亦闡述了有關朱陸之爭、無極與大極、儒佛異同等問題；其論述最大的特色即是對《陸九淵集》進行相當程度的分類並整理與歸納出具一致性的原典，再從中條理出象山的意見，對當代研究象山哲學工作有非常大的助益。[215]

五、有關馮友蘭先生的觀點

馮友蘭先生對當代中國哲學的研究亦屬極具影響力者，然而，其對朱陸議題的處理是明顯偏重朱熹的。以章節篇幅言，在《中國哲學史新編》中以專章討論朱子，但陸王卻是兩位哲人共成一章[216]；以份量言，朱子哲學是以十節篇幅論述的，但象山哲

---

[214] 徐復觀：〈心的文化〉，《中國思想史論集》，台北：台灣學生書局，1993，頁 244。

[215] 此點讀者亦可參閱林繼平先生《陸象山研究》一書之序言，其中可見徐氏的象山研究成果對後來學者研究象山哲學時的助益。林繼平：《陸象山研究》，台北：台灣商務，1983。

[216] 第五十四章探討朱熹，第五十五章探討陸王心學。馮友蘭：《中國哲學史新編》（第五冊），台北：藍燈文化，1991。

學卻僅有三節的分析。雖然馮先生在哲學史中對象山研究的份量不如朱子，但他對象山本人仍多有贊許，例如他認為：在舉世都認為只有一個程門的時候，陸氏即已看出二程兩人的不同，這是代表象山「早年即有很高的哲學辨別能力」。[217]此外，他亦評論象山論「義利之辨」之所以感動朱子及其門人，原因是象山所講的雖是老題目但卻相當有「新意思」；此新意思即是「判斷」君子、小人的標準不在其「行為」而在其「志向」。即「志向、意願與動機」方為儒家學者欲為聖賢最重要的課題。例如同樣是科考的「行為」，有人志在當官求名，有人則志在治國安民；即同一行為可有不同的意願與動機，此即為馮友蘭先生認為象山對先秦「義利之辨」課題在宋代的新詮釋。[218]

在宇宙論與修養論方面，馮先生是以唯心主義定位象山哲學的；並認為象山與佛學的主觀唯心不同，它仍舊承認你我之間有公共的世界，而非如唯識宗所言每個人都有自己的山河大地，故而是屬於一種客觀的唯心主義。即象山所言之心，「可能是宇宙的心，不是個體之心；**個體之心也是宇宙之心，所以任何人都可以稱宇宙的心為吾心**。陸九淵認為，對此要點的認識是學者修養的前提和出發點，這就叫先立乎其大者」。[219]本文對此則有不同看法，本文認為馮先生採取的是數學集合論的基本觀念，以「宇宙之心」為全集合，以「個體之心」為子集合，又因「全集」包含「子集」，「子集」必屬「全集」所有，因此，馮先生認為可以說「任何人都可以稱宇宙的心為吾心」。**本文則認為象山哲學對此「宇宙」與「吾心」相等同的「命題」，其內在的本質除了如馮先**

[217] 馮友蘭：《中國哲學史新編》（第五冊），台北：藍燈文化，1991，頁 216。
[218] 馮友蘭：《中國哲學史新編》（第五冊），台北：藍燈文化，1991，頁 225-226。
[219] 馮友蘭：《中國哲學史新編》（第五冊），台北：藍燈文化，1991，頁 220。

生可做「空間性」的集合論類比外，應可再加上「時間性」的發生性類比觀念。

所謂「時間性」的發生性類比觀念，以當代詮釋觀點看象山「宇宙」與「吾心」相等同的文本，**我們認為其中突顯了「中國哲學家應如何觀察外界、觀看文明」的問題之方法論**。即以「時間」言，是人創造了文明在先，即人應設法對文明保有觀察與修正（移風易俗）的理想性，此應為原創型哲學家最初導引文明進展的任務。但現實往往將人的理想掩埋至無可奈何之境，往往使人進入某種社會程序中，即遺忘了「程序本身」的目的。或者說以哲學研究言，我們往往透過哲學做為分析工具，為的目的本來是釐清混淆，但**最後我們卻可能只重視對研究「工具」本身的探討，忽略了哲學之「分析工具本身」之所以形成的目的。以「宇宙」與「吾心」相等同的「命題」言，其理論目標即在於暗示吾人：不論工具再精密、再偉大，其「分析成果」所形成的「整體文明」[220]仍不過是在「吾心」與「宇宙」二元交忽中的「變項」之一；其中「吾心」清明的自省式之核心價值，仍試圖追索「在吾人理想的導引下」，如何能引導「現實決策」，如何能統合內外困境以使人類安度難關，並且人心安定。[221]以傳統語言詮釋，此即「扣其兩端」的意義**，即**吾人若能扣緊「宇宙」與「吾心」兩**

---

220 所謂「分析成果」所形成的「整體文明」，主要是指人類透過各種「分析」或「演繹」方式所形成的「理論」，以及依循理論所建立的「地上物」等等文明成就。

221 即本文對「宇宙」即「吾心」的看法即是：此命題的目標在於暗示吾人不論我們的科學再發達，工具再精密、再偉大，其成果所形成的「整體文明」仍不過是在「吾心」與「宇宙」二元交忽間的「變項」之中，仍是在「人」與「自然」之間，人透過「理想」導引「工具」進行生產的結果。即此命題的特性在於：提供我們立足於文明邊緣，提供我們看待人與文明關係的視野，使吾人跳脫科學至上與工具萬能的迷失。

端而觀看人間，掌握問題最極端之兩種可能，則必能「有所提升」而度過人間困境；本文認為此即象山講演時常感動聽眾，甚至於使聽者落淚的原因，因此象山方強調要認識「宇宙」與「吾心」等等重要命題為「立其大者」。

馮先生又指出「先立乎其大者」是心學的一貫原則，陸氏所言「萬物森然於方寸之間」與孟子所言「萬物皆備於我」是相似的知識；並且有此知識不夠，還要有此境界，即必須追求程顥所言「反身而誠，乃為大樂」的意境，以及道學家們所說的「尋孔顏樂處，所樂何事」的精神境界。這種境界是理學與心學家共同追求，但在達到目標的修養方法上大不相同，心學的方法是「先立乎其大者」，而理學家的看法則是「即物窮理」。[222]這種分辨是相當清晰合理的，簡潔有力地釐清了「道問學與尊德性」兩類理論的異同之處。

六、有關張岱年先生的觀點

張岱年先生認為「象山之學，以明心自立為要點，發明本心，自作主宰，於動靜無不合理，不必分別努力於各項道德，而德行自然圓滿，無稍缺欠。其極則能與天地相似，達到自然自在之境界。」[223]此引文簡明地點出了象山學的要點在於「明心」，即強調明「本心」的觀念。張氏進一步指出象山與朱子雖然皆重視「心」，但兩人卻形成了不同學派的原因：

> 朱子言窮理，象山亦言窮理；象山言明心，朱子亦未嘗不言明心。但象山所說，正與朱於相反。朱子是窮理以明心，象

[222] 馮友蘭：《中國哲學史新編》（第五冊），台北：藍燈文化，1991，頁 222。
[223] 張岱年：《中國哲學史大綱》，台北：藍燈文化，1992，頁 409。

> 山則是明心以窮理。朱子是由知物以得自覺，象山是由自覺以推知物。朱子亦謂心具眾理，但以為受氣質所昏蔽，心不能自明其所具之理，必須格物窮理，而後心中之理乃明。象山則謂心即是理，只須發明此心，則於事物之理無所不知；窮理之道，實在於明心。此其不同之所以，仍在於朱謂性即理而心非即理，陸謂心即性即理。以此，故朱之學是理學，陸之學是心學。[224]

此段引文清楚指出朱陸兩派主要的不同在於「窮理」與「明心」的次序不同，使得兩人雖皆重視「心」但卻形成了不同的結論。基本上張先生認為象山論「心」不如朱子，他說：「象山雖是心學開山，與朱子之為理學宗師相對立；但象山論心，實不若朱子詳備。象山的思想，到明代王陽明才得到圓滿的發展。」[225]張先生認為朱子的詮釋比較詳密，是張載與程頤心說之大成，他認為：

> （象山）心性情只是一物，更無分別。朱子以為性即理，而心則理與氣合而後有，性在於心而心非即性，理具於心而心非即理；象山則以為心即性即理。……朱陸之根本不同，在於：朱謂心統性情，知覺非性，性在心而性非即心，性即理而心非即理；陸王則謂心即性即理即知。[226]

此即清楚地分辨了朱陸兩人對「心」、「性」與「理」等概念的界定方式，朱子強調心統性情，但心不是性，而象山則將心性概念統合為一。此外，對於「道心」與「人心」的分判，張先

[224] 張岱年：《中國哲學史大綱》，台北：藍燈文化，1992，頁 409。
[225] 張岱年：《中國哲學史大綱》，台北：藍燈文化，1992，頁 301。
[226] 張岱年：《中國哲學史大綱》，台北：藍燈文化，1992，頁 300-304。

生又準確地指出陸、王兩人的差異。他說：「象山不主分別人心道心為二，陽明亦有相似的思想，……認為人心道心只是一心，但仍以天理人欲解說道心人心之不同，與象山不一致。象山反對分別天理人欲，陽明則甚注重存天理去人欲，此是陽明異於陸而同於朱之處。」[227]透過張先生的分殊，我們對陸王與程朱相一向為對立的看法有下列的省思：即「心學」與「理學」兩組相對立學派事實上仍是「異中有同」的，而陸王兩組相近的觀點卻可能「同中有異」；這種類型的觀察對當代研究一向以壁壘分明之方式看待兩者的觀點不但有所提醒，同時亦可其見其研究之細緻與深刻。

七、有關勞思光先生的觀點

勞思光教授對象山的評價是置放在其宋明理學之三階段說的，他認為宋明儒學是從周、張混合形上學與宇宙論系統，發展至二程、朱熹的形上學系統，最終發展至陸、王的心性論系統而達完備與成熟。[228]他認為：

> 成熟階段即心性論重建之階段，此一工作始於南宋之陸九淵，而最後大成於明之王守仁。陸氏首重「心」觀念，即由「存有」歸於「活動」，由對峙於客體之主體昇往最高主體性。陽明主「良知」之說，最高主體性乃由此大明。至此，宋明儒學進至高峰。[229]

---

[227] 張岱年：《中國哲學史大綱》，台北：藍燈文化，1992，頁 303。
[228] 勞思光：《中國哲學史》（三上），台北：三民書局，1987，頁 5。
[229] 勞思光：《中國哲學史》（三上），台北：三民書局，1987，頁 5。

勞先生認為孔孟之學是屬於心性論系統[230]，因此認為宋明理學的「陸王之學」為對孔孟心性論的「重建」；在重建的歷程中陸象山是先驅，王學是集大成者，而劉蕺山則發展至極限。[231]勞先生認為象山學說特色在於其「心」觀念，其心是「本心」之義，是指價值自覺而言；此乃承孟子四端之心而立說，而為一切價值詞語意義的根源。此「心」非如朱子所言「心」為「氣」中之一種產物，它更強調的是「心」之普遍性，因此即與朱子強調「心」之特殊性相峙而立。[232]此外，對於象山之「心」為何能涵攝萬有，勞先生指出其「心」之意義非經驗心，而是取超驗意義講「心」。即就價值自覺講，則無論此「心」表現於我、於人之經驗心中，本身皆無不同可說；如此講「超驗義之心」，故象山之「心」可涵蓋萬有，即其中之關鍵在於象山以普遍義與超驗意義定位「心」之內涵。[233]

在此一思考脈絡下，勞先生指出「心即理」的命題並非如世俗所想像的一切皆任「經驗心」作主；「經驗心」在陸氏言非「本心」，本心即是價值自覺，有時以「仁義」釋之。[234]但對「理」的內涵，

---

[230] 勞思光：《中國哲學史》(一)，台北：三民書局，1987，頁 162，勞先生說：「孟子之學說以心性論及政治思想為主要部門……心性論又可分數點言之：(1) 性善與四端說：價值根源與道德主體之顯現；(2) 義利之辨：道德價值之基本論證；(3) 養氣與成德之工夫：道德實踐問題，此中以性善論為中心」。
勞先生以「心性論」為核心觀點評論宋明理學發展的討論學界有不同觀點，請參考杜保瑞先生論著〈對勞思光先生宋明儒學詮釋體系的方法論反省〉，本文收錄於《世界中國哲學學報》第七期，頁 55-105。

[231] 勞先生說：從哲學史觀點講，陽明所代表之「心性論」模型之哲學，至蕺山已發揮至極。勞思光：《中國哲學史》(三下)，台北：三民書局，1987，頁 621。

[232] 勞思光：《中國哲學史》(三上)，台北：三民書局，1987，頁 382。

[233] 勞思光：《中國哲學史》(三上)，台北：三民書局，1987，頁 382-383。

[234] 勞思光：《中國哲學史》(三上)，台北：三民書局，1987，頁 383。

勞先生認為其「理」有多重意思，有時指價值標準或規範，有時指事物規律本性；但「心即理」之「理」，則主要是本於「心性論」立場強調規範義之「理」。即無論是「心」或「本心」觀念，以及「心即理」的命題，象山之學就勞先生的分析都有以主體性為歸宿之傾向。[235]

象山哲學雖於勞先生的分析中屬於宋明理學的「成熟階段」，同時又是對先秦孔孟哲學之「重建」，但它並非全無缺點；勞先生認為象山之學至少有下列兩項缺失：

第一，「象山立說之趨向固甚明顯，其用語立論每每亦不甚嚴格；若非對所關之哲學問題能確定掌握，則讀象山語錄或他文，處處皆易生誤解。」[236]即勞先生認為象山的優點在其問題意識的清晰，但其缺點則在於概念之運用不夠精確；例如象山之「心」雖為普遍義與超驗義者，但有時象山亦有泛指「人心」者。[237]第二，象山之哲學命題，有其中命題無法證成的問題；例如在「心即理」命題中「理」應以「心」為根源，但勞先生認為象山絕不能證立此點，因為此涉及知識論之工作，並非中國傳統哲學中所有者也。[238]此一缺失在宋代影響性不大，亦符合當時社會需求，但其表達形式在今日則形成中西哲學溝通時的巨大困境。

簡言之，勞先生透過宋明儒學三階段的方法論，一方面宏觀地分析了象山哲學在中國哲學史中的意義；另一方面，則具體地指出象山的「心」非經驗心。而是就價值自覺講，取超驗意義講「心」；

---

[235] 勞思光：《中國哲學史》（三上），台北：三民書局，1987，頁 385。
[236] 勞思光：《中國哲學史》（三上），台北：三民書局，1987，頁 381。
[237] 勞思光：《中國哲學史》（三上），台北：三民書局，1987，頁 381。
[238] 勞思光：《中國哲學史》（三上），台北：三民書局，1987，頁 385。

並非如世俗所想像的一切皆任「經驗心」決定。勞先生細密的分析，對當代研究象山哲學無疑地具有極大之貢獻。

八、有關曾春海先生的觀點

曾教授在象山「心」觀念的探討，首先透過對孔孟以來儒學發展做一扼要說明，以見象山在此問題上所繼承的脈絡。其次，指出「究明人之所以立，是象山思想的脈穴」。此「所以立者」曾先生指出即是具超驗性質的「本心」，其內涵具體言即是孟子所言之「惻隱、羞惡、辭讓、是非」等生命活動的原初事實；並根據此四端之心的事實「點醒人性內在的價值自覺，證立諸德源生流衍之處」，即是道德性的本心。雖然孟子對象山有直接的影響，但曾教授認為「象山之學」不全是因讀孟子而習得，而是透過象山個人經驗與孟子之學互證而後得，曾先生說：

> 筆者堅信這也是象山透過其自身生命活動的深刻自覺，跨越時空而與孟子心心相印……，因自得而為之見證和立教，這或許是他終不易其說的根據所在。[239]

這種「因自得而為之見證和立教」的經驗是許多中國哲學工作者共通的經驗，筆者相信曾教授亦是有所自得，方能肯定象山學之「所立」並指出象山「思想的脈穴」。

在「心即理」的命題方面，曾先生認為象山之「理」是整個存有界的形上根基、形上共理，為萬物的超越根據；即從存有論而言是客觀實有於整個存有界的，非人所能深加或杜撰的。而象山之「理」與張載、程頤和朱熹之不同處，在於他側重「理」的普遍義

---

[239] 曾春海：《陸象山》，台北：東大圖書公司，1988，頁73。

而不言「分殊」義。此外，曾先生指出象山之「心」與「理」觀念「兩者一體流通，俱在主體生命中，既存有亦活動」[240]，在此思考模型下，曾教授認為：

> 象山旨趣不在成為人——這一生命體的旁觀者，或離開生命主體的客觀研究者……，因此象山不願像朱熹般地做平面分解的認知，這也是他何以反對朱子式的把心分開成道心和人心的說法。[241]

曾先生相當精確地掌握了象山哲學的精神，一方面指出了象山為學之動機在於視人為一完整的生命體，欲使心、性、才、情等文字概念能「發用為諸般生命活動的機能成份，彼此血脈相連，互相流通」[242]，同時，又點出「心即理」的心有「形上的生生意涵，為理所從出的本根」，「仁心在自動自發中創生了淵然有定的道德秩序，和依循此秩序的意向性活動」[243]。最後，曾先生指出「心與理」的關係是「二名一實，一體的兩面，心是理的發源處，理是心的內涵，心在某種情境中感通外物特定意向和回應方式的本身就稱為理……而渾然同體之理與分殊之理只是就認識的方便所做的權宜之分，而非一存有論的區別」[244]，此即指出象山「心」與「理」的內在一致性。

簡言之，曾教授從象山「思想的淵源史」開始探討，進而分析了象山哲學的核心觀念——具超驗性質的「本心」，進而指出象山學之「所立」與象山「思想的脈穴」；其次，再分析象山學之「理」

---

[240] 曾春海：《陸象山》，台北：東大圖書公司，1988，頁 75。
[241] 曾春海：《陸象山》，台北：東大圖書公司，1988，頁 76。
[242] 曾春海：《陸象山》，台北：東大圖書公司，1988，頁 77。
[243] 曾春海：《陸象山》，台北：東大圖書公司，1988，頁 77。
[244] 曾春海：《陸象山》，台北：東大圖書公司，1988，頁 80。

觀念，「心與理」兩者的關連性與內涵，最後再指出象山「心即理」哲學的意義，深刻地把握了象山哲學之精神。

九、有關張立文先生的觀點

對宋明理學有深入研究的大陸學者張立文先生[245]，於 1992 年出版了《走向心學之路——陸象山思想的足迹》[246]一書，又於 2008 年主編了《走向世界的陸象山心學》[247]一書，對象山學術的研究與推廣有諸多貢獻。張先生的哲學方法主要是範疇論型態，即設法找出一對對或一個個[248]的基本概念與哲學範疇，再構築其哲學理論的邏輯結構。在有關象山的「心」觀念方面，他是透過「心與理」、「心與道」，以及「心與物」的分析型態，以掌握象山哲學的內在邏輯。

首先，在「心與理」的觀念方面，張立文指出：「『吾心』(心)作為主體意識的本體，是陸九淵哲學邏輯結構的最高範疇，也是其哲學的出發點和終結點」。[249]在「理」的觀念方面，張先生認為「理」在象山哲學邏輯結構中「可以說是一個不和諧的怪物」[250]，他區分象山之「理」為六類：(1)「理為宇宙萬物運動

---

245 張立文教授著名甚為豐富，例如《宋明理學研究》(北京：中國人民大學出版社，1985)、《宋明理學邏輯結構的演化》(台北：萬卷樓圖書公司，1993)，以及《天》、《道》、《理》、《氣》等等論著。

246 張立文：《走向心學之路——陸象山思想的足迹》，北京：中華書局，1992。

247 張立文．(日)福田殖(主編)：《走向世界的陸象山心學》，北京：人民出版社，2008。

248 例如心與理、心與物、一與二、動與靜……等等概念。

249 張立文：《走向心學之路——陸象山思想的足迹》，北京：中華書局，1992，頁 84-85。

250 張立文：《走向心學之路——陸象山思想的足迹》，北京：中華書局，1992，頁 93。

的規律」、(2)「理具有普遍性和融通性」、(3)「理是典章制度和倫理道德」、(4)「理，人們只能感覺它，而不能改變、創造它」、(5)「理能以『不易』應『不窮之變』」、(6)「理為合理或不合理，即是非的標準」[251]，張立文進而指出象山「理」觀念的缺失如下：

> 作為宇宙萬物規律的「理」的地位的提高，必然與其以「心」為其哲學邏輯結構的最高範疇發生矛盾，而損害其「心學」哲學體系的完整性，這是陸九淵哲學邏輯結構所不能容納的，因此便有「心即理」命題的提出。。[252]

此觀點指出在以「心」為邏輯的最高範疇前提下，象山「理」觀念與「心」觀念的衝突是必然的；為求解決之道，張先生認為象山必然要提出「心即理」的命題作為補救，這是象山理論的缺失。其次，張先生對「心與道」關係的分析方式與上述論「心與理」衝突的模式類似，在「心與道」方面他指出：

> 按照陸九淵對「道」的規定，「道」作為充塞宇宙或萬物的規律，它是不以人的主觀意識而轉移，外「心」而存在的。這樣，則陸九淵哲學邏輯結構便矛盾重重了。為了維護「心」的世界本原的地位和體系的協調，對「道」採取了與「理」相似的改造，把「心」外之「道」，強拉入「心」之懷抱使它具於「心」內。[253]

---

[251] 張立文：《走向心學之路——陸象山思想的足迹》，北京：中華書局，1992，頁 94-100。

[252] 張立文：《走向心學之路——陸象山思想的足迹》，北京：中華書局，1992，頁 101。

[253] 張立文：《走向心學之路——陸象山思想的足迹》，北京：中華書局，1992，頁 111。

由於象山的「道」既是「天下萬世之公理」[254]，亦是充塞宇宙，無所不在[255]，故而張先生認為象山之「道」與最高之「心」兩者的哲學邏輯結構間是矛盾重重，無法自圓其說的。在「心與物」方面，他指出：

> 陸九淵和其他精神論的思辨哲學一樣，不管他如何地為其「宇宙便是吾心」的哲學體系作論證，然總是無法逃脫其主觀精神實存哲學所碰到的不可克服的矛盾：既然「萬物」概莫能外地是「吾心」的產物和顯現，那麼，除我而外，其他任何個體，都存在於「吾心」之中，是吾心的產物和顯現。如果順此路徑而往，作為「我」這個個體來說，也只能作為一個現象而存在於人「心」之中。這樣一來，不僅「物」是「心」中的幻象或影子，而「吾心」賴以存在的「我」這個個體也成為人「心」中的幻象或影子，我這個個體也一起被否定了，這就使他的哲學陷入不可自拔的困境之中。[256]

張先生認為為象山消除物、我界線，採取說「內」不說「外」的原則，如此雖可使萬物完整地印在吾心之中，但此一看法將產生確認主體（我）的困難與危機，其結果可能會流入類似佛教「一切皆空」的流弊。[257]簡言之，根據上述有關「心與理」、「心與道」、「心與物」範疇的分析，我們發覺張先生憂慮象山哲學過分強調「心」的觀念而否認「物」與「我」，一方面將使其「道」與「理」的普

---

[254] 「道者，天下萬世之公理，而斯人之所共由者也。君有君道，臣有臣道，父有父道，子有子道。」《陸九淵集》卷二十一，〈雜著〉，頁 263。

[255] 《陸九淵集》卷一，〈書〉，頁 9。

[256] 張立文：《走向心學之路——陸象山思想的足迹》，北京：中華書局，1992，頁 125。

[257] 張立文：《走向心學之路——陸象山思想的足迹》，北京：中華書局，1992，頁 126。

遍性與「心」的最高邏輯地位產生衝突；另一方面，將使其「我」的主體意識被否定，使其哲學體系出現多重矛盾。

本文認為張先生的看法的優點在於其範疇化的方法論，提醒我們對「天」、「道」、「理」與「心」、「性」等諸多「概念」必須加以釐清，以做為哲學工作的基礎與前提條件。然而，此種前提條件在中國哲學中其徹底落實似有「先天」的困難。因為，中國哲學從天道說至心性，從天道論延伸至倫理學時，往往具有「天人合一」的屬性或「天人本無二，不必言合」潛在思考要求；因此，這種劃分雖具方法論上的理想性，但此理想與中國哲學屬性間的先天衝突仍有待化解。

十、有關崔大華先生的觀點

大陸學者崔大華先生對朱陸之爭、象山弟子思想，以及南宋陸學的性質和意義有諸多探討，其論著既具有微觀象山理論的深刻性，亦有統整南宋心學影響力的宏觀分析。他認為象山哲學的基礎是「心即理」，「理」一方面是宇宙存在的根據，同時亦為宇宙萬物存在的次序，此一次序又引申出自然與社會的秩序。「心」觀念則主要是指倫理實體，並以知覺作用與倫理道德行為做為表現方式。[258]崔氏指出「心即理」在象山之前雖曾為禪宗接受，亦曾為張九成提出，但經過明確論證而提出做為儒家哲學基礎者，陸氏實為第一人。[259]崔氏的論點雖受馬列思想影響，但乃保有哲學家追求真實的風範；其對象山心學與唯心主義的比較，亦頗能指出兩者的差異在於「心學」之「理」並非「心」的產物，而是從「理」與「心」

---

[258] 崔大華：《南宋陸學》，北京：中國社會科學出版社，1984，頁 24-27。
[259] 崔大華：《南宋陸學》，北京：中國社會科學出版社，1984，頁 28。

兩觀念「同一」與「合一」的觀點下得出的。[260]同時，他具體指出了象山心學方法的特色在於其「強調個人道德修養」而非「認識外在」事物，以及「追求整體的明了，不是逐一的釋解」[261]，其觀點客觀合理，值得加以參照。

十一、有關李之鑒先生的觀點

大陸學者李之鑒對陸象山的研究，因受限於馬列理論獨斷時代的影響，故而多以政治立場之「左」、「右」分判中國哲學家；或者以「唯心主義」價值觀定位心學。例如他說：「陸九淵就把孟子萬物皆備於我的思想，又『向右』推進了一大步，從而也就更加『主觀唯心主義』化了」。[262]並且，在此馬克斯意識型態下，他批判象山哲學「不僅神化了『理』，以理統一物，還進而神化了『心』，又以心統一了理，直將其哲學引向荒謬，引向僧侶主義」。[263]他又說：「陸九淵已以創世主之心代換創世主之理，完成由程朱理學到心學的過渡」。[264]本文認為，在受限於單一意識型態觀點下批判任何哲學家皆是無法恰如其分的，如此恐怕難以客觀分析各種哲學思想之價值。

十二、有關林繼平先生的觀點

林繼平先生對宋明理學的研究屬於理論與實修並重的類型，在理論方面受馮友蘭、錢賓四兩位先生影響；在實修方面則受虛雲老

---

[260] 崔大華：《南宋陸學》，北京：中國社會科學出版社，1984，頁 29-30。
[261] 崔大華：《南宋陸學》，北京：中國社會科學出版社，1984，頁 31-32。
[262] 李之鑒：《陸九淵哲學思想研究》：河南：人民出版社，1985，頁 39。
[263] 李之鑒：《陸九淵哲學思想研究》：河南：人民出版社，1985，頁 19。
[264] 中國哲學史學會編：《論宋明理學》，浙江人民出版社，1983，頁 349。

和尚的指引。他歸納出自己三種治學方法如下：「一是重系統推理，二是反諸自心體驗，三是禪宗的修道工夫」[265]，其學思歷程與宋明諸先生早年求訪佛老之經歷頗為類似。他對象山「本心」觀念有甚多篇幅的分析[266]，他認為「象山底本心之學，渾括言之，實應包含形上學與形下學兩大範疇，始能盡其全部義蘊」。[267]

林先生認為象山本心觀念的「形上」與「形下」可分三層面說明，一是現成的本心，二是本體的本心，三是發用的本心。[268]其中「現成的本心」即是孟子說的「無失其本心」之本心，即今人常說的良心。「本體的本心」即是對「本心」觀念的「後設反省之後」所得到的對「本心」意涵的體悟[269]。而「發用的本心」即是如孟子所云：「四端之心」，即是象山對楊敬仲（楊簡）說的「是者知其為是，非者知其為非」的本心。[270]如此林先生似乎是區分「現成」的與「本體」的本心屬於形上，而將「發用」的本心置於形下的理論位置。緊接著林先生又以「理」說明「本心」，並區分三種本心的重要性，他說：

> 本體的本心或本體心，象山又稱為「理」。現成的本心，就是良心為一般人道德價值觀念判斷的標準，無甚深義趣，不必細說。至於發用的本心由本體心顯發而來……，必待

---

[265] 林繼平：《陸象山研究》，台北：台灣商務，1983，頁 3。

[266] 林繼平：《陸象山研究》，台北：台灣商務，1983，頁 89-183。

[267] 林繼平：《陸象山研究》，台北：台灣商務，1983，頁 89。

[268] 林繼平：《陸象山研究》，台北：台灣商務，1983，頁 91。

[269] 對「本心」觀念的後設反省，即如楊敬仲（楊簡）在象山的教導後有所反省說道：「忽省此心之無始末，忽省此心之無所不通」。《陸九淵集》卷三十三，〈謚議〉，頁 394。

[270] 例如象山對楊敬仲（楊簡）說的「聞適來斷扇訟，是者知其為是，非者知其為非，此即敬仲本心」。《陸九淵集》卷三十六，〈年譜〉，頁 488。

對後者（本體心）有了清楚的認知後，才能談到前者如何發用的問題。[271]

因此林先生將論述三種本心的工作對焦於「本體的本心」，並以「本心」即「理」的原則，詮釋如何從「本心」觀念開顯出「價值」體系。他認為象山強調「此『理』已顯也」即是本心呈現的另一種說法，同時「此理」又稱為「道」，即是理學家所謂的「見道」、「聞道」之道，它又稱為「仁智勇」，它是「萬善的根源」。[272]在對象山之「本心理論」的分析後，林先生進一步指出象山如何「證成」本心之理論，他用「發明本心」、「動靜一如」、「物各付物」與「過化存神」四階段來說明象山本心理論的實踐階段。[273]

有關象山「發明本心」觀念的闡釋，林先生首先是從象山幼年的成長經驗論述的，他從《年譜》中象山四歲開始記載的「資質之美」、不「汩於利欲」、不「蔽於意見」、探問「天地何所窮際」等經驗，肯定象山八歲「見道」；並認為「象山底悟境，如不從此算起，或根本抹殺此一事實，則此後象山許多話，單就文字上解悟是很困難的」。[274]其次，有關象山的「動靜一如」觀念，林先生認為不同於明道「終日坐如泥塑人」，而是「動」的一面工夫多，「靜」的一面工夫少；並在此「動靜一如」中，透過動的成份即可見「心體」之「無窮」、「靈覺」與「光明」。[275]其三，林先生透過「物各付物」觀念，論述象山如何將上述「心體」觀念加以實

[271] 林繼平：《陸象山研究》，台北：台灣商務，1983，頁 95。
[272] 林繼平：《陸象山研究》，台北：台灣商務，1983，頁 93。
[273] 林繼平：《陸象山研究》，台北：台灣商務，1983，頁 104-143。
[274] 林繼平：《陸象山研究》，台北：台灣商務，1983，頁 107。
[275] 林繼平：《陸象山研究》，台北：台灣商務，1983，頁 116-117。

踐，加以「經世」的純熟應用。此部分他比較了象山與朱子，以及更早的周敦頤、二程，以及以後的王陽明有關「經世」的理想與藍圖，指出象山如何沈潛於「本心」之應用，以使「物各付物，會其有極，歸其有極」[276]，以使心體常明。其四，在「過化存神」階段，林先生透過「荊門之政」的分析，說明了象山學如何達成工夫最後階段，既符合「道中庸」的一面，亦呼應「極高明」的精神。[277]

簡言之，本文認為林先生對象山的「本心」觀念有相當深入的說明，唯其本心觀念分為形上與形下兩部分似有不妥。因為何謂「形下」的定義？如果形下之物指心外之物，則對象山而言只有「心內」之物，何來「心外」之物？何來「形下」之物？再者，林先生所言「發用的本心」觀念如回歸於孟子「四端之心」而論，其屬性似乎仍較重視於形上學範圍。因為「四端之心」乃孟子心性哲學之起點，其本質乃有待形上理論的分析，並必須置放於「盡心知性知天」的理論體系中方能產生完整的意義；因此本文認為以形上、形下區分本心的看法仍有可議之空間。其他有關林先生對象山的「本心」觀念的分析則相當詳實，不只是分疏其理論的發展狀況，同時亦比較其與朱子、陽明之異同，又再透過象山之成長歷史以說明其理論如何得以被證成，其研究成果相當豐碩。

十三、當代研究象山學者間之爭議

勞思光先生在《中國哲學史》（三上）一書中，除了透過「心性論」觀點論述象山理論外，其分析亦涉及學界的一項爭議，即象

276 《陸九淵集》卷一，〈書〉，頁 10。

277 林繼平：《陸象山研究》，台北：台灣商務，1983，頁 132-135。

山之「心」與朱子之「心」是否相同的問題。勞思光先生指出：馮友蘭以為陸氏之「心」即朱氏之「心」，而陸氏之「心即理」則異於朱氏，其說則誤，兩人之「心」字意義及指涉絕不相同。[278]在分析兩人之爭議前，本文首先將釐清馮友蘭先生提出此觀點的分析背景，以利我們做進一步判斷。

馮先生在分析朱陸之異中指出，朱子以「心」乃理與氣合而生之具體物，與抽象之「理」完全不在同一世界。其心中之理即所謂性，心中雖有理而心非即理；即依朱子系統可言性是理，但心非即理。在象山而言，心性理是一貫的體系，三者間差異不大；在天為性，在人為心。而且這種分辨事實上只是「隨吾友而言，其實不必如此」，「都只是一般事物，言偶不同耳」。馮先生認為朱子所見的「實在」有二世界，一是不在時空，一是在時空中。而象山則只有一重世界，即在時空者；因此此「世界」即與「心」一體，故言「宇宙變是吾心」。[279]以上是馮先生提出問題的理論背景，接著馮先生即提出必須探討象山之「心」與朱子之「心」是否相同的問題，他認為「然細考之，則象山所謂之心，正朱子所謂之心」[280]，此觀點即為勞先生所反對。

馮先生的論證過程如下，首先他指出象山說過：「人非木石安得無心？心於五官最尊大」[281]。其次，馮先生提出朱子對「性」的界定是「天下無無性之物」，依此而說「一物之成，皆稟其理；其所稟之理，即其性也。故木石亦有性，不過木石無知覺耳。故雖不

[278] 勞思光：《中國哲學史》（三上），台北：三民書局，1987，頁 385。

[279] 馮友蘭：《中國哲學史》〈第二篇經學時代〉，第十四章〈朱陸異同〉，北京：中華書局，1961，頁 939-940。

[280] 馮友蘭：《中國哲學史》〈第二篇經學時代〉，第十四章〈朱陸異同〉，北京：中華書局，1961，頁 940。

[281] 《陸九淵集》卷十一，〈書〉，頁 149。

可謂木石無性，而可謂木石無心。象山此以為木石所無之心，正朱子所謂之心也。」[282]這是馮先生從朱陸二人都同意「木石無心」，來論述朱陸彼此的「心」觀點是相同的。筆者的看法是，此處象山所言之「木石無心」之「心」泛指一般人感官中之大者，與象山「本心」之「心」不同，亦非象山哲學的核心觀念，故而不應做為朱陸比較的主要對象，在這方面勞先生的觀點是較合理的。

馮先生除了從朱陸二人都同意「木石無心」的觀念來論證其說外，馮先生亦再舉出兩人之「心」皆具有「能思」與「四端之心」的功能，以說明朱陸兩人的「心」是相同的。[283]本文則認為，「心乃能思慮者」的看法雖可貫穿朱陸二人哲學，但此一「心」之功能並非「本心」的主要內涵，所以仍不能代表象山心學的主要精神。其次，馮先生引朱子語：「仁是性，惻隱是情，須從心上發出來，心統性情」，表示「惻隱」與「仁義」皆為「從心上發出來」，據此以朱子之「心」同於象山「四端（惻隱）之心」的看法。筆者對此觀點亦持保留，主要原因是如果依據此內在邏輯，從「心上發出」至「惻隱之心」與「仁是性」的「一致性」中將導出「心即性」的邏輯，此與朱子強調「靈處只是心，不是性，性只是理」[284]，以及「性者，心即理；情者，心之動」[285]觀點會產生不一致性，因此本文認為朱陸兩人的「心」觀念仍是不同的。

雖然馮友蘭先生認為象山之「心」與朱子相同，但他卻認為象山的「心即理」觀念與朱熹不同，此實為兩人哲學的根本不同處。

---

282 馮友蘭：《中國哲學史》〈第二篇經學時代〉，第十四章〈朱陸異同〉，北京：中華書局，1961，頁 940。

283 馮友蘭：《中國哲學史》〈第二篇經學時代〉，第十四章〈朱陸異同〉，北京：中華書局，1961，頁 941。

284 朱熹：《朱子語類》卷五。

285 同上註。

其理由在於象山的「天之性」與「人之性」在同一世界中，因此象山不欲立「天理」與「人欲」之分；但朱子則不同，朱子的系統中天與人分處二世界，因此「心」與「理」不能等同。[286]此即馮氏對朱陸兩人相異的定位，指出象山的「心即理」命題為兩人理論的差異，而在「心」的觀點方面，兩人的看法則是相同的。

在這種視朱陸二人「心」觀點相同立場中，唐君毅先生亦持相近的看法，即唐先生認為在象山的「本心」與朱子的「道心」兩觀念之間，彼此有某種程度的同一性存在。[287]他說：

> 象山此種言心與理合一、心與宇宙合一、及宇宙內事與己分內事合一之言，唯待吾人之直接就本心之呈現以觀此心，乃能直下契合。朱子之言心具萬理而應萬事，心之能通貫今古遠近，而無乎不運，亦實必待人之多少直接就觀心而後能說。而朱子之所謂道心，尅就其自身而觀，亦非只為一以心往合於道之心，而應為一「道與心合一」之心，而其實義，亦與象山所謂心即理之心無別。[288]

即朱陸之爭雖為著名的學術事件，但對其理論核心「本心」觀念的看法，至少馮友蘭與唐君毅兩位先生的看法是朱陸理論之間仍有其同一性存在；即雙方仍有交集的區域而非完全對立，在

[286] 馮友蘭：《中國哲學史》〈第二篇經學時代〉，第十四章〈朱陸異同〉，北京：中華書局，1961，頁 941。

[287] 此種視朱陸之「心」有某種程度同一性的觀點後來影響了學界，例如學者金春峰亦認為事實上朱學亦是心學，只是其論「心」的方式不同，他說：「實際上，朱熹的基本觀點是心學，不過心學的具體結構與形態，與陸有所不同而已」參見金春峰：〈朱熹思想之與陸象山〉，《中州學刊》，1997，第 1 期，頁 75。

[288] 唐君毅：《中國哲學原論》（導論篇），收錄於《唐君毅全集》卷十二，台北：台灣學生書局，1991，頁 508。

共同為復興先秦儒學的目標下，兩者間應可取得了某種程度的共同基礎。

除了上述勞先生與馮先生對朱陸之「心」看法的爭議外，大陸學者涂宗流先生亦曾為文向張立文先生提出的三個問題，此三問題亦直得吾人再次探討象山時注意。其提問之要點如下：第一，「荊門軍」即是今湖北荊門市，還是今天的湖北當陽？第二，以象山之「心」為能作為、能生萬物的特性，是象山的本意，還是後來的學者杜撰的？第三，此心「澄瑩中立」的理想境界是象山提出的嗎？[289]第一項問題涂先生根據《陸九淵全集》的分析，指出張立文先生於《中國古代著名哲學家評傳・陸九淵》一書中錯誤。他認為張先生在「陸九淵的身世、生平活動和著作」一節中寫道：「紹照二年秋至荊門軍（今湖班當陽），紹熙三年十二月十四日卒於荊門軍任所」，其中的「荊門軍」應是今湖北荊門市，而非今天的湖北當陽。涂先生條列出至少十則象山文本，透過對本文中有關荊門的描述分析該地之地理形勢，再輔以《宋史・地理誌》的分析對張先生的看法提出批評，認為以荊門為今天的湖北當陽是錯誤的；本文認為涂先生的看法值得加以參照。其次，對象山「心」的作為，「心」能否生萬物等問題，筆者之立場請參考本書第二章第一節，以及第三章第一節對「心」的定位；此外，由於前文已對張立文先生論「心」之觀點有所分析，故而在此不做贅述，但仍建議對此類常見之誤解能保持一種警惕之心。

本節結語：以上是對象山學之當代研究概況進行的統覽，我們一方面將相關論著與期刊論文進行了分類工作，二方面則選擇其理論之核心——「本心」觀念，透過專書、哲學史等代表性觀點，探

[289] 涂宗流：〈不能讓「事實湮于意見」——就陸九淵研究與張立文先生商榷〉，《荊門職業技術學院學報》，1999.01.，頁 82-87。

討了學界對象山理論之「本心」與「理」等觀念之概況；本文對於當代觀點雖無法全數收錄，但相信應已涵蓋多數的觀點。

本章結論

本章內容是研究象山的重要背景，它與本書各章運用「背景哲學」方法、分析文字概念「發生」之方法（第二章中探討）、象山之哲學方法（第三章中探討），以及重視「文本」於原初哲學家「歷史脈絡」中的意義之詮釋方法極為相關。因此我們檢討了過去的歷史，分析儒學史中的象山議題，諸如朱陸之爭與儒佛之異；亦分析了現代的歷史，對當代學者之象山學研究成果進行檢討。

在第一節中，我們透過《年譜》等文獻觀察象山人格特質、立志做得實工夫與其讀書方式；我們亦觀察到象山的教學方法，觀察其如何能使學生認識自我，並能奮勵向學。

在第二節中，我們整理了象山思想史之脈絡，以及象山心學之傳承；並對朱陸之爭的史實與源起，及其調和之可能性進行了分析。我們一方面對象山「重道德輕知識」價值觀有所反思，認為在當代的哲學風潮中，應當盡可能重視「學」的歷程，以使《論語》所言「學」與「思」並重原則得到實踐；另一方面，我們亦透過了卡西爾的哲學人類學觀點，思考了在重視「道問學」之際，有可能忽略「尊德性」的理論初衷，有可能失去了探討理論發生之際的存在狀態的動機。

在區分儒佛兩家之方面，象山的態度是積極的，他認為儒佛之區別是論對錯與是非，而不是同異比較的問題；他認為兩者最大的不同即是其核心判準的不同。此判準具體言即是「有無私心」的問題，本單元是透過「本體理論」與「實踐理論」兩者分析此種「有無私心」的觀念；最後再以價值觀、社會觀與生命觀三者為例，說明儒佛兩家之區別。

在第三節中，我們對當代研究象山哲學者進行了分類工作，並對牟宗三先生、唐君毅先生等十數位學者有關其「心」與「本心」的理論之研究概況做了分析；並指出當代研究象山學者間之爭議內容。本章內容即希望能透過此三節的分析來了解象山哲學在當代研究的價值，並建立我們研究象山哲學的問題意識；希望能較全面地運用學者的研究經驗做為探討背景，在前人作品的指引下得出更深刻的分析成果。

第二章　象山心學之精神
——發明本心與日新日進

前言

象山哲學之要領以「發明本心」[1]為主軸而展開，其具體精神本書將透過「日新」觀念以輔助說明；因為象山說過「學問」的本質如無「日新日進」之功[2]，則將使思想與生活流於停滯死亡，對學者本身毫無意義。即透過「日新」觀念突顯象山思想中進學與成德目標的積極性，將有助於吾人理解象山「本心」觀念。根據此一觀點，本章內容將處理以下三項議題：第一，何謂象山之「本心」觀念？第二，「日新」觀念於整體「象山哲學」中之意義為何？第三，「心學之精神」為何？本章將區分為三節以處理此一課題，其探討議題如次：

第一節　論象山哲學中之「本心」觀念
第二節　論象山哲學中之「日新」觀念
第三節　陸象山心學之精神

1　《陸九淵集》卷三十六，〈年譜〉，頁 524。

2　象山說過：「夫人學問當有『日新』之功，『死卻』便不是。邵堯夫詩云：『當鍛鍊時分勁挺，到磨礲處發光輝。』磨礲鍛鍊，方得此理明，如川之增，如木之茂，自然『日進』無已。」《陸九淵集》卷三十五，〈語錄下〉，頁 443。

本章各節綱要：

前言

第一節　論象山哲學中之「本心」觀念

壹、「本心」之意義

一、「本心」觀念之立論位置

二、「本心」觀念之特性

三、「本心」與「心」二概念之區別

四、象山「本心」觀念之理論基礎：從「心」推論至「本心」如何可能——「象山之背景哲學」

貳、「心即理」之意義

一、「理」之基礎義：實理與實處觀

二、「理」之應用義

三、「心即理」之意義

參、「本心」理論之應用與確證

一、「吾心」與「宇宙」之統合

二、文字與歷史之還原

三、學問頭柄之尋求

四、易簡精神之追求

肆、本節結語

第二節　論象山哲學中之「日新」觀念

壹、為何要探討象山之「日新」觀念

貳、象山「日新」觀念之意義

一、有關「為學」與日新之關係

第一節　論象山哲學中之「本心」觀念[3]

「本心」與「心」概念在象山理論中有其不同意義，基本上可從「普遍」與「個體」二方向進行理解。「本心」之意義如象山所言，屬於「心乃天下之同心」之心的普遍義層次；而「心」概念則代表人遭遇外界干擾後，人心之各種變化狀態，側重個體義現象義。本文將區分為以下三個面向以探討上述議題：

壹、「本心」之意義
貳、「心即理」之意義
參、「本心」理論之應用與確證

---

[3] 本節內容曾於2007年發表於《哲學論集》，並於2009年修訂內文。參見黃信二：〈從陸象山本心哲學析論儒家追求「人與自然的直接關係」之觀念〉，《哲學論集》，第40期，2007.07，頁97-116。

正文

壹、「本心」之意義

一、「本心」觀念之立論位置

象山的「本心」觀念屬於形上的層次，一方面是以「天道論」的觀點統合宇宙與他者立說，另一方面則保持「本心」與外在「宇宙」或「他者」有所連繫，例如：象山曾經以「存心」與「天之所以與我者」解釋其「本心」，其中即顯見「心與天」或「心與外界」之關係，他說道：

> 「君子之所以異於人者以其**存心**也。」又曰：「非獨賢者有是心也，**人皆有之**，賢者能勿喪耳。」又曰：「人之所以異於禽獸者幾希，庶民去之，君子存之。」「去之」者，去此心也，故曰：「此之謂失其本心」。「存之」者，存此心也，故曰：「大人者**不失其赤子之心**。」四端者，即此心也。「**天之所以與我者**」，即此心也。人皆有是心，心皆具是理，心即理也。故曰：「理義之悅我心，猶芻豢之悅我口。」所貴乎學者，為其欲窮此理，盡此心也。[4]

引文之要點可概約區分為：(1)「存心」、(2)「人皆有之」、(3)「天之所以與我者」、(4)「不失其赤子之心」等四者，此四者可共

---

[4] 《陸九淵集》卷十一，〈書〉，頁 149。

構出理解「本心」觀念之要點。以下再從個體義、普遍義、形上義與實踐義，分別說明本心觀念之內涵如下：

（1）個體義：象山所言「四端者，即此心也」，明白指出「存心」所存者即為基本的「四端之心」，四端之心代表在「個體」中精神感受的「根源狀態」。同時，個體義亦有開展性，象山亦指出從「四端之心」往外開拓超越「個體現存狀態」走向「整全之人」的可能性。[5]

（2）普遍義：「四端之心」的普遍義即象徵「人皆有之」，此即指出人皆可以為堯、舜的可能。在與外在的關連性方面，此四端之心的「普遍義」在理論位階上，與象山所言「滿心而發，充塞宇宙，無非此理」[6]的本體義兩者亦具有理論上的一致性。

（3）形上義：象山從「天道論」指出「心是天之所以與我者」的命題，此一命題涉及者為形上學的範疇。如再以理論的「發生」[7]與「應用」考量，此命題亦屬發生義，涉及於哲學中有關「觀念如何發生」之探討。有關「發生」範疇之探討即要求我們思考：象山如何透過其對「心」

---

[5] 從「四端之心」往外開拓，超越「四端之心」的可能，即如象山所強調的：「孟子就四端上指示人，豈是人心只有此四端而已？又就乍見孺子入井皆有怵惕惻隱之心一端示人，又得此心昭然，但能充此心足矣。」《陸九淵集》卷三十四，〈語錄上〉，頁 423。
學者王金凌亦肯定「象山之本心」具有走向整全、追求圓滿之可能性。參見王金凌：〈本心論〉，《輔仁國文學報》，第 14 期，1999.3，頁 16。

[6] 《陸九淵集》卷三十四，〈語錄上〉，頁 423。

[7] 「發生」觀念在本書中主要是指理論的「創造」，就個體言強調「原創能力」；就整體言，側重於指出原初儒者對先秦儒學文化與新局的開拓能力。

觀念之重新闡釋以探問天道論之內容，並從此一探討中反思修養論與天道論兩者的關連性。

再者，此命題使人進一步思考「天之所以與我者」是何物？一如象山所說：「須思量天之所以與我者是甚底？為復是要做人否？理會得箇明白，然後方可謂之『學問』」[8]。此即顯示出象山透過對天人關係進行反省，並對人性根源進行基礎性地探討。其中「形上世界」與「人的主體性」兩者間，或者是文明的「發生（創造）」活動與「應用（實踐）」活動兩者間，如何能透過適當之理論進行連結，即成為探討其形上學的重心。

（4）實踐義：引文中「不失其赤子之心」一語，側重從「原點的完整」至「應用後之變化」，強調應設法使此歷程不失原初之完善性，並設法維持純樸的赤子之心。換言之，即從原初的四端之心與外界（「他者」或「宇宙」）遭遇後，仍應能「不失初衷」，並能「一以貫之」的保存此心，此即象山強調「存心」的理由。[9]

此四項意義雖各自有其重心，唯就其理論之要點而言仍以「形上義」為主軸統攝其他三者，以使其理論具有一從形上指導實踐之提綱挈領的特性，此即象山所謂之「純一」精神。象山說過：「吾於踐履，未能純一，然才自警策，便與天地相似」[10]；其中「純一」即表示其理論必須回歸與收攝至主體中，釐清「本心」觀念的理論位置，才足以表現其哲學精神——「易簡」之特性。引文中「才自警策，便與天地相似」，即表示其此一主體，必須透過常自警惕的

8　《陸九淵集》卷三十五，〈語錄下〉，頁 438。
9　「古人教人不過存心、養心、求放心。」《陸九淵集》卷五，〈書〉，頁 64。
10　《陸九淵集》卷三十六，〈年譜〉，頁 483。

方式以回歸至形上世界；否則必然會發生形上與形下斷裂或二元無法交通的理論疑慮。

又如象山強調「（吾之）本心為天之所予」，即是其常自警惕地還原回形上的觀點，透過此命題以覺知「此心此理」與「天地萬物」同樣開闊廣大。同時，也是為了提醒後學不至於落入只知「實踐」倫理原則，忽略倫理原則之「發生」動力與創造基礎；故象山方強調透過「才自警策」的過程以還原至「便與天地相似」的本體世界。並透過此本體世界思想之提醒，以避免後學只知「踐履」又「未能純一」，如此既失道德實踐根源，同時又忽略了中國哲學必須隨時向「道德創生處」溯源的警策工夫。簡言之，象山的「本心」觀念是透過「天道論」的觀點，以使其理論具有「從形上指導實踐」之提綱挈領的特性。

二、「本心」觀念之特性

象山理論中之「本心」觀念，實即孟子所謂之四端之心或赤子之心；即人之所異於禽獸庶民去之而君子存之的部份。根據徐紀芳對當代學者研究的綜合與整理，象山的「本心」具備有先天性、合一性與普遍性[11]。其中「先天性」指出此心的特性是如孟子所言之「固有」與「天之所予我者」[12]，象山稱其為「正理在人心，乃所謂固有」[13]。「合一性」乃指出在象山在「心即理」的結構下，調和人心與道心，統合天理與人欲並非對立的觀念，一如象山所言「此

---

[11] 參見徐紀芳：《陸象山弟子研究》，台北：文津出版社，1990，頁 4。其觀點統合了（1）方炳森《陸象山教育思想》、（2）陳德仁《象山心學之比較》與（3）崔大華《南宋陸學》之研究。

[12] 「此天之所與我者，先立乎其大者，則其小者不能奪也。此為大人而已矣。」《孟子・告子上》

[13] 《陸九淵集》卷十一，〈書〉，頁 150。

心此理實不容有二」[14]。「普遍性」則強調「本心」（理）的存在事實不受地域與古今時空影響，即象山所謂的「理乃天下之公理，心乃天下之同心」[15]的意思。

三、「本心」與「心」二概念之區別

「本心」與「心」之概念在象山理論中各有側重，基本上可以透過前述的「普遍義」與「個體義」之方式進行理解。首先，象山所言「本心」觀念多在形上的層次論述，側重不受古今時空影響的事實，即象山所言本心觀念是在「心乃天下之同心」普遍義層次論述的。其次，一旦論及單一之「心」概念時，此心即代表人遭遇外界干擾後人心之各種變化；包含正向存養或負面的流弊，側重個體義之現象。例如他說過：「有所陷溺，則此心為之不靈」[16]，即認為個別之「心」在遭遇外物後即有「不靈」或「壞了」的可能。[17]但此「心」之形上基礎——「本心」，其「人皆有之」的事實永遠不變；在此觀點下，「本心」與「心」有了區分。

我們認為「本心」的特性是：包容全體，絕不滯延於個別物的概念當中，特別是當他說：「宇宙便是吾心，吾心即是宇宙」[18]中

14　(1)「天理人欲之言亦自不是至論，若天是理，人是欲，則是天人不同矣，此其原蓋出於老氏。」(《陸九淵集》卷三十四，〈語錄上〉，頁 395)(2)「蓋心一心也，理一理也。至當歸一，精義無二。此心此理實不容有二。故夫子曰：『吾道一以貫之』……『先知』者，知此理也。」《陸九淵集》卷一，〈書〉，頁 5。

15　《陸九淵集》卷十五，〈書〉，頁 196。

16　《陸九淵集》卷十一，〈書〉，頁 149。

17　「心」之「不靈」的可能，即如象山說的「胡亂被事物牽將去」，象山說：「人心本來無事，胡亂被事物牽將去……若一向去了，便壞了！」《陸九淵集》卷三十五，〈語錄下〉，頁 456。

18　《陸九淵集》卷三十六，〈年譜〉，頁 483。

之「心」，其內容一方面是包容全體，孕育人類；另一方面，則涉及人類的「善惡」觀，但卻又在善惡等道德觀念之外透過「復其本心」地自省能力，成為道德行為的批判者。[19]象山亦曾以「潔淨田地」比喻「本心」，認為「若田地不淨潔，則奮發植立不得」[20]；即表示人應遵從「發明本心」之原則，以潔淨心靈淨土。

基於此種理論設定，所以象山能以「害心」[21]概念指出「本心」如何受到「善惡概念」之干擾[22]，說心「汩於（善惡）一事」[23]。在象山哲學中他設定「本心」觀念的目標在於「內無所累，外無所累，自然自在」[24]；換言之，本心一立，即可「見得超然，於一身自然輕清、自然靈」[25]。相反的，如心不自立，則「才有一些子意，便沉重了」[26]；即人如果將心定位於一物一事（個體義之「心」），人心必定為外物所累。象山對此結論道：「人心只愛去汩著事（案：即將心定位於一物一事），教他棄事時，如鶻孫失了樹，更無住處。」[27]此即強調人心必定為外在個別物所累，因此象山「本心」觀念必須置於普遍意義的層次論述方為合適，而不宜置於個別概念上進行分析。

---

[19] 本文認為象山的吾宙便是吾心之「本心」的特性是包容全體，這種觀念一如牟宗三先生認為孔子之「仁」觀念基本上是不能有限制的，是一種「自由無限心」。
參見牟宗三：《現象與物自身》，台北：台灣學生書局，1976，序頁6。

[20] 《陸九淵集》卷三十五，〈語錄下〉，頁463。

[21] 象山在〈語錄〉中說：「惡能害心，善亦能害心」《陸九淵集》卷三十五，〈語錄下〉，頁456。

[22] 學者郭振香認為「蔽於物欲」與「蔽於意見」成為象山哲學中，障礙人心發明之兩個客觀因素。參見郭振香：〈象山存養本心說之淺析〉《孔孟月刊》，2003.06，頁43。

[23] 「心不可汩一事，只自立心。人心本來無事，胡亂被事物牽將去。」《陸九淵集》卷三十五，〈語錄下〉，頁456。

[24] 《陸九淵集》卷三十五，〈語錄〉，頁468。

[25] 《陸九淵集》卷三十五，〈語錄〉，頁468。

[26] 《陸九淵集》卷三十五，〈語錄〉，頁468。

[27] 《陸九淵集》卷三十五，〈語錄下〉，頁454。

四、象山「本心」觀念之理論基礎：從「心」推論至「本心」如何可能——「象山之背景哲學」

1.「發明本心」如何可能——從「終極理想」消除之可能檢視問題

從「心」至「本心」，從個體義提升至普遍義，其中之動力與基礎，本文認為是一種終極理想的導引。此終極理想的實質內容，我們認為在《論語》中即是所謂的追求「仁之本」〈學而〉，在孟子中則是「從其大體」〈告子上〉的大體，在「象山哲學」中其內容為何則是本文所欲探討者。換言之，如何能使處於形上之「本心」能具體地化為一種願意，使「發明本心」或「復歸本心」之要求在理論上成為可能，本文認為此目標是象山理論所欲處理的主要課題。

從理論上對我們對「心」與「本心」之區別較為容易，然而實際上並非如此，對「本心」之理解仍有其實質困難。在象山提出了「本心非外鑠」[28]的內在於自身與「易簡」[29]的觀點後，其中似乎透露出「本心」之內在自我、自明、親切與易知的特性。然而，事實並非如此簡易，以形上之「本心」為終極理想，由於其屬性的抽象與難以言詮，故而產生了理解與標準不明的困窘；一如象山所云：「孟子沒，此道不明」[30]即指出此一困難。其中「難以言詮」的困境即肇發了往後心學之各種流弊，在心學的流弊之中，「本心」觀念所隱含之「終極理想」由於難以言詮而完全消失，只餘留「易簡」與「萬物森然於方寸之間」的文字觀念；如此的心學是欠缺理

28 《陸九淵集》卷四，〈書〉，頁 51。
29 「易簡之善，有親有功，可久可大」。《陸九淵集》卷五，〈書〉，頁 65。
30 《陸九淵集》卷十二，〈書〉，頁 158。

論背景的，是殘破的，此即使得晚明心學之弊端以覆水難收之勢形成心學誤國之實。此一誤解之說明與問題之解決，本文認為應將象山理論之「心」如何能向上溯源至「本心」的普遍原理，以及將「本心」觀念如何能向下開展出「心」面對個別遭遇的過程全般地以合理之方式加以呈現。

具體而言，如果說象山學說是一組下學而上達的理論體系，或者說是上行與下行交互運作的理論，那麼，在程序上它應是一種從（a）「心」上行地推論出（b）「本心」的普遍原理，再依（b）「本心」的普遍原理下行地指引（c）人「心」的個別遭遇中間的「說明系統」；則我們認為其間的理解方向，並非依照（a）→（b）→（c）次序發生的。反之，我們認為必須先找出使（a）→（b）→（c）發生成為可能的基礎（abc），或者其理論動機；以使得整個理論序列「重新出發」，再次形成其中的「道德實踐動力」，以使推論序列轉變成為（abc）→（a）→（b）→（c）。即我們新增了一個溯源的「探討理論動機」的起點——（abc），並設定其為理解象山「本心」哲學之關鍵，此一起點的尋求本文稱其為一種有關「背景哲學」的尋求。[31]

2.「發明本心」如何可能——從「背景哲學」還原出理論之「終極理想」以保障「發明本心」之過程

「背景哲學」在本文中是強調「尋求哲學理論發生基礎」的工作之理論，因為，西方哲學從十九世紀末至二十世紀以來，其探討

[31] 「背景哲學」此一構想之主要精神是根據《論語》「務本而後道生」與《孟子》「從其大體」與「以大治小」原則而立，依據先探討「發生義」再解釋「應用義」的原則，先設法以方法論還原出哲學理論「發生的狀態與根源」（本書稱其為「第一義」的尋求），以求解釋中國哲學文本概念時能盡量接近「第一義」觀照下之情境；此一尋求「使問題發生之背景」的研究方式，本人稱其為「背景哲學」。

目標早已形成一股探究哲學理論之基礎的風潮；即其對哲學問題的探討不再只是處理其歷史資料的脈絡與文字性的分析與辯證，而更在於尋求其理論發生的基礎。例如胡塞爾對意識的「意向性」（intentionality）探討，海德格對 das Sein (to be)等不同的探討形式的轉變之意義；本文認為此一方向亦可供當代中國哲學的研究做為參考，此即本文對象山文本提出一種「背景哲學」的觀察之理由。

「背景哲學」的尋求即是象山之理論基礎的尋求，即前文以「（abc）」指出之理論位置，其內容涉及象山所言「宇宙便是吾心」如何可能之探問；此一問題的解決，適足以回答為何象山理論，具有「易簡、親切與可大可久」之精神與特性。如果未能處理此一問題，則不但未能揭示象山理論的內在動力性（abc），使得理論流於前述之（a）→（b）→（c）的線性邏輯推演，即成為只是符號原理，或文字原則；同時，更由於去除了理論基礎與動機根源（abc），即使得心學理論成為空疏，最終亦將使得「宇宙便是吾心」成為空言。如此，即使往後之研究者往往只知象山之學在「形式」與「外觀」上之「易簡」，而不明其「存在」與「發生」層面上之「精微」。對此一理論基礎的探討工作，即是本文提出以背景哲學為目標，探討象山文本之宗旨。

此外，為求使本書之論點在分析過程中不至於失焦，根據前述問題意識，本文設定「象山之背景哲學」與下列要點相關：（1）象山哲學之基礎或內在動力性為何？（2）此問題與中國哲學的道德創生基礎有何關連？（3）我們區分中國哲學中道德之「發生」與「應用」兩者在方法論上有何意義？（4）象山的「純一」觀念及其「易簡」之精神內涵為何？（5）象山「心也，人皆有之」觀點，與儒家「道德之基礎」有何關連性？（6）象山的「天之所以與我者，即此心也」命題，其中指出的「人與宇宙」、「人與自然的直接關係」在中國哲學中有何意義？此六議題為本文思考象山文本時所發覺的涉及「理論基礎」的相關問題意識，亦可視為象山於宋代欲重建儒學精神之際所重視的時代課題。為精簡表達，在本書中對此六項議題相關的探討即以「象山之背景哲學」稱之，代表本書之目標在探討：象山哲學「如何可能」的形成背景、象山對中國哲學之反省，象山「心即理」與「復其本心」如何可能等一系列相關之「基礎背景」的問題[32]。

貳、「心即理」之意義

象山「心即理」的命題如何可能？為什麼從「心即理」的觀點可發展出「萬物森然於方寸之間，滿心而發，充塞宇宙，無非此理」[33]的宏觀意識並進而形成其以「心」統攝「萬理」的結構？這些即是由「心即理」所延伸出的課題。根據前文象山對「本心」與「心」觀念的區分，我們可以很明顯的理解其「心即理」之「心」應是在「本心」的位階論述，即在一種形上的、基礎的、發生的與普遍的位階上發展；否則，我們根本無法解釋「人皆有是心，心皆具是理」[34]一類之命題，進而從此類命題說明個體如何能與外在宇宙相關，並發展出「宇宙不曾限隔人，人自限隔宇宙」[35]的命題。以下我們將從形上與發生之理論位階，分析象山之「理」與「心即理」的觀念。

---

[32] 有關「背景哲學」之觀念，可進一步參考拙著《哲學表達及其基礎——中國哲學研究之新思維》第四章：〈文化生活的實踐原則——群體創造與背景哲學之建立〉，台北：理得出版社，2005，頁 157-185。

[33] 《陸九淵集》卷三十四，〈語錄上〉，頁 423。

[34] 《陸九淵集》卷十一，〈書〉，頁 149。

[35] 《陸九淵集》卷三十四，〈語錄上〉，頁 401。

一、「理」之基礎義：實理與實處觀

象山「理」觀念基本上可區分為「基礎義」與「應用義」兩者，試觀象山所有關「理」與「天」的關係，以及與「仁」的關連性，象山云：

> 此理本天所以與我，非由外鑠。明得此理，即是主宰。……蓋心，一心也，理，一理也，至當歸一，精義無二，此心此理，實不容有二。故夫子曰「吾道一以貫之」……仁即此心也，此理也。求則得之，得此理也……愛其親者，此理也；敬其兄者，此理也，見孺子將入井而有怵惕側隱之心者，此理也……是知其為是，非知其為非，此理也……敬此理也，義亦此理也，內此理也，外亦此理也。[36]

象山此處論「理」之屬性甚詳，其基本要點可歸納為「**理本天**」而有，此即為「理」的「基礎義」；在此原則下，本體論範疇中的「天」與「理」為同一概念，具有相同的內涵。其次，此「理」又可延伸出倫理學中人們「愛兄、敬長、尊君」等社會與人倫日用之「理」。以根源而論，基礎義之「理」即同於孔子之「仁」與孟子的「四端之心」，它是不分心內之理與心外之理，都是同一本「天」而有之「理」觀念。但如以分殊言，各種人倫日用之理，即「理」之「應用義」，本處先論第一種基礎義之「理」。

以基礎義觀「理」，本文認為象山透過「本心即理」觀念之設計，所欲指出者乃一「生命存在事實」之「理」所代表的「存在處境」(existential situation)，而非文字「概念延伸之物」，他說：「千

[36] 《陸九淵集》卷一，〈書〉，頁 4-5。

虛不博一實，吾平生學問無他，只是一實」[37]，即他為我們指出了此一定位「理」之基礎意義的原則，在於把握「一實」觀念所欲突破的「千虛」背後的實體性意義。

有關「理」的內在性根據陳榮捷教授的研究指出：墨子最早提出「義理」兩字，「理」的觀念在老子書中未提及，但在莊子中出現三十八次。「理」之具有模型及使之順序的思想在莊學中最為普遍，他並以「道」、「理」合綴為「道理」，同時提出最重要的「天理」觀念。[38]本文則首先強調「理」之存在意義——「實理」，其次，將其中之「模型義、次序義或道理義」使用之「理」歸入「理之應用義」。

依據前述把握「一實」的觀點，象山「理」的內在性主要是指「實理」與「實處」[39]，他透過「本心即（實）理」觀念之設計，欲指出「心即理」之「理」是一種「生命存在事實」而非「文字的概念」。象山用「理會實處」表示其理論要求必須指向「存在事實」，例如他說：「只與『理會實處』，就心上理會」[40]、「須是血脈骨髓『理會實處始得』，凡讀書皆如此」[41]、「天秩、天敘、天命、天討皆是實理」[42]，以及「若理會自家實處，他日自明」[43]等觀點，皆指出象山透過「理」觀念強調吾人為學，應能穿透文字概念與符號媒介，而探索概念之基礎與有關人之「存在事實」的原則。相反的，

---

[37] 《陸九淵集》卷三十四，〈語錄上〉，頁 399。
[38] 參見陳榮捷：《王陽明與禪》，台北：台灣學生書局，1984，頁 25-26。
[39] 學者黃甲淵先生亦同意此一觀點，他認為象山之「實理」之「實」，不但揮斥了與道德生命無關之虛說虛見，更代表了「實有」與「實感」二義。參見黃甲淵：〈陸象山「心即理」哲學與其「易簡工夫」論〉《鵝湖學誌》，第 20 期，1998.6，頁 183。
[40] 《陸九淵集》卷三十五，〈語錄下〉，頁 444。
[41] 《陸九淵集》卷三十五，〈語錄下〉，頁 445。
[42] 《陸九淵集》卷三十五，〈語錄下〉，頁 464。
[43] 《陸九淵集》卷三十五，〈語錄下〉，頁 444。

如果學者只掌握「概念的延伸之物」或文字等符號媒介，象山認為這即是「用心於枝葉，不求實處」[44]。

象山哲學以指向「存在事實」為目標的作法，一如牟宗三教授所言：「他（象山）一眼看到孟子所照顯者『皆是**實事實理**』，坦然明白，只須吾人以真生命頂上去，不落於虛見虛說，不落於文字糾纏粘牙嚼舌之閒議論。」[45]他又說，象山之「本心即理，非謂本心即於理而合理，乃本心即是理，……這本心之自律與自由，乃**是一具體而真實的呈現**。就自由說，這不是一（概念）設準，而是一呈現。如果道德真可能，不是腦筋空想之虛幻物。」[46]即象山以實理、實處觀念，反對哲學陷入概念與文字形式的糾纏，例如他在為李伯敏分析儒家傳承時，即批評他「不理會根本，只理會文字」[47]，並認為這種問題乃「舉世之弊」[48]。**象山深知真理的本質屬於一種「暗示之學」，即真理可透過文字暗示而得，**但**真理並不存在於概念與符號形式中；反之，概念與符號形式容易令人迷失於其中而無所歸**。例如象山在〈與曾宅之〉一文中說到：「**今足下終日依靠人言語，又未有定論，如在逆旅，乃所謂**

[44] 「今之學者只用心於枝葉，不求實處」。《陸九淵集》卷三十五，〈語錄下〉，頁 444。

[45] 牟宗三：《從陸象山到劉蕺山》，台北：台灣學生書局，1979，頁 5-6。

[46] 牟宗三：《從陸象山到劉蕺山》，台北：台灣學生書局，1979，頁 1。

[47] 「今所傳者，乃子夏子張之徒外入之學，曾子所傳至孟子不復傳矣，吾友卻不理會根本，只理會文字。……此非吾友之過，蓋舉世之弊。今之學者，讀書只是解字，更不求血脈。」《陸九淵集》卷三十五，〈語錄下〉，頁 443-444。

[48] 「今所傳者，乃子夏子張之徒，外入之學，曾子所傳，至孟子不復傳矣，吾友卻不理會根本，只理會文字。……此非吾友之過，蓋舉世之弊。今之學者，讀書只是解字，更不求血脈。」《陸九淵集》卷三十五，〈語錄下〉，頁 443-444。

無所歸。」[49]此一觀點本書將在「象山之讀書方法」單元再詳細分析。

在象山而言，**依靠他人言語而自身又未有定論者，離真正哲學世界遙遠而無期，亦無法真正懂得「本心即理」的事實**。他又指出人一旦落入文字概念世界，遠離存在的絕對與真實，人的學習生活將「終日營營」而「如無根之木，無源之水」[50]。反之，**如果人能透過「本心」哲學的理論設計，以「復其本心」為目標，尋得正確的哲學位置，並用以定位自身與宇宙關係**，則人必能從文字世界掙脫，尋求人創生文字工具的存在性力量；此即象山所形容的「所謂源泉混混，不舍晝夜，盈科而後進者」[51]，此即為**「象山之背景哲學」的目標，亦是本章第二節提出以「日新」觀念說明「本心」內涵之目的。**

二、「理」之應用義

在前述之「理」即實理與實處觀下，「理」不僅是理論原理，而是萬物存在之基礎；在此設定下，象山在「理」之應用義中自然可推論出「此理塞宇宙，所謂道外無事，事外無道」的觀念。試觀象山所云：

> **此理塞宇宙，所謂道外無事，事外無道**。捨此而別有商量，別有趨向，別有規模，別有形迹，別有行業，別有事功，則與道不相干，則是**異端**，則是利欲為之陷溺，為之窠臼；說即是**邪說**，見即是**邪見**。[52]

---

49 《陸九淵集》卷一，〈書〉，頁5。
50 《陸九淵集》卷一，〈書〉，頁6。
51 《陸九淵集》卷一，〈書〉，頁6。原文出自《孟子・離婁》。
52 《陸九淵集》卷三十五，〈語錄下〉，頁474。

引文中處處可見象山篤定與幾近獨斷的語氣，例如強調捨此則與道不相干，捨此即是「異端」、即是「邪說」、即是「邪見」等等。本書對此斷語與象山自信有兩項反思：

第一，如果欠缺前述對「象山之背景哲學」目標的理解，並透過復歸本心，從「文字理論」向「形上世界」進行徹底的哲學溯源工作，透過「理論之發生」與「道德之創生」的角度看待象山哲學；則我們必定以其說為空言空談，並批評其「此理塞宇宙，所謂道外無事，事外無道」為獨斷與不合情理。

第二，由象山所言「異端」、「邪說」與「邪見」之屬的評語可知，不論本書所言「象山之背景哲學」的理論目標是否完成，並真能接近象山哲學精神之原貌；至少，我們可從其評語理解「發明本心」與「宇宙不曾限隔人」如何可能的問題，實為解讀象山哲學之思考主軸或問題意識。本文認為在當代對象山文本的詮釋過程中，學者應能提出看待象山哲學之方法意識並以之作為貫穿全書的論題所在。

例如本書即強調必須提出看待象山文本之「背景哲學」，其理由主要即是欲先探討象山哲學成立之「基礎義」與理論本源；因為如果能直探本源，則在「應用義」上對文本的解讀即不易乖違原義；此一要領正如象山文本所說：

> 夫子以仁發明斯道，其言渾無罅縫。孟子十字打開，更無隱遁，蓋時不同也。**自古聖賢發明此理，不必盡同**。如箕子所言，有皋陶之所未言；夫子所言，有文王周公之所未言；孟子所言，有吾夫子之所未言。**理之無窮如此**。」[53]

從引文中可知象山定位「理」的「應用義」型態是無窮的──「自古聖賢發明此理，不必盡同」；正因「理」的內容

53　《陸九淵集》卷三十四，〈語錄上〉，頁 398。

具有無限可能，是故他能提出「心即理」、「此理塞宇宙，所謂道外無事」，以及「天地亦是器，其生覆形載必有理」[54]等等不同的有關「理」之命題，進而以「理」觀念做為代表形上整體之根基性觀念[55]。然而，如果不知道「理之基本義」，以及未能從「本心」的形上與發生意義觀點評論其「理」的內在性，而只從「理之應用義」分析象山文本，則必出現以象山學說「細看有粗處」[56]之論點。

再觀察象山所云：「人皆有是心，心皆具是理，心即理也」[57]，亦可知象山之「理」觀念，在應用上並未超越宋明理學的一般特徵。**象山之理，就整體而言可說是「此理塞宇宙，誰能逃之」[58]；就分析而論，他認為「理」範疇包含「宇宙的運行」與「人文的運作」兩種意義**，此兩意義本文皆以「理」的應用義看待之。其中，**宇宙的運行例如「春生夏長，秋斂冬肅，俱此理」[59]；人文的運作則如「古所謂憲章、法度、典則者，皆此理也」[60]**；此兩方向，分別代表了象山之「理」的兩種應用性之範疇。**亦因此兩範疇可涵攝宇宙天地與人文典章、客觀與主觀、外在與內在的世界；所以，象山才說出「宇宙內事是己分內事，己分內事是宇宙內事；人心至靈此理至明，人皆有是心心皆具是理」[61]之命題**，統合內、外兩組系統，

---

54 《陸九淵集》卷三十五，〈語錄下〉，頁 476。

55 曾春海教授指出象山有時亦以「道」來指稱這種類型的「理」，例如「此道充塞宇宙」即是。參見曾春海：《陸象山》，台北：東大圖書公司，1988，頁 74。

56 〈傳習錄〉下，《王陽明全書》(一)，台北：正中書局，1970，頁 77。

57 《陸九淵集》卷十一，〈書〉，頁 149。

58 《陸九淵集》卷二十一，〈雜著〉，頁 257。

59 《陸九淵集》卷三十五，〈語錄下〉，頁 450。

60 《陸九淵集》卷十九，〈記〉，頁 233。一般來說「理」之為道理、義理的說法即屬此義，我們將其歸類於「理」之應用義。

61 《陸九淵集》卷二十二，〈雜著〉，頁 273。

進一步結論出「元來無窮，人與天理萬物，皆在無窮之中者也」[62]之觀點。

除了前文提到「古所謂憲章、法度、典則者，皆此**理**也」[63]的命題外，象山又云：「典，常也，憲，法也，皆**天**也」[64]的觀點，可見其「天」與「理」的意義位階具有一致性，皆同於本文所強調的必須在「本心」的層次，在形上與發生的層次中立論，上述二命題方能產生一致性。以下進一步分析「心即理」的意義。

三、「心即理」之意義

在「心即理」的內涵方面，大陸學者侯外廬等人則認為，構成象山思想的基礎的「心即理」觀念，其「心」是一種「倫理實體，知覺作用和倫理道德行為僅是它本質的表現」。同時，它又是「萬物根源性的實體」[65]；其中之「理」，則既是「宇宙本源，是鬼神不能違背者」，同時亦是「宇宙萬事萬物的存在秩序」[66]。李振綱先生亦認為：「陸象山講心即理，意在強調人的道德本心與宇宙間普遍之理的同一性，並借此同一性將道德本心提升到本體地位，作為萬物存在意義及一切人道倫理可能和必然的根據。」[67]此兩組觀點皆指出了「心」、「理」與「萬物」觀念在象山理論中的緊密性，以及內在與外在一貫的精神。

---

[62] 《陸九淵集》卷三十六，〈年譜〉，頁 483。

[63] 《陸九淵集》卷十九，〈記〉，頁 233。

[64] 《陸九淵集》卷三十五，〈語錄下〉，頁 449。

[65] 侯外廬等主編：《宋明理學史》（上卷），北京，人民出版社，1984，頁 561-562。

[66] 侯外廬等主編：《宋明理學史》（上卷），北京，人民出版社，1984，頁 559。

[67] 李振綱：〈象山心學與朱陸之辯〉，《河北大學學報》，2004.04，頁 2。

此議題牟宗三先生的看法則是認為，象山的觀點是「本於孟子之言『仁義內在』，以及『心之所同然』乃至『理義悅心』等概念發展而出」[68]。其中不論是「仁義內在」或「心之所同然」，這些觀念基本上使象山「本心」哲學理論發揮了統合現實與理想兩者的功能。試觀象山原文：

> 孟子曰：「**人皆可以為堯舜**」病其自暴自棄，則為之發四端曰：「人之有是而自謂不能者，自賊者也」……夫子曰：「一日克己復禮，天下歸仁焉。」此複之初也。鈞是人也，己私安有不可克者？顧不能自知其非，則不知自克耳。[69]

由此段引文強調「人皆可以為堯舜」與「己私安有不可克者」可知，**象山心中必有一「終極理想」做為導引**，使人可以不畏現實遭遇，能採取**不以「能否」為考慮，反以「意願」為一切之思考方向，此即象山「本心」哲學之重要屬性**。又，引文中「人之有是而自謂不能者，自賊者也」即指出，象山從不為自己之懈怠找理由；相反的，他以「鈞是人也，己私安有不可克者」的正面而向上的觀點，為**習於怨尤之人**開啟了進入**無限希望之世界的機緣**。換言之，象山認為**儒家心性哲學最珍貴處在於指出一存在性理想世界，指出一人人內心本具的強烈動機**（例如人皆可以為堯舜），**企求一完美與終極性的理想國度**。如以象山的語言即是「宇宙便是吾心，吾心即是宇宙」[70]的宏偉志願觀照下的世界；**它既涵蓋了人之內外在二重世界的可能性，揭示了統合理想與現實的互補面向，亦透過對「意願」的重視，提供了人終身於此目標中發揮無窮潛能之生命動力。**

---

[68] 牟宗三：《從陸象山到劉蕺山》，台北：台灣學生書局，1979，頁5。

[69] 《陸九淵集》卷一，〈書〉，頁2。

[70] 《陸九淵集》卷三十六，〈年譜〉，頁483。

由於「心即理」的功能涵蓋了人之內外在世界，並統合理想與現實互補的可能面向，因此它亦是倫理學的，但絕不可因此而說它是唯心的。例如徐復觀先生曾說：

> 把中國所說的心附會到唯心論上去，可以說是牛頭不對馬嘴……把「心即理」這句話解釋為「一切現象都由心生」，那完全是胡說八道的……中國哲學中所說的「心」，像周予同一樣分屬到唯心論方面去……一味牽強附會，於是把中國文化最重要的部分非完全抹煞不可。[71]

徐氏認為不可將「心即理」解釋為「一切現象都由心生」，如此將把中國文化最重要的部分完全抹煞。本文強調必須探討象山文本如何形成、如何發生的「哲學背景」的動機亦在此，務必將象山心中必有一「終極理想」導引其理論的事實加以突顯。即在「心即理」命題中，象山理論重於指出「必至於有諸己，然後為得也」[72]的「意願性」應加以強調。其中「有諸己」即為「發明本心」或理解「本心」觀念的要領，「然後為得也」之「得」的意義，即為得「實理」與「實處」所指之「生命存在」事實，而非停滯於文字道理之「理」。這種「生命存在」事實之「理」亦可從「社會個體」的角度得到證明，例如陳來先生即認為，如就倫理生活言，由於成熟的人都有隱定的良心結構，故良心與社會公認的道德標準是一致的；因此在以心為本心，以理為道德準則的意義內，「心即理」的命題是可以理解的。[73]

---

[71] 徐復觀〈心的文化〉，《中國思想史論集》，台北：台灣學生書局，1993，頁 244。

[72] 《陸九淵集》卷三十五，〈語錄下〉，頁 476。

[73] 陳來：《宋明理學》，台北：洪葉出版社，1994，頁 175-176。

在「心即理」之「即」字意義方面，此「即」並非一般所謂「等於」的意思；**而是實踐上相即不離，或不即不離之義。即在「本心」理論的溯源功能下，象山透過「心即理」命題指出兩種層次的密不可分，即透過代表「終極理想之心」與「倫理實踐之理」的緊密結合以提升「心」概念。其目標在使人在心境上，能從道德「法則」的「實踐者」提升至法則的「創生」者，並能從反思「法則如何發生」的觀點檢視有關「法則在應用」方面的問題**。同理，在本心觀念之擴大下，「理」的基礎義與應用義兩者亦應「相即不離」，使得在實踐過程中，透過前述源自「道德法則的創生者」的觀點，使其道德行為具足實踐動力，如此即可使「道德主體」與「道德法則的表達形式」兩者之間不至分裂。

參、「本心」理論之應用與確證

在對前述「本心」觀念進行定位，並區分「本心」與「心」二概念，以及對「心即理」觀念進行分析後，本節再提出兩項有關「本心」觀念之應用例證——即「吾心與宇宙之統合」與「文字與歷史之還原」兩項觀點，用以更清楚地指出，本文在分析過程中所提出之問題意識與詮釋方向在象山文本中確有其詮釋之正當性與妥善性。

一、「吾心」與「宇宙」之統合

象山以「本心」觀念為其體系之核心價值，同時又強調「心是天之所予我者」，所以他必然反對天人分裂，而欲追求吾心與宇宙之統合，他說：

天理人欲之言，亦自不是至論。**若天是理，人是欲，則天人不同矣。**……《書》云：「人心惟危，道心惟微。」解者多指人心為人欲，道心為天理，此說非是。心一也，人安有二心？自人而言，則曰惟危；自道而言，則曰惟微。……《莊子》云：「眇乎小哉，以屬諸人；謷乎大哉，獨游於天。」又曰：「天道之於人道也相遠矣。」**是分明裂天人而為二也。**[74]

從引文中可知，象山反對以「天是理，人是欲」，更反對以「人心為人欲，道心為天理」，視「天理」與「人欲」為對立之概念。當我們再尋問象山「為何提出此一理論設定」，以及詢問「此一理論設計如何可能」時，我們可以從其文本中尋得解答。

象山於引文最後表示反對「裂天人而為二」即是象山欲阻止的情況，即宋明理學的傳統目標——「天人本無二，不必言合」[75]，此命題正面地要求追求理論的統合性，以及追求「天與人」、「外在與內在」、「物與我」之統合特徵，此傳統仍舊是象山理論的最終目的；唯其方法論已有所創新，他運用對「本心」觀念的重新界定，以「本心」統合「吾心」與「宇宙」兩者。他認為「心一也，人安有二心」即表示其「本心」哲學是立足於形上之發生性世界[76]，指向「人根源於自然的直接而無分之關係」(即「心一也」之所指內涵)，以保障人類創生道德法則與維繫倫理生活之根基。此一探討方向即確立了其哲學是屬於處理有關「文明之發生」的理論範疇，是屬於處理「道德之發生」

---

[74] 《陸九淵集》卷三十四，〈語錄上〉，頁 395-396。

[75] 程顥：《二程語錄》十一，另見《二程遺書》〈卷六〉。

[76] 「發生」的意思請參考前文定義四種「心」之意義時的「形上義」單元。

的學問，並依此而統合道德之「實踐」與實踐之「動力」（實踐之何以可能）兩者。

一如上述之分析，本文關切者在於如何觀看象山哲學，並探討其「吾心」與「宇宙」兩者可統合的合理性與正確的理論位置。一如象山所言：「道塞宇宙，非有所隱遁，在天曰陰陽，在地曰剛柔，在人曰仁義。故仁義者，人之本心也」[77]，此即顯示出其哲學的統合能力；亦顯示出其「道」、「宇宙」、「天地」、「陰陽」、「人之仁義」與「人之本心」各概念間之共同性或同一性，是象山重要之理論設定。值得吾人再次注意者，即是其「同一性」理論設定的合理性或理由，在理解上我們必須將其歸諸於「本心即理」的形上基礎；此即表示其「道」、「宇宙」、「天地」、「陰陽」、「仁義」等概念，是處在在理論之「發生」的角度審視，吾人方能認可其皆源於相同基礎。否則，如果我們是在道德的「應用」角度審視，我們必定會以為象山哲學過度唯心、過多推論且主觀性太強，欠缺理論分析性嚴密性，繼而再以二元論批判此心性哲學。如此即忽略了其理論設定初衷，亦忽視象山與孟子長期受到中原文化肯定的理由背後應存在一合理之背景；對此背景吾人應透過當代的哲學方法加以探討與還原。

二、文字與歷史之還原

本文認為象山所言「宇宙不曾限隔人，人自限隔宇宙」[78]的命題，其中「何物被限隔？」以及「如何形成限隔？」兩問題是必須釐清的。有關「何物被限隔」的問題，象山所使用的是中國哲學之

[77] 《陸九淵集》卷一，〈書〉，頁 9。
[78] 《陸九淵集》卷三十四，〈語錄上〉，頁 401。

語言，又是宋代的古典哲學語言，故其表達方式自然不同於今日。以下本文將提出一種「文字與歷史之還原」的陳述，透過當代的哲學問題意識，詮釋上述歸納出的問題。

首先，我們可從象山文本進行觀察，例如象山說：「宇宙不曾限隔人，人自限隔宇宙」[79]，**人是否被限隔於宇宙外的問題，或象山所言「何物被限隔」的問題，以今日哲學觀點評析，實即人是否被「文字概念」限隔於「存在事實」之外的問題**。即我們以為象山提出此命題其目標在於使後學能從文本與歷史資料之中還原出文字中存在之生命事實。即他希望能使人區分出文字之「表達形式」，以及「創造表達形式之人」所賦予被表達物（文字符號）中之「存在意義」，更希望後學能明白區分此「存在」與「表達」兩者在方法上的意義。

其中的關鍵在於人能否從「文字性歷史」中設法「還原」回到「人」或「人自身」，即人遭受「文字」資料限制本身即是「形成限隔」的問題，亦是其文本提供當代中國哲學研究者的「啟發」。[80]即人與自然之間本無限隔，但人隨著學習歷史與文字概念即有所異化（alienation）[81]，象山文本給我們的啟示是：我們能否透過「哲學還原」的工作，尋回人與自然的直接關係；所謂**哲學還原的意義，在於運用哲學方法突破「文字性歷史」限制，返回「創造」文字性歷史者——創造文明的「人自身」**。所以，象山先說「宇

---

[79] 《陸九淵集》卷三十四，〈語錄上〉，頁 401。

[80] 此處「象山是否解決此問題」，或者「我們是否能解決此重要的哲學任務」皆是另一課題。本文提出的「啟發」，主要是認為我們是否能夠從「象山文本」或「古典文本」中觀察到此一與「當代哲學問題意識」相接軌的課題，並進行古今「互相詮釋」與「互相對話」的思考方式，應是研究中國哲學未來的重要方向。

[81] 以哲學言此即是的「異化」的課題，當代哲學家特別是存在主義類型的學者，都在設法恢復人在社會中的「自然狀態」。

宙內事乃己分內事」(「分內事」即指向「還原至人自身」的還原方向),然後才說「宇宙便是吾心,吾心即是宇宙」(朝向自然與外在宇宙存有開放的方向)。象山**以「本心」觀念為主軸**所提出**的哲學「還原」目標**,不但說明了「何物被限隔」與「如何形成限隔」;亦指出了在修養工夫的次序上,應**先處理「人與自我」,即處理本心的問題,後處理「人與他者」關係的程序**。總之,象山在宋代透過其本心理論以建構其新儒學;本文在當代研究象山文本亦希望透過新的分析方式,呈現出較符合當代哲學探討理論存在的合理基礎之哲學風潮。

三、學問頭柄之尋求

在前文提到應先處理「人與自我」後處理「人與他者」關係的程序中,「如何開始」與「工夫的入手處何在」兩者,都是處理「人與自我」關係時最重要的問題;象山的話說即是「追求學問頭柄」的課題。例如《全集》中記載:

> 《論語》中多有無頭柄的說話。如「知及之,仁不能守之」之類,不知所及所守者何事;如「學而時習之」,不知時習者何事。非學有本領,未易讀也。苟學有本領,則知之所及者及「此」也,仁之所守者,守此也;時習之,習此也。說者說此,樂者樂此。如高屋之上建瓴水矣。學苟知本,六經皆我註腳。[82]

引文對《論語》的反省,探討其中文本「有無頭柄」,即代表象山追求學問根源之「理論動機」與要求,亦突顯出其對古典文

[82] 參見《陸九淵集》卷三十四,〈語錄上〉,頁395。

本強烈的反思與批判能力；「知及之」之後則是象山處理的「理論材料」，材料存在的價值將依理論動機之強度而深化。象山又說：「或問先生之學『自何處入』，先生曰：不過切己自反，改過遷善」[83]，此即指出象山哲學的前提在於人必須有「反省能力」（或切己自反力），此條件亦是他強調「發明本心」工夫之入手處。[84]引文所言明白指出學問「當自何處入」的功夫實即掌握「知本」的要領，唯有能掌握知本要領方能於象山體系中掌握提綱挈領的工夫；此一觀點前述引文又以「能否找到頭柄」與「高屋之上建瓴水」形容之。

簡言之，象山認為深切的反省動機是為學與修養的起點，修養工夫若能找到入手處，進而才能以簡馭繁，洞悉文本在根源性中的意義，進而才能真正達到「學苟知本，六經皆我註腳」的目標。

四、易簡精神之追求

象山哲學中與「學問頭柄之尋求」相近似的原則即是「易簡精神之追求」，因為兩者皆探索一種「以一馭多」之根源性的「起點」[85]，並試圖從中抽象出可為人倫日用的哲學原則。此種根源性的「起點」本書稱其為「真一」觀念，「一」即代表一真實的第一

83　《陸九淵集》卷三十六，〈年譜〉，頁 502。

84　「不過切己自反」的「不過」二字，意思即是「僅僅，只。指不超出某種範圍」。例如《新唐書・卷一五九・盧坦傳》：坦諭縣人弟輸，勿顧限，違之「不過」罰令俸爾。「不過」兩字即指「僅僅」或「不超出某種範圍」，有總原則之意。

85　本書又稱此「以一馭多」之根源性的「起點」為「真一」。有關「真一」的觀念詳見第三章第二節（貳、二）「一以貫之」原則的討論。

起點。此「真一」之求在於洞悉概念「發生」之基礎；同時在求得基礎之後，在多元的表達形式中，即可做到「以一馭多」並遵循「以簡馭繁」的原則，此即象山引《易傳》所云「易簡而天下之理得矣」[86]的意義。

牟宗三先生對象山的「易簡」觀念看法則是此精神實本於孟子之言「良知良能」、「道在邇而求諸遠，事在易而求諸難」，以及「學問之道無他，求其放心而已矣」，「堯舜之道孝弟而已矣」等語。[87]象山的「易簡」觀念除了繼承孟子精神外，徐復觀先生則認為象山提出「易簡」之理的另一哲學意義，在於指出《易傳》以「陰陽」觀念談「性命之學」必定自限格局的問題[88]，他認為這種現象在漢儒特別嚴重，到了明道、象山與陽明才得到改善。本文則認為此種「易簡精神」原則之追求，不但可以跳脫概念或理論格局自限的問題；其有關「以一馭多」的功能，亦是其「本心」理論的應用與確證。

本節結語：象山「本心」的範疇即包含《孟子》說的不慮而知的「良知」與不學而能的「良能」，其特性在於「我固有之而非由外鑠」；即他肯定自覺本有的道德本心，認為即便在困難中此「心」的良知功能亦是造次必於是，顛沛必於是，無終日之間而違於是。此種觀點顯示象山設定的「本心」具有普遍性，故而能強調此心是我本有的，當下可用功的；即「此乃所謂有事焉，乃所謂勿忘，乃所謂敬；果能不替不息，乃是積善，乃是積義，乃是善養浩然之氣」[89]。換言之，象山認為人如能明白此心的存在

---

86 《陸九淵集》卷一，〈書〉，頁 4。

87 牟宗三，《從陸象山到劉蕺山》，台北：台灣學生書局，1979，頁 4。

88 「天、天命是一種無限的存在，很難作何種規定。陰陽變化的觀念，不論如何講法，其本身即是一種局格，一種限制。」徐復觀：《中國人性論史》，台北：商務印書館，1994，頁 219-221。

89 《陸九淵集》卷一，〈書〉，頁 6。

而不替不息、積之集之；從理論還原至理論的存在狀態，從理論「發生」的基礎系統看待理論「應用」的表達系統，將可使應用的表達系統更具存在性與真實性。相對而言，亦更具實踐之動力；如此一來，將可使象山所言的「積善、集義、知德、進德與同德」等觀念落實，進而亦能回歸「心逸日休」之道德心情中，避免「心勞日拙」的永恆輪迴。[90]

根據本節對象山理論的分析，我們提出下列兩項觀點：第一，因象山文本的表達形式非常簡要，或可如牟先生稱其為一種「啟發式」的命題；因此，我們建議當代對象山的理解方法應透過哲學方法論，從一種哲學理論之「發生系統」看待之；即從發生系統看待此一啟發式之簡要表達形式，較易理解其命題之意義。第二，本節指出了象山哲學以「反求諸己」與「切己自反」為基礎而展開，因為這是一種以「發明本心」—透過哲學還原方式，使人從「文字」世界復歸於「創造文字者」，並尋得以「生命存在事實」做為理論目標的命題。因此，本文認為象山哲學不似朱子重視以「概念的完整」為其理論目標，此特徵在其哲學動機的考量下是合理的，而象山的「理」觀念設計後來指向「實理」與「實處」的事實亦佐證了象山對「本心」觀念的理論設定。

總之，「本心」概念之「本」已指出象山重視的是本源性，以及於形上層次之探討方向。此即象山繼承了孟子大體小體之辨的精神，要人做大綱思——「人須是閑時大綱思量，宇宙之間，如此廣闊，吾身立於其中，須大做一箇人」[91]；做大綱思即是從大處著手，從理論基礎與發生之背景著手。論「發生之背景」在中國哲學中即

90　象山原文為「心逸日休，心勞日拙，德偽之辨也」《陸九淵集》卷一，〈書〉，頁1。

91　《陸九淵集》卷三十五，〈語錄下〉，頁439。

是「天道論」，象山所重視者即源自孟子的先立其「大者」的觀念，強調此大者本在我心，為「天」所命於我者[92]；他認為只要我們充份的努力必可成就大世界的理想。

象山所言「本心」與「天之所予我者」的觀點，後為陽明「良知即是天植靈根，自生生不息」[93]的思想所繼承，主要觀點即是鼓舞人的志向，使人心能有所立，即戮力「軒昂奮發，莫恁他沉埋在卑陋凡下處」[94]。上述對象山「本心」與「心即理」相關之「發生」意義的探討，即是前文所言象山之「背景哲學」的內涵。

第二節　論象山哲學中之「日新」觀念

前節已指出象山強調其「本心」觀念必須置於「理乃天下之公理，心乃天下之同心」[95]的形上層次論述，而不宜置於好惡與善惡價值等個別概念上進行分析；但在形上層次中如何避免象山所言之「本心」與「心」的混淆，注意到其「（本）心不可無也」與「心當論邪正」[96]兩種「心」概念分屬不同之理論層次，本文認為這是

---

[92] 「且如天命之謂性，天之所以命我者，不殊乎天，須是放教規模廣大。」《陸九淵集》卷三十五，〈語錄下〉，頁 439。

[93] 王陽明：《王陽明全書》（一），〈傳習錄〉下，台北：正中書局，1970，頁 84。

[94] 《陸九淵集》卷三十五，〈語錄下〉，頁 452。

[95] 《陸九淵集》卷十五，〈書〉，頁 196。

[96] 象山說過：「心當論邪正，不可無也」。即他認為「心」在遭遇外物後雖有正邪的可能；但此「心」之形上基礎——「本心」，其「人皆有之」的事實

象山哲學中最困難的主題之一。為了合理地分析此問題，以及使讀者能更清楚地把握「本心」之形上特性，本節將藉由象山理論中之「日新」觀念輔助說明「本心」哲學的內涵。以下將從「為何要探討象山之日新觀念」、「日新觀念的意義」、「日新與本心之關係」與「日新觀念於整體象山學中之意義」四方面分析此問題，以下是本節的四個主要論述方向：

壹、為何要探討象山之「日新」觀念
貳、象山「日新」觀念之意義
參、「日新」與「本心」觀念之關係
肆、「日新」觀念於整體「象山哲學」中之意義

正文

壹、為何要探討象山之「日新」觀念

「本心」哲學在象山整體學說中有其理論上之重要性，然而，由於其理解之困難，即使詮釋歷程必須提供多重視野進行理解，例如象山本人對此一難以理解的儒學理論背景亦言「自周衰，此道不行；孟子沒，此道不明」[97]。換言之，**象山所繼承之儒家精神絕非只是「心性哲學」表面之文字道理，而是自許為真**

永遠不變；在此觀點下，「本心」與「心」有了區分。《陸九淵集》卷十一，〈書〉，頁 149。

[97] 《陸九淵集》卷十一，〈書〉，頁 150。

正能夠提出「心性哲學『如何誕生』」之艱難理論。其理論之難處，正因其基礎內涵與哲學上之「創造」與「發生」的概念相關，故其中困難重重，象山所言「此道不明」即是此義。本文提出「日新」觀念並非試圖取代「本心」觀念，「本心」觀念在象山哲學中仍保有其第一順位；本文僅是就另一象山常提出的「日新」觀念，運用象山文本，提供多元角度理解本心哲學，並檢視象山哲學之內涵。

另一方面，本章第一節中設定象山學說體系是一組下學而上達的理論體系，即在程序上它應是一種從（a）「心」上行地推論出（b）「本心」的普遍原理，再依（b）「本心」的普遍原理下行地指引（c）人「心」的個別遭遇中間的「說明系統」，則我們可以指出其間的理解方向，並非依照（a）→（b）→（c）次序發生的。反之，我們必須先找出使（a）→（b）→（c）發生成為可能的基礎（abc），或者其理論動機，以使得整個理論序列「重新出發」，再次形成其中的「道德實踐動力」，以使推論序列轉變成為（abc）→（a）→（b）→（c）。**即我們新增了一個溯源的「探討理論動機」的起點——（abc），並設定其為理解象山哲學之關鍵；此一起點的實質內涵，本節即設定為「日新」觀念，做為本書探討其「背景哲學」之案例**。此案例之分析，將展現出「如何形成」使整體象山「本心」哲學成為可能之「形上背景」，即承續前節建構「象山之背景哲學」的理論目標。同時，就文本言，象山論「為學」精神時亦多次提到「日新」觀念，例如在卷五〈與高應朝〉、卷七〈與邵中孚〉、卷九〈與楊守〉與卷十四〈與傅子淵〉等篇章中皆提到此一觀念，代表象山在長期的講學生涯中，亦常用此一觀念輔佐說明其「本心」哲學，此即本節提出「日新」觀念以詮釋象山之「本心」哲學的理由。

貳、象山「日新」觀念之意義

象山哲學主要是透過「為學」與「進德」兩方向進行發展的，例如象山說：「向來與諸公講切處，正是**為學**之門，**進德**之地」[98]，可見「為學」與「進德」為其學說發展的二大目標，以下即根據此兩要點，分別分析為學、進德與日新觀念三者間的關連性。

一、有關「為學」與日新之關係

《陸九淵集》中「日新」與「為學」之探討與「立志」觀念是密不可分的，在其論「立志」工夫的陳述脈絡中我們可以發現上述的現象，例如象山說：「學之正而得所養，如木日茂，如泉日流」[99]即以日茂、日流等觀念指出「日新」與「為學」的關連性。又例如象山說：

> **大抵學者且當論志，不必遽論所到**……若其所到，則歲月有久近，工力有勤怠緩急，氣稟有厚薄昏明、強柔利鈍之殊，特未可遽論也。[100]

引文中之「論志」即突顯出其學說要點，在於依循「日新」精神，**強調為學之「意願」而非強調為學之「結果」**。例如他指出若僅評論結果，則人之努力的時間長短不同、工夫、聰明與資質皆不相同（即「歲月有久近，工力有勤怠緩急，氣稟有厚薄昏明、強柔利鈍之殊」等不同），在不同基礎上如何評價人之為學成果呢？**即**

[98] 《陸九淵集》卷四，〈書〉，頁 53。
[99] 《陸九淵集》卷五，〈書〉，頁 62。
[100] 《陸九淵集》卷六，〈書〉，頁 78-79。

在象山對學習理論的設定中，他首先肯定人天生氣稟與天生的遭遇不同，承認人生存在不同的立足點。其次，再他從「立志」的觀點提出其為學態度。本文認為這是能夠統合理想與現實的理論方向，**即象山認為我們既無法擺脫現實，我們就必須提出處理現實的原則；**所以，一旦我們檢視其承認氣稟有厚薄昏明的原則後，即應思索面對此一立足點的學習態度與智慧。應注意者即是其學習並非普通在校之學習，而是要求取得「切身學問」之學習——即「志有所立」與「學無所蔽」的學習方式，他說：

> **學之正而得所養，如木日茂，如泉日流，誰得而禦之？今之學者，**氣不至甚塞，質不至甚薄；鄉善之志，號為篤切，鞭勉已至，循省已熟，**乃日困於茫然之地而無所至止，是豈非其「志有所陷」，「學有所蔽」**而然耶？[101]

引文中「學之正而得所養，如木**日茂**，如泉**日流**」，即指出了在學習過程中「日新」精神的重要性，此一精神在其理論中即與「立志」同義。他認為學者如果「日困於茫然之地」，發覺自身在學習生活中已停止進步了，則需反省自身是「志有所陷」亦或是「學有所蔽」;「志有所陷」即是對「日新」觀念的反省有所不足。在多數學者皆才智相當——即在「氣不至甚塞，質不至甚薄」的情況下，象山認為「立志」與「樂觀」即成為心性哲學之重要生活態度，所以，他強調「為學不當無日新」[102]，而且「為學必日新，恨不證於兄也」[103]。

簡言之，這種類型的理論並非勵志哲學或僅是理論口號，而是一種異於西方知識論哲學式的哲學。**它是一種試圖將「人」置入哲學，並透過人保障其哲學的思考方式。「人」的主要內涵在西方哲**

---

[101] 《陸九淵集》卷五，〈書〉，頁 62。
[102] 《陸九淵集》卷五，〈書〉，頁 64。
[103] 《陸九淵集》卷五，〈書〉，頁 67。

學中以「理性」為代表性特徵[104]，在中國哲學中則以「道德」或人的行為「態度」為代表性特徵。因此，如果說要以「人」保障其哲學的思想，那麼，在中國哲學中重視工夫論與道德實踐，即自然成為其哲學的重要屬性。

在此背景下，重「道德」實即重視人的「整體性」；並從重視「整體性」的目標中，統觀「知識」與「行動」，避免特重知識或理性原則。因此在理性原則外，它是一種強調「人」為「理性」源頭，故而認為應重視「使」理性「發生」之源的「人」的哲學。或者我們亦可臆測，以繼承孔孟自許的象山學，**其中「蘊含」著否認以「理性」為哲學唯一要件的「設定」。此「設定」認為由於哲學強調「整體」之價值，故而除了重視理性外，應重視理性之源——「人」的觀念，並以「行動」、「德性」或「態度」做為人的主要內涵。是故，象山必定對為學立志或生活態度加以強調，而非僅重概念分析**，因此即呈現出與西方哲學屬性相當不同的中國哲學特性，此亦為傳統儒學重視實踐工夫的原因之一。

二、有關「進德」與日新之關係

象山對「日新」觀念之另一發揮在於「進德」之說，即他透過「苟不懈怠廢放」的要求期許後學當「日新其德」，試觀象山所云：

> 「日新」之功，有可以見教者否？易簡之善，「有親有功，可久可大」。**苟不懈怠廢放，固當「日新其德」**，日遂和平之樂，無復艱屯之意。……當和平之時，**小心翼翼，繼而不絕，**

104 人本為自然物，經由「人文化成」過程賦予人的內涵各種該文化之特殊價值，例如 Aristotle 即以「求知是人的本性」定位人；儒家則重視道德，以仁為人的理想狀態。

> **日日新，又日新**，則艱屯之意，豈復論哉？[105]
>
> 人心有病，須是剝落，剝落得一番，即一番清明，後隨起來，又剝落，又清明，須是剝落得淨盡方是。[106]

引文中象山本著「日新」精神要求進德，朝向賢人之德與賢人之業努力，此即引文源自《周易．繫辭上》一書中「可久可大」觀念之所指[107]。其中，具體的方法即是一方面須知「人心有病，須是剝落，剝落得一番，即一番清明」；另一方面，必須「去除有害之德行」，即「能損其害德」[108]，並且「小心翼翼，繼而不絕，日日新，又日新」。象山在另一段話中，也明白地指出了此一問題，他說：

> 終始惟一，時乃日新。〈損〉以遠害，如忿欲之類，為德之害。損者，損其害德而已。**能損其害德者**，則吾身之害，固有可遠之道，特君子不取必乎此也。[109]

此兩引文中的「日新」觀念皆源自《尚書》，例如〈咸有一德〉中伊尹戒太甲之語——「今嗣王新服厥命，惟新厥德，終始惟一，時乃日新」。其中「惟新」、「惟一」與「日新」等觀念在儒學之重要典籍中都曾經被反覆強調，例如《論語》中載有：「日知其所亡，月無忘其所能」〈子張篇〉；《大學》中載有：「湯

---

105 《陸九淵集》卷五，〈書〉，頁 65-66。

106 《陸九淵集》卷三十五，〈語錄下〉，頁 458。

107 參考《周易．繫辭上》〔第一章〕原文如下：「乾以易知，坤以簡能。易則易知，簡則易從。易知則有親，易從則有功。有親則可久，有功則可大。可久則賢人之德，可大則賢人之業。易簡而天下之理得矣。天下之理得而成位乎其中矣《周易．繫辭上》

108 一如《周易．繫辭下》〔第七章〕云：「損，德之修也；益，德之裕也……損以遠害，益以興利」。

109 《陸九淵集》卷三十四，〈語錄上〉，頁 418。

之盤銘曰：『苟日新，日日新，又日新』」、「《詩》曰：「周雖舊邦，其命惟新」」；以及《孟子》中載有的「仰而思之，夜以繼日；幸而得之，坐以待旦」〈離婁下〉都代表此思想在儒學中的重要性。

象山繼承孟子學[110]，贊同《孟子》書中所言人皆有「四端之心」〈公孫丑上〉，以及反對人「失其本心」〈告子上〉的觀點；在其理論中亦倡言學者應避免「失其本心」[111]、不可「喪其本心」[112]，並要求學者「復其本心」[113]，同時強調「本心若未『發明』，終然無益」[114]。然而，**本書所強調者，在於進一步回答「發明本心」之可能與基礎何在？基於此考量，所以本文試圖透過以強調「日新」之觀念做為一種方法意識，用以指引全書有關象山「本心」哲學的思路**。以下進一步說明「日新」與「本心」觀念之關係，以及「日新」觀念於象山整體理論中之意義。

參、「日新」與「本心」觀念之關係

象山認為「本心」與「日新」觀念關係密切，兩者之哲學的基礎皆透過「<u>日新</u>之謂<u>盛德</u>」觀念，指向了人依天理而修養之於穆不已的力量，此即象山「日新」精神之所指。關於「本心」與「日新」

[110] 見象山所言：「夷之陳相告子之徒，必執其說以害正理，則孟子與之反覆，不得不致其詳。必曰不在多言，問之弗知弗措，辨之弗明弗措，皆可削也。自得之說本於孟子。」《陸九淵集》卷四，〈書〉，頁 54。

[111] 《陸九淵集》卷九，〈書〉，頁 123。

[112] 《陸九淵集》卷十二，〈書〉，頁 162。

[113] 《陸九淵集》卷一，〈書〉，頁 6。

[114] 《陸九淵集》卷四，〈書〉，頁 57。

之具體關係，以下將進一步從「日新之謂盛德」、「此天之所與我者」與「志於道一也」等角度進行分析。

一、「日新之謂盛德」：從「日新」觀念檢視象山之「天人關係」之定位

陸象山「日新」的觀念是根據《周易．繫辭上傳》所云：「日新之為盛德」的思想作為基礎[115]，《易傳》原文「**富有**之謂**大業**，**日新**之謂**盛德**，**生生**之謂易」，本用以指陳宇宙運行不息之動力，因此日新觀念與《周易》強調「生生」之精神密切相關。「富有」與「日新」即說明該動力之存在性特質；而「大業」與「盛德」概念卻是「天」與「人」兩概念遭遇之後，或者說是《易傳》欲定義「自然」與「人文」兩者關係時所提出的一種有關「人如何效法天」的「理想性」之「設定」。

言其為「設定」，乃因為「自然」與「人」兩者原為客觀存在物，或「天」與「人」之間本無人文意義上的固定關連或者絕對之意義；至多其間的關連性只能是「中性價值」的。然而，**人（或哲學家）為求得其安身立命的可能性，即必須根據當時其「最佳之人文內涵」提出人類或此一民族「定位」其行動之「最佳的價值指標」。**[116]此一系列的努力過程，在中國哲學中即以「天道

[115] 學者范立舟的研究亦認為象山「發明本心」之論端賴《周易》而演繹。范立舟：〈《周易》與象山心學〉，《學術交流》，第131期，2005.02，頁25。

[116] 這種「最佳之人文內涵」或「定位」其行動之「最佳的價值指標」，即例如「本天道以立人道，立人德以合天德」的原則。蔡仁厚先生對此原則有過詳細的分析，他說：「本天道以立人道，立人德以合天德——天道與人道，天德與人德，相互回應。所謂天人合一，就是從這裡說。在這裡是「天道性命相貫通」的，這是以儒家為主流的中國哲學，最為基本的

論」的範疇進行探討，並以天道論的背景試圖賦予道德實踐動力根源；其探討之結論雖非具體與可透過經驗實證之物，但在理論之位階中無疑地具有第一序之存在意義。**此一哲學過程於中原文明的發展意義，筆者以「決定即定位」稱之**。「決定即定位」觀念，強調現今吾人所熟知的儒學要點，在文明最初進展中的意義，在於一批先秦時期的「原初儒者」，透過天地之啟示，在人類發展之無限可能中，透過思辨「決定」了其「天道論」的內涵；此「決定」亦同時「定位」了中國哲學發展的屬性。同樣之理，今天我們的工作亦在於透過「重新詮釋」古典文明的歷程，再次「定位」當代中國哲學之內涵。

這種對古典文本的詮釋工作是文化發展所必須的，例如《周易》在提出「一陰一陽之謂道」的原則之後，**《易傳》又以「繼之者善也，成之者性也」的命題為基礎，展開其定位「天」與「人」的架構，以「賦予人性正面的倫理價值」，做為當時人文精神內涵的主要方針**。象山哲學亦繼承此一儒學傳統，在論及學習之目標時即不斷地強調此一「形成當時文明」之根本原則。他一方面呼籲學者需明白此一「天道」所具有的「富有」與「日新」之創生力量；另一方面，要求學者必須保存與堅持此一在「天」與「人」之間的「理想性」的設定——即以「盛德」與「大業」為創生文明的方向。所以，他提出了「根本苟立，保養不替，自然日新」[117]之人文原則，此即為從象山「日新」觀念檢視宋代哲學中「天人關係」之定位的方式；它不但繼承了孟子心學，亦透過日新觀念融入了《周易》精

義理骨幹。」蔡仁厚：〈中國哲學的現代化與世界化〉，《鵝湖月刊》，84期，1982年6月。

[117] 「為學不當無日新，《易》贊乾坤之簡易……根本苟立，保養不替，自然日新。」《陸九淵集》卷五，〈書〉，頁64。

神。象山此一復興先秦儒學精神的動機，值得吾人在當代重新詮釋古典文本時加以參照。

二、「此天之所與我者」：從「天人關係」檢視「日新」與「本心」觀念

前文透過「日新」觀念，指出了象山在天與人之間的「理想性」的設定，亦分析了象山此設定於哲學史與文化史中的意義。據此，我們進一步縮限「天」與「人」範圍，從「天」與「本心」的關係——從「此天之所予我者」[118]觀點，說明「日新」與「本心」觀念兩者間的關連性。

象山「本心」哲學的建構方向並非向外的，亦非強調論辯的；反之，他關懷本心哲學「如何可能（成立）」的基礎，探問人如何能依天理而修養，並尋得其中「於穆不已」的道德實踐力量。從天道論觀點思考，此力量實即「天之所予我者」，亦是孟子云人先天所具有的「良知」與「良能」。例如象山說道：

> 孟子曰：「所不慮而知者，其良知也。所不學而能者，其良能也。」「**此天之所與我者**。」「我固有之，非由外鑠我也。」故曰：「萬物皆備於我矣，反身而誠，樂莫大焉。」**此吾之本心也**。所謂安宅、正路者，此也；所謂廣居、正位、大道者，此也。[119]

引文指出「本心」哲學一旦成立，則「所謂安宅、正路者」與「所謂廣居、正位、大道者」皆可據以尋得其成立之基礎；

---

118 《陸九淵集》卷一，〈書〉，頁 1。

119 《陸九淵集》卷一，〈書〉，頁 5。

即象山的「本心」哲學不但為其理論之根本特徵，更為其體系中其他相關理論的入手處。在此，象山的推論似乎是跳躍式的，亦欠缺當代哲學嚴謹的分析要求；然而，對象山哲學而言，其「本心」之基礎在於「此天之所予我者」所構思的形上世界。**即對象山而言，此形上世界不是文字想像力建構的世界，而是透過文字的象徵所指向的真實世界。此一世界從形上觀點一旦落實至概念表達中，從形上世界欲定位其表達之重心時，則天道所具有的「富有」與「日新」之創生力量，即成為其表達中的代表性概念。**

簡言之，此分析歷程既包含象山向其所屬之時代提出適切的「天人關係」理論，亦運用「日新」觀念向天道論溯源取得「本心」觀念的實踐基礎；即透過「天人關係」以統合其理論之倫理實踐與形上分析兩領域，以為其本心哲學尋得合理之基礎。

三、「志於道一也」：從「道之隱現性」觀察「日新」與「本心」觀念

根據前述之引文，如果說「本心」哲學透過「天人關係」的形上學可以發展出所謂「安宅、正路」與「廣居、正位、大道」的基礎，則我們可以再詢問另一命題——「小德川流，大德敦化；小德即大德，大德即小德」[120]的基礎何在，為何「小德即大德，大德即小德」的觀念互換可以成立？是否其合理性與「本心」哲學具相關，我們認為其中問題與本書所關切之「象山之背景哲學」亦有高度之相關性。[121]

---

[120] 《陸九淵集》卷三十五，〈語錄下〉，頁435。
[121] 有關「象山之背景哲學」此一主題請參見前一節的說明。

首先，象山在其他文本中指出回答此問題的線索，他認為關鍵即在於人能否「志於道」，以及返回「日新」觀念之形上層次中檢視此問題。象山說道：

> **道塞宇宙**，非有所隱遁，**在天曰陰陽，在地曰柔剛，在人曰仁義**。故仁義者，**人之本心也**。[122]

象山又說：

> **志於道一也**。**小德川流，大德敦化**，此聖人之全德也；臯陶謨之**九德**，日嚴只敬**六德**則可以有邦，日宣**三德**則可以有家。德之在人，固**不可皆責其全**，下焉又不必其三。**苟有一焉，即德也**。一德之中亦不必其全，苟其性質之中有微善小美之可取，而**近於一者，亦其德也**。苟能**據之而不失，亦必日積日進**，日著日盛，日廣日大矣。惟其不能據也，故其所能者，亦且日失日喪矣。……故夫子誨之以「據於德」。[123]

第一段引文的意義如前節之分析，呈現出其哲學統合形上學與倫理學的能力，即顯示出其與天道論相關的「道」、「宇宙」、「天地」、「陰陽」等概念如何與倫理相關的「人之仁義」與「人之本心」等概念間產生內在連繫。在此思考脈絡下，我們可以合理地指出第二段引文其「志於道」之「道」乃指「此天之所予我者」之「道」；並且，在此「道」的保障下，「小德川流，大德敦化；小德即大德，大德即小德」的命題方能合理地被推論出來。換言之，此兩組引文成立的條件，是透過象山設計的「天人關係」的

---

122 《陸九淵集》卷一，〈書〉，頁9。

123 《陸九淵集》卷二十一，〈雜著〉，頁264。

「理論機制」作為前提的，亦是在本文所指稱之「象山的背景哲學」目標下所達成的；如果我們的思考未能「同理」象山的理論動機，則必以其為過度詮釋。如此我們將僅獲得一成功的批評，但卻仍無法解釋為何從孟子以來諸多一流的哲學家，均堅持欲選擇此一違反客觀原則的思路。

其次，另一項問題出現在第二段引文中，即「苟能據之而不失，亦必日積日進」的問題，此亦是「日新」觀念的問題。一般對此引文的詮釋常有「積累說」之誤會，即根據「日積日進」概念，誤以為「日新」精神是一種「量」的累積[124]。事實上，從引文整體觀之，本段重心在申辯「德」之內涵特性，強調不論是「小德」、「大德」或「全德」，不論是「九德」、「六德」、「三德」至「一德」，只要回歸其「本心」哲學，掌握其中之「日新」精神就是掌握其「德」之本質。即不論是「德」之大、小，其中只要有「微善小美之可取」，並從中繼承了君子天行健與生生不息的力量，其中並無所謂「德」之積累問題，亦無以量變至質變說解釋其「德」或「日新」觀念的必要性。

朱子在解釋「據於德」時也指出：「據於德，據者，執守之意。德者，得也；得其道，於心而不失之謂也。得之於心而守之不失，則終始惟一，而有日新之功矣。」[125]此即表示所據之「德」的特性必須是「終始惟一」的；既是「終始惟一」即無所謂「量質互換」的問題。因此，象山方能說「九德」、「六德」、「三德」乃至「一德」，無論何者，皆能展現出其「日新之功」。

---

[124] 參考張立文：《走向心學之路——陸象山思想的足迹》，北京：中華書局，1992，頁 154。

[125] 朱熹著：《四書集註》，台北：中華書局，1984，頁 2。

簡言之，在第一段引文中，象山是從「道之本體」倡論「道之用」；在第二段引文中，則從「本心」哲學的形上學層次統觀「仁義」、「九德」、「六德」、「三德」至「一德」等倫理學的價值。從整體存在言，此「道塞宇宙」無處不在，此「道」即引文中之「天地」與「陰陽」等對環繞我們生活場域狀態的客觀描述。若再從「個體」與「群體」關係而言，引文中即以「仁義」處理群己關係，同時指出「仁義」亦是源自「人」之創生動力，即「人之本心也」之觀念內涵中。換言之，在其哲學結構中，象山使「道」的觀念產生隱現性，即一方面在天道論的背景下，此道必「日積日進，日著日盛，日廣日大矣」，這是他以「日新」觀念對「道」的詮釋，此時「道」之特性是日廣日大而彰顯的。另一方面，在人道論的背景下，此道「在人曰仁義」，從而使人「心」保持本體論的高度以指引其倫理行為。即象山是以「本心」哲學與「發明本心」觀念陳述此一存在狀態，此時「道」之特性是隱含於其「本心」哲學中的。

簡言之，以上我們從「日新之謂盛德」、「此天之所與我者」與「志於道一也」等角度，對「日新」與「本心」觀念之關係進行的分析，其中的思考涉及了天道論（天人關係）至倫理學（仁義觀念）的理論，以下我們將進一步說明日新觀念於整體象山哲學中之意義。

肆、「日新」觀念於整體象山哲學中之意義

有關「日新」觀念於整體象山哲學中之意義，我們將從以下四方向進行考察：（一）從「立根本」思考；（二）從「天」與「人」

之關係思考；（三）從「人」與「我」之關係出發；（四）從「人」與「社會」之關係考察。以下依序說明之。

一、從「立根本」思考：「日新」觀念是尋求「可久可大」之學

學者張立文先生將「日新」觀念，當做一種「變化之趨勢」[126]；本文認為「日新」觀念除了變化之趨勢意義外，它更從「根本處」說明象山哲學「面對人生」（變化）之精神內涵。從「日新」觀念出發，象山哲學面對人生的各種「變化」，必須設法求得一面對「變化」之態度。即對於人的生活世界，象山承續了《易經》面對人生「變化」的精神；承認「人情物理」的變化無窮。然而，在根本上他更要追根究柢探討「變化」之根本，並提出面對根本的態度；此一態度即象山哲學之重要精神，其內涵即是透過「日新」觀念提出「可久可大」的觀念，此觀念又以處理「人情物理之變」為目標。

對於「人情物理」的變化無窮，象山說：「人情物理之變，何可勝窮」[127]；然而，哲學自古之目標本在個別物與變化物中尋求其普遍意義，象山所為亦是如此。他從讀《易》的心得中提出「日新」精神以面對一切之「變化」，他說：

> **為學不當無日新**，《易》贊乾坤之簡易；曰易之易從，有親有功，**可久可大**。然則學無二事，無二道，**根本苟立**，**保養不替**，**自然日新**。所謂可久可大者，不出簡易而已。[128]

---

[126] 張立文著：《走向心學之路——陸象山思想的足迹》，北京：中華書局，1992，頁 151。
[127] 《陸九淵集》卷一，〈書〉，頁 2。
[128] 《陸九淵集》卷五，〈書〉，頁 64。

此一引文提出了其「立根本」的精神完全符合儒家「務本」之精神，不論是《尚書‧泰誓》的「樹德務滋，除惡務本」，或者是《禮記‧學記》之學者宜「務本」，或者是《論語‧學而》的「君子務本，本立而道生」，皆明確地道出此「務本」原則在中國哲學中的重要性。同時，象山在指出此原則時更具體地以「日新」觀念詮釋之，指出人面對「變化」的根本「心態」應在於一種日新之精神，進而得以「保養不替」與「自然日新」；並且強調如果能掌握此原則即符合簡易精神，亦為可久可大者的人生態度。

二、從「天」與「人」之關係思考

前文透過《易傳》「富有之謂大業，日新之謂盛德，生生之謂易」的命題，我們分析了象山的「日新」觀念與「天人關係」兩者的關連性。其中的理論特性本於形上範疇，一方面以「日新」觀念象徵人的「生生真機」；以「富有」觀念，代表人類在「文明發生」意義中，其創造力之碩大與持盈。另一方面，我們認為「大業」與「盛德」概念，即是原初儒者面對「天」與「人」兩概念遭遇之後，《易傳》作者考量社會教育之需求與人倫目標之理想，對「自然」與「人文」關係所提出之一種理想性的設定。也是在此天人關係的設定下，吾人方能進一步從「人與我」，以及「人與社會」的角度，考量「日新」觀念於整體象山哲學中之意義。

三、從「人」與「自我」之關係思考

象山在宋代儒學復新運動中的成就，正在於統合「先秦儒學精神」與受佛教洗禮之後的「宋代的中國哲學的時空環境」兩者。

前者強調「為己」之學，後者重視「心」觀念；所以，他一方面必須提出對「心」概念的新詮釋方法，另一方面必須力倡先秦儒學精神，強調透過重視「人」與「自己」之關係以保障其學問與生命的關連性。象山處理的方式即如前文所言，透過「學習」與「進德」兩概念而闡述其中之精神。在追求「學習」與「進德」兩目標中，象山著重在使其生活中隨時保有「日新之證」[129]之精神，以處理其人際與各種遭遇[130]。此一精神無疑地是繼承了《易・大畜・彖》所言：「剛健篤實輝光，日新其德」，以及孔子之「溫故知新」《論語・為政》與孟子強調的「操則存，舍則亡」《孟子・告子上》的原則。象山提出：「《告子》一篇自『牛山之木嘗美矣』以下可常讀之，其浸灌、培植之益，當日深日固也」[131]即是此義。即透過「日新」精神的提倡，象山在面對「人」與「自我」關係時方能保有剛健篤實的光輝，一方面日新其德，另一方面維繫了先秦儒學精神。

---

[129] 「比來山居，良有日新之證，惜不得與子淵共之。」《陸九淵集》卷十四，〈書〉，頁 184。

[130] 例如他說：「以朋友講習而說，有朋自遠方來而樂，不可以泛觀料想而解，當有事實。吾人不幸生於後世，不得親見聖人而師承之，故氣血向衰而後至此。雖然，朝聞道，夕死可矣。今能至此，其被聖人之澤豈不厚，而其為幸豈不大哉？」。《陸九淵集》卷十四，〈書〉，頁 184。

[131] 《陸九淵集》卷七，〈書〉，頁 92。孟子原文為：「牛山之木嘗美矣。以其郊於大國也，斧斤伐之，可以為美乎？是其日夜之所息，雨露之所潤，非無萌櫱之生焉，牛羊又從而牧之，是以若彼濯濯也。人見其濯濯也，以為未嘗有材焉，此豈山之性也哉？雖存乎人者，豈無仁義之心哉？其所以放其良心者，亦猶斧斤之於木也。旦旦而伐之，可以為美乎？……人見其禽獸也，而以為未嘗有才焉者，是豈人之情也哉？故苟得其養，無物不長；苟失其養，無物不消。孔子曰：『操則存，舍則亡。出入無時，莫知其鄉。』惟心之謂與！」《孟子・告子上》

四、從「人」與「社會」之關係的考察

「日新」觀念不僅具對個體提升之義，更保障了有關個體與群體遭遇時的處理原則與道德實踐的動力。例如象山對周朝衰亡的現象分析即從考察「人」與「社會」關係之角度，提出了有關「日新」與「本心」的觀念，象山說：

> 周道之衰，**民尚機巧，溺意功利，失其本心**。將以沽名，名亦終滅；將以徼利，利亦終亡。惟其君子，終古不磨，不見知於庸人，而見知於識者；不見容於群小，而無愧於古人。俯仰浩然，進退有裕；**在己之貴，潤身之富，輝光日新**。[132]

引文可見兩組在行為動機上極端的心態，一者是「民尚機巧，溺意功利，失其本心」；另一者是「在己之貴，潤身之富，輝光日新」。前者令周道衰微，令人「名亦終滅」與「利亦終亡」；後者卻令人能以「無愧於古人，俯仰浩然，進退有裕」的大氣魄發展其學說。而人之能無愧於古人，俯仰浩然與進退有餘的關鍵，即在人心能否保有「輝光日新」的精神。一如《尚書》所言：「**德日新**，萬邦惟懷；志自滿，九族乃離」〈仲虺之誥〉的精神，其雖為指導人君治理萬民之原則，但於知識普及化後，其哲學意義更在於提供個體與群體關係的指導意義，提供儒者面對群體時的處世態度。即象山提倡「日新」觀念，一方面是為儒學個體標舉了處理群體事務之原則；另一方面則在宋代回應了先秦儒學面對社會時的根本態度與要求。

本節結語：根據上述思考，本節從象山理論中之「日新」觀念，從「為何要探討象山之日新觀念」、對「日新」觀念之分析、

---

132 《陸九淵集》卷九，〈書〉，頁123。

「日新與本心之關係」與「日新於整體象山學中之意義」四方面分析了「象山精神」與「本心哲學」的內涵。我們提出「日新」觀念的目標，在於指出「本心」哲學的內容並非只是一平面式之有關「心性」的文字理論；而是企圖從一「使整體象山哲學成為可能」之還原工作中，呈現出本文所強調「象山之背景哲學」的內涵，以符合本書在方法意識中「探問象山哲學之合理性」的基本要求。

第三節　陸象山心學之精神

根據本章第一節的分析，我們透過「背景哲學」的方法回答了「發明本心」如何可能；此方法與第一章第三節強調尋求「理論正確的存在性位置」，徹底地掌握「促使」某一位哲學家其理論「發生」的論述「動機」，具有相同的理論目標。此目標事實上皆為從文字性「概念」重返「創造」文字概念者，向具原創性的「第一概念」[133]溯源，以區分出「第一概念」與往後的模仿者，或「概念」之應用者在內涵上與「第一概念」的不同，並將此後設之分析歷程本身，亦視為一種方法性的操作過程。

本書對「象山心學精神」的分析亦試圖採取此方法，即筆者認為釐清象山文本中觀念的層次是重要的[134]，特別是區分其理論所涉

---

[133] 具原創性的「第一概念」，例如：孔子提出之「仁」即有其原創性與時代背景下的特殊性，其豐富之內涵本書將其歸屬於「概念之創造」的層次；其與後世各家對「仁」概念的發揮不完全相同。後世各家的發揮與詮釋即非「第一概念」，本書將其歸屬於「概念之應用」的層次。

[134] 有關「象山文本」中層次的釐清問題，曾春海教授已有深入分析，他透過

及哲學之「概念之創造」與「概念之應用」兩者，實為理解象山心學精神之要領。其次，本文亦認為象山心學之精神在於以「本心」與「日新」觀念彰顯其學問特質，一方面轉化「知識」成為修養「行動」以提供中國道德哲學實踐動力；另一方面，運用其理論以統合理想與現實兩者以避免其學說產生禪學之空疏。以下是本節分析象山心學精神的三個主要方向：

壹、象山心學精神：以「日新」與「本心」兩觀念彰顯心學精神之特性

貳、象山心學之功能：提供儒家哲學實踐之基礎

參、象山心學之應用

正文

壹、象山心學之精神：以「日新」與「本心」兩觀念所彰顯心學精神之特性與意義

一如前節分析「本心」與「日新」的關係，象山精神的要點之一，在以「日新」與「本心」兩觀念彰顯其學說特性；其理論意義是**一方面設法轉化「知識」領域使其進入「行動」或「修養」工夫；另一方面，從其理論之現代價值而言，它提供我們思考當代儒學之**

「解字之屬」與「血脈」二觀念區分了象山文本中層次，並指出了象山心學之要點。參考曾春海：《陸象山》，台北：東大圖書公司，1988，頁152-155。

研究，應設法轉化「概念」使其回歸「概念之創造者」之思考方向。因為，象山說過「學問」的本質當以「日新」之功為實質意義，否則將使思想與生活流於停滯與死亡，對學習者本身毫無意義，他說：

> **夫人學問當有「日新」之功，死卻便不是。**邵堯夫詩云：「當鍛鍊時分勁挺，到磨礲處發光輝。」**磨礲鍛鍊，方得此理明，如川之增，如木之茂，自然「日進」無已。**[135]

本段引文指出如果人能持續「鍛鍊時分勁挺，到磨礲處發光輝」，則在「知識」上，方能「明理」迅速；在「修養」工夫方面，其生命之成長亦能如「川之增」如「木之茂」。可見「日新」觀念一方面提供「發明本心」之動力因說明；另一方面更提供出了象山心學精神的內在要點，即如何轉化了「知識」使其進入「行動」或「修養」之歷程。試觀象山所云：

> **道理無奇特，乃人心所固有，天下所共由，豈難知哉？**但俗習**謬見，不能痛省勇改，則為隔礙耳**……得暇**見過，以觀新功。**[136]

引文中象山肯定「哲學知識」的獲得是較容易的，他說：「道理無奇特，乃人心所固有，天下所共由，豈難知哉」，即明白指出**象山所定位的哲學，其特性不以知識的增加與分析的視野為滿足；而在「人心所固有，天下所共由」的普遍基礎之尋求的目標上。換言之，其哲學之難處不在知，而在行；所行者何？即「見己之過，以觀新功」之所指**。

象山的「日新」觀念正可輔助此行動的完成，因為「日新」所指陳者一如前文所言「如川之增，如木之茂，自然日進」，即其本意即為「行動力」之意。因此，在象山文本所言的求「知」的過程

135　《陸九淵集》卷三十五，〈語錄下〉，頁443。
136　《陸九淵集》卷十四，〈書〉，頁184。

中，「日新」觀念反而成為一種自省「知識」是否被徹底「實踐」了的要求。例如他接著上文指出的「俗習謬見，不能痛省勇改，則為隔礙耳」即為此義。他以「得暇見過，以觀新功」，透過「見過」與「以觀新功」的要求闡釋「日新」在行動中的意義。此時，象山之學可謂已成為人面對「知識」領域，進而欲轉化「知識」使其進入「行動」或「修養」工夫的思考方法。如以今日哲學檢視，象山給我們的啟示主要在於方法論方面的啟發，即強調如何轉化「概念」使其回歸「概念之創造者」之思考方向；此亦本文強調必須思索有關道德基礎，並思考人實踐道德「何以可能」之問題。

貳、象山心學之功能：提供儒家哲學實踐之基礎

象山心學之精神之要點在以「日新」精神提供其道德哲學之「基礎」，即回答了人實踐道德之動機「何以可能」；並以此「基礎」處理「道德例外」情況，提供道德抉擇標準之依據。以下再透過「道德實踐之基礎」與象山哲學對「道德例外情況之抉擇標準」兩觀點說明此問題。

一、道德實踐之「基礎」的重視及其「表達型態」於當代之危機

前文我們指出了象山「日新」之觀念不但繼承《易傳》「日新之謂盛德」[137]觀念；亦回應了《論語》與《孟子》之精神，回答了

[137] 《易傳》原文「富有之謂大業，日新之謂盛德，生生之謂易」。

人實踐道德之動機「何以可能」的道德基礎問題。此觀點除了中國哲學史的理論意義外，亦具有透過哲學反省中原文明發展方向的意義（此亦可視為象山哲學之現代價值）。從反省「文明發展方向」的觀點而言，我們認為象山哲學具有邀請使「思考者」返回人類創生文明之原初，思考「人」最初面對社會與文明的進展時，人類需要什麼，以及人類應以何種態度面對未來，並以此態度規劃其倫理原則的理論功能。

我們的判斷基於下列事實的理解，即中國哲學原初之智慧，事實上與中原文明發展的型態密不可分；即最初哲學家定義哲學或對哲學之態度，以及其如何發展道德理論的內容，皆深刻地影響了倫理實踐原則，並指導了該區域文明中人的行為與態度。即象山之「日新」觀念雖然在宋代重新提出，但它卻促使我們思考「儒學之當代詮釋要點」不僅在於對文本進行分析與重構；更在分析方法應具有一種指向性。此指向應要求**探討儒家之「道德實踐何以可能」**，而非只是為我們指引出修養之應然性；即應該超越應然的問題，進而思索何者方為保障儒家道德行為持續有效之哲學基礎。

例如孟子浩然哲學中的「至大至剛」[138]，在精神上即繼承了《易傳》所言「富有之謂大業，日新之謂盛德」的存在性動力；如再以宋代的象山哲學觀之，孟子此一「勿忘」與「必有事焉」的內容，在象山哲學中即成為「改變舊習」與「鍥而不捨」（兩者皆屬反求諸己之工夫）等重視「道德之基礎」的類型，例如象山曾提出一段重要的話：

[138] 《孟子・公孫丑上篇》原文為：「敢問何謂浩然之氣？」曰：「難言也。其為氣也至大至剛，以直養而無害，則塞于天地之間。……必有事焉而勿正，心勿忘，勿助長也」。

> 吾友能棄去謬習，復其本心，使此一陽為主於內，造次必於是，顛沛必於是，無終食之間而違於是。此乃所謂有事焉，乃所謂「勿忘」，乃所謂「敬」。[139]

此段引文極為重要，其中涉及了象山「復其本心」與《孟子》「心勿忘，勿助長也」之「心」兩者間的關連性，同時亦涉及了《論語・里仁》「君子無終食之間違仁」何以可能的問題。根據象山的觀點——「棄去謬習，復其本心」，即是他認為透過「復其本心」理論，即可以回答人類的道德實踐動機「何以可能」的問題。然而，這種類型的回答在「古典中國哲學之現代詮釋過程」中的廣泛應用，卻使心性哲學理論在文字性歷史的表達世界中逐漸失效，即此一詮釋方式在中國哲學史中雖然有效，但面對西方哲學的強烈批判卻早已形成極大的學術危機。

簡言之，從明末王學末流開始許多學者即批評心學無用，此時儒家心性哲學之危機已現。再從清代直至當代推崇西方，以知識論為哲學主要標準的影響下，許多學者視即「中國哲學」為「非哲學」，或者以中國哲學過於重視「道德基礎」並無法（不足以）處理當代道德問題。再者，又以目前國外哲學系極少有開設中國哲學課程，或以分析哲學解讀儒學的現況看，皆說明了「古典中國哲學之現代詮釋過程」，在「全球化一致性的哲學標準」潮流下正遭遇了極大之危機。

對此危機的處理，本書的方式是學習西方哲學在二十世紀以來探討文本基礎的風潮[140]；例如在本章第一節即提出了「象山之背景

---

[139] 《陸九淵集》卷一，〈書〉，頁 6。

[140] 有關「西方哲學在二十世紀以來探討文本基礎的風潮」，本書於〈緒論〉中已指出，其主要是以「尋求」涉及某一概念「發生」之際的「存在處境」（existential situation）的探討，而不停止在「概念」發生後的各種「次概

哲學」的目標，即試圖還原象山最初提出其理論之背景與基礎；使得其「發明本心」哲學能再度返回其「概念」之「發生」範疇，而非一般理解或詮釋中國哲學時，只處理哲學概念在「應用」範疇之各種可能性的解釋。我們希望透過此種對「中國哲學文本」的存在性基礎之重建方式，與西方哲學探討存在基礎的風潮，在方法論方面能產生接軌與對話。

二、象山哲學對道德成規例外情況之「抉擇」標準

（一）區分「道德」之「基礎」與其「應用」

本文透過象山「日新」與「本心」觀念論述其理論，最重要的目標除了分析其「發明本心」何以可能的「基礎內涵」外；另一項重要考量，在於分析其理論之實踐的過程中，特別是在一些倫理原則或成規之例外情形發生時，如何能提供道德抉擇之標準。[141]有關象山對倫理原則的看法，其主要論點是倫理原則是有形的約束力，象山以「形迹」或「以形迹繩人」稱之，此類倫理原則之目標在於處理「事理之變」，或倫理成規的例外情形——例如「舜不告而娶」的情形。象山曾說：

念」的比較與釐清。

[141] 「倫理」與「道德」二概念在內涵上有其區別，在中國哲學中「倫理」指的是「人倫」之理，著重人與人之關係的界限與律定；「道德」則指偏向廣義的內心動機與行為。前者針對社會的需求制定行為規範；後者則著重個人內在對形而上層次的理解與行為，在本文中以「道德基礎」一詞表示。此二詞在使用上，偶會有混用的情況出現。本文同意「道德」一詞，包含了個人的道德修養與社會的道德規範雙重涵義；而「倫理原則」則強調人倫關係之滿全，代表「道德基礎」之「應用」的內容。

> 念慮之正不正，在頃刻之間。……心念之過，**有可以形迹指者，有不可以形迹指者**。……可以形迹指者，其淺者也。**不可以形迹指者，其深者也**。必以形迹觀人，則不足以知人。必以形迹繩人，則不足以救人。非惟念慮之不正者，有著於形迹，有不著於形迹；雖念慮之正者，亦有著、有不著；**亦有事理之變，而不可以形迹觀者**；亦有善、不善雜出者。……如曾子之孝則可見；如**舜不告而娶，不可謂之不孝**。此是事理之變，而不可以形迹觀者。[142]

本段引文很明顯地區分了「道德之基礎」與從基礎延伸出的「應用後之內容」或「倫理原則」兩者。首先，象山認為道德之基礎是「不可以形迹觀者」，在形式上一如「怵惕惻隱之心」[143]的潛在人心，隱而不顯。然而，在存在上卻是一如「道塞宇宙，非有所隱遁」[144]，以及如同「此理在宇宙間，未嘗有所隱遁」[145]般明確地存在。

象山形容此一存在之特性為「不可以形迹指者」與應加以「深（掘）者」；具體來說，即一如前文所強調者，必須將其置於「象山之背景哲學」的思考脈絡中即可徹底理解其重要性。其次，倫理原則之內容則如「孝悌忠信」[146]等，是具體、易知而明確者；然而象山卻以其為「淺者」與「以形迹繩人」——即「可以形迹指者，其淺者也」，並認為「必以形迹觀人，則不足以知人。必以形迹繩人，則不足以救人。」其中「不足以知人」、「不足以救人」的情形即代

142 《陸九淵集》卷二十二，〈雜著〉，頁 270-271。

143 《陸九淵集》卷三十四，〈語錄上〉，頁 423。

144 《陸九淵集》卷一，〈書〉，頁 9。

145 《陸九淵集》卷十一，〈書〉，頁 142。

146 曹立之有書與先生曰：「願先生且將孝悌忠信誨人」。先生云：「立之之謬如此。孝悌忠信如何說且將。」《陸九淵集》卷三十四，〈語錄上〉，頁 410。

表了理論之淺者，亦象徵了我們必須在倫理學之功能中，區分出「繩人」（限制人心）或「救人」（開啟人之道德本心）兩種理論區隔。

簡言之，象山「本心」哲學強調的是「存心」或保存基本的「四端之心」，側重強調從「原點的完整」至「應用後之變化」歷程中，皆能保存原初的完善性。根據此完善性，進而從一具完善性的「本心」哲學推展出其「心即理」之命題[147]，同時透過人心之「正理」以觀察外在「事理」變化，此乃原則之深者。亦是透過象山的觀察——「故正理在人心，乃所謂固有；易而易知，簡而易從」[148]，我們方體認到「正理」的重要性，此即突顯了其道德之「基礎」在於「本心」與「正理」觀念之中。此兩觀念的獲得，象山強調人必須能透過哲學還原的方向，確認並定位出道德基礎——即「本心」觀念之正確存在位置。即我們應注意到引文中「固有」與「易而易知，簡而易從」兩項特性所標舉者，方可重返四端之心與道德之源，方能趨善避惡並不以形迹繩人，進而方可妥善處理道德之「基礎」與「應用」兩者間的存在差距與觀念上的不同關係。

（二）從道德之真實「基礎」思索「成規之例外」的解決之道

前文提出「舜不告而娶」的例外情形，其對錯的判定即屬於道德之「應用」範疇，其判斷「原則」即為道德基礎的延伸物。「不告而娶」本來是不尊重父母，如依照「尊重父母的原則」分析是屬於錯誤行為。但象山很明確地否認了此一「原則」屬於道德之「基

---

147 「滿心而發，充塞宇宙，無非此理」《陸九淵集》卷三十四，〈語錄上〉，頁423。

148 《陸九淵集》卷十一，〈書〉，頁150。

礎」，並認為道德之基礎另有它物。故而根據此真實之道德基礎，象山對此案例採取「舜不告而娶，不可謂之不孝」的態度。[149]此一例外，實即是重新檢視「是否『道德』即是遵守外在之『原則』(例如遵守「稟報父母而後娶」之原則)」；透過此一例外，**象山在「尊重傳統之際」不但對傳統觀念進行了哲學反思，更積極地尋求何謂真實的道德之基礎**。[150]

象山此觀點，一方面「似乎」違反了倫理之常態原則，另一方面卻促使我們思考什麼才是儒家道德「真正之基礎」。此一案例如果是錯誤的，則情況較為單純，因為一切只要按照民情風俗行事即可；然而，如果它是正確的，則情況較為複雜。假使它是正確的，則代表象山文本明顯地指出儒家道德不僅止於「外在規範」，**而更著重於「內在（自我）期許」**；以舜而言，即要求自身必須有子嗣的期許[151]，**這種特徵方為道德的基礎**，此亦是象山強調「日新之功」與「日進無已」之原因。例如象山指出：「念慮之正不正，在頃刻之間」，即他認為只注意有形之形迹（倫理原則），並不足以觀人之心；他認為以有形之規範要求他人與教導他人，因此規範純屬外力介入。「介入」如果在心之外，既缺乏自動與自生，又欠缺「日新其德」[152]之自我惕厲，所以其影響的時間與效果必為短暫；因此即不足以憑此規範救人，亦不能將（心外的）規範等同於道德，此即是象山反對「正理」在「心」外的原因。象山對外在法律規範亦多

---

[149] 《陸九淵集》卷二十二，〈雜著〉，頁 271。

[150] 本處所言雖指出象山對傳統的革新與反思，但並不表示象山即不尊重傳統，例如全集中亦曾指出象山一家人：「究心典籍見於躬行，酌先儒冠、昏、喪、祭之禮，行之家；家道之整，著聞州里」，此即可見其仍相當重視傳統。《陸九淵集》卷二十七，〈行狀〉，頁 312。

[151] 這種要求自身必須有子嗣的期許在古典時期是非常重要的，例如《孟子・離婁》即說：「不孝有三，無後為大」。

[152] 《陸九淵集》卷五，〈書〉，頁 65。

有批評，反對不知變通地遵守成規，例如他批評王安石（字介甫，1021-1086）的一段話即代表了此義，象山說：

> 讀介甫書，見其**凡事歸之法度，此是介甫敗壞天下處**。堯舜三代雖有法度，亦何嘗專恃此。又未知戶馬、青苗等法，果合堯舜三代否。……堯之法舜嘗變之，舜之法禹嘗變之；祖宗之法自有當變者，使其所變果善，何嫌於同？……**介甫慕堯舜三代之名，不曾踏得實處**，故所成就者，王不成，霸不就。本原皆因不能格物，模索形似，便以為堯舜三代如此而已。所以學者先要窮理[153]

這段引文之批評是嚴厲的，象山認為王安石「凡事歸之法度」是其「敗壞天下處」，又說他「（愛）慕堯舜三代之名，不曾踏得實處」。這種批評其「不曾踏得實處」之說，實即認為王氏不明道德之基礎與倫理原則之異；只知在客觀世界中凡事歸諸於「法律」或「法度」，只知依法行事。而**不知法為人所制定，法之根源在人，故必須以人的品質保障立法與執法的品質**。即象山強調在執法之際，務必從深度之人性考量與出發，以進行符合情理法三者之判斷與行動。本文透過象山對這些問題析辨與區分，同時比對前文區分「繩人」或「救人」等的各種處理方式後，我們認為象山所強調者有二：

第一：他強調「道德之基礎」重於「倫理原則之應用」，此一態度與其強調務本之精神一致。本文提出「象山之背景哲學」觀念，強調必須區分道德之「發生」與「應用」兩領域之目的，即在突顯象山對此道德內在動力開發之重視。[154]

---

153 《陸九淵集》卷三十五，〈語錄下〉，頁 441-442。

154 本單元有關「道德成規例外」問題的「儒家處理方式」是一重要課題，本處限於主題無法深入探討，進一步說明請參考拙論：〈論儒家倫理觀——以「親親互隱」為中心的探討〉，《鵝湖月刊》，第 404 期，2009.02.，頁 24-35。

第二、引文中「祖宗之法自有當變者」，以及「自古聖賢發明此理，不必盡同」兩觀念，除了反應第一點中的重視立法之精神與其基礎外，更反應出陸象山對社會「既有倫理原則之批判性與反省力」，此即心學精神之一大特徵——**在「尊重傳統之際」亦對傳統觀念「進行哲學反思」；即透過反省而增強其理論之「活力」，此亦為本文透過「日新」觀念詮釋其本心哲學所欲突顯者。**

根據象山哲學對本心之定位，本文認為唯有透過區分道德之「基礎」與其「應用」兩者，再從道德之「基礎」中延伸出有關其成規之例外的解決之道，方能使倫理原則不僅只能「限制人心」，而更能從「開啟人之道德本心」立場，使倫理原則能夠真正解決人類社會中道德兩難的課題。

參、象山心學之應用

象山心學精神之要點，強調「本心」必須置於本體的層次論述，此一做法其意義在於揭示統合「吾心」(內在)與「物理」(外在)兩者的形上基礎，並使其成為修養者的工夫入手處；即**本文不僅重視本心哲學的理論，更關切其「統合」能力的應用**。因為，象山理論在其精神上涉及了儒學精神之繼承要求，以及改變禪宗氣氛對中原文化深厚影響的目標；換言之，如果我們探問在理論應用層次「心學如何回應外在挑戰」時，事實上，我們必須回答下列三項問題：第一，象山哲學如果希望繼承先秦儒家精神，那麼，他繼承了什麼觀念？第二，象山對其所繼承的觀念有何創新，其創新於「整體中原文明之進展」有何意義？第三，面對心學無用論的質疑，心學是否真的無用，「心學」之中有無「實學意識」？此外，象山面對禪學對儒學的挑戰，如果其精神確實與禪學不同，其確切的差異何在？以下我們便從此三方面探討在理論應用層次裡「心學」如何回應外在挑戰。

一、象山哲學所繼承者：在於孔孟學說一脈之精神

以歷史的承續言，象山學說源自《孟子‧盡心上》：「萬物皆備於我矣」的精神最為人所稱道，將人的統合能力指向返求於內心之路；最有代表性者即是象山提出的「萬物森然於方寸之間，滿心而發，充塞宇宙，無非此理」[155]的命題。本文認為象山精神表面上源自孟子哲學，事實上亦承續孔子仁學傳統，故使其理論於「宇宙」觀念的高度下具有「宏觀」的特性；本文對此特性試圖從仁學的「無對立性」與「無私有性」兩觀念做說明，以彰顯孔、孟與象山學說一脈之精神。

象山說過：「孔氏之轍環於天下，長沮、桀、溺、楚狂、接輿負蕢植杖之流，刺譏玩慢，見於《論語》者如此耳」[156]。換言之，**象山對孔子幾近悲慘的「現實」遭遇是很清楚的；緊接著的問題即是，象山必須探問：孔子根據其「仁學理想」如何處理這些「現實」，即回答「為何孔子能知其不可而為之」，即是象山所認為孔學之重點。本文認為孔學精神最主要表現在其「仁」觀念之中，而「仁」觀念的理想，具體來說又可透過「無對立性」與「無私有性」兩觀念做分析，同時回答上述之探問。**

---

[155] 《陸九淵集》卷三十四，〈語錄上〉，頁423。
[156] 《陸九淵集》卷一，〈書〉，頁12。

首先，**我們可參考「仁者不憂」[157]命題所顯示出的「無對立性」的人生態度**。此態度源自於「仁者不憂」思想中所隱含的君子之人的宏大心胸，以「君子無所爭」[158]的心懷顯示其對外在不完美世界的包容性，並突顯其「無對立性」的人生觀。**其次，再思考「己欲立而立人，己欲達而達人」觀點中，隨時考量他人**，以及尊重他者所需要的愛人如己的社會觀；**其中所強調者為「仁」之中的「立人」與「達人」觀念背景後的「無私有性」，此兩者為本文所界定的孔子「仁」學之要點**。

如果說前述之（1）**「仁者無憂」使人心「極大化」，能使人心向上提升與擴展，包容哲學家所遭遇之一切「現實困境」而達到「無對立性」；那麼，（2）「己欲立而立人，己欲達而達人」則消除了人的一切私有物，使人的私有物「極小化」，甚至於可以消除人類最重要的私有物——「個人生命」**。即如《論語・衛靈公》所云：「志士仁人，無求生以害仁，有殺身以成仁」的精神，使人可以「捨己為人」；此即完全呈現出了**人的「無私有性」，並使「殺身成仁何以可能」的理由充分展現**。即在「仁」觀念之「無對立性」與「無私有性」的宏觀理想指引下，仁者既可立足於文明邊緣宏觀天下，指引文明之進展，亦可置個人死生於度外；因此春秋的時代的「時局變遷」對孔子而言即為芝麻小事。**即時局之困頓對孔子而言在其心中既是無所對立，亦無所懼怕；所以，他才能說「仁者不憂」〈子罕〉與「君子不憂不懼」〈顏淵〉**，更進一步要追求「樂以忘憂」〈述而〉，此即為孔學之重要精神。

孔子之「仁」觀念之特性因源自對其所屬時代的適應與轉化，故而其學說必與其生活密不可分；例如其「仁者不憂」與「君子不

---

[157] 《論語・子罕/憲問篇》

[158] 《論語・八佾》

憂不懼」的觀念，都相當能與其當下生活世界產生連結。象山亦承此精神，象山說過「道不遠人，人自遠之耳」[159]，即強調「道」不應「遠人」，甚至於更應使人與道合一，此即其往後「心即理」觀念發展的哲學背景。在此一思考脈絡下，「人」必須包含於其理論中；理論所言必須以人的存在性為基礎。例如象山說：「物則所在，非達天德，未易輕言也」[160]，其中「達天德」方可「言」；「非達天德，未易輕言」即是強調理論所言必須以人的存在性為基礎，要求其理論與實踐之合一性。

在理論與實踐兩者合一的觀點下，如果其理論能在我們生活中發生作用，其學說價值方能以「道不遠人」稱之。然而，在研究心學的過程中，我們必須進一步詢問此**「道不遠人」的具體影響力何在，是否真能有益於宋代哲學並對當時的中原文明有所助益**；否則儒家心學觀點即成為空言，或成為只有理想而不顧現實的偏見，此即失去了心學之真精神。以下我們本此動機，進一步探問象山對先秦儒學之「創新」何在？並透過檢討其學是否具有「實學意識」，以及是否為「禪學」等問題，從「理論之應用的層次」分析象山心學之精神。

二、象山所創新者：透過「儒學對中原文明發展之意義」的觀察

以下我們對象山繼承儒學精神的創新與發展的內容，將透過其學說於中原文明發展之意義進行觀察，指出「心學」學問並非「否定現實」；而是「以理想指導現實」，再以「以理想統合現實」之哲學。本文論述的起點，將從「人」是文明之「創造者」的觀點出發。

---

[159] 《陸九淵集》卷一，〈書〉，頁8。
[160] 《陸九淵集》卷一，〈書〉，頁9。

從人創造了「工具」並運用工具建構了文明的事實，經由「哲學人類學的視野」，進一步提出儒學之「文明具有可操作性」原則[161]；同時並以此觀點，作為後續評析「心學無用說」與「心學為禪學」之論述基礎。

所謂「哲學人類學的視野」，簡單言即是透過了「人」、「工具」與「文明」三者關係的「重新歸位」方式——經由「人」創造了「工具」並從工具建構了「文明」的事實，對我們所處的文明「保有一種觀看的距離」；以審視「文明進展的方向」是否符合人性的需求，並提升了人類的文化。如以象山哲學為例，則必須思考其學問在當時對南宋時局是否有真實的助益，以及審視象山對孟學轉化的成功經驗，能否做為當代儒學成功詮釋宋明理學的新契機。

首先，我們先分析象山所言：「萬物森然於方寸之間，滿心而發，充塞宇宙，無非此理」[162]的命題；其充塞宇宙之理，具體而言究竟為何物？**此理既在「吾心」又在「宇宙」的哲學意義為何？又此一命題與今日吾人之生活世界有何關連性？為回答此一問題，我們必須從有關人類文明創生之「歷史事實」進行觀察**。以「人是文明之創造者」的觀點而言，「吾心」即指向「人的創造力」；而「宇宙」則有兩層可能的意義：第一層「宇宙」既代表「人的發生性根源」，第二層的意義代表包含「人」與「人以外」的事物。而「人以外之物」除了自然物，最具代表性者即「人的創造物」——即宇宙中之「地上物」與「形成地上物之理論」——即當時的各種「理論」(包含所有的哲學與人文思想)。第一層之意義在本章前二節有

161 黃信二：〈原初儒者「觀看文明」之態度〉，《哲學表達及其基礎——中國哲學研究之新思維》(第三章第三節)，台北：理得出版社，2005，頁139-141。
162 《陸九淵集》卷三十四，〈語錄上〉，頁423。

關本心與日新觀念中已經詳述，本節的分析將側重於第二部分，著重「吾心」與「人的創造物」兩者關係的分析，以進一步說明象山統合理論與實踐的方式。

所謂「文明」即人根據各種「思想」在宇宙中所建立的「地上物」，具體來說，即人類透過各種工具，特別是文字與理論工具所建構之物。此一觀點的特性是使思考盡可能外在於文明的，這種思考模型正是中國哲學的特色之一。此一**特色即在於其理論「思考位置」常是「試圖」外在於文明，同時又能包含該文明**。外在**於文明，並非真能外在、脫離世界，與世界無關；而是要求立足於文明邊緣，突顯人是文明之「創造者」的觀點**。本文認為象山所言「宇宙不曾限隔人，人自限隔宇宙」[163]，以及明道所言「天人本無二，不必言合」[164]都具有上述之特性。**其理論之設定中即存在著立足於宇宙邊緣觀看宇宙與自我，既不使宇宙與自身間產生阻隔，亦不使自身與宇宙相分離；即是透過此種思維方法論的設計，使其理論之「思考位置」常是「試圖」外在於文明，同時又能包含該文明。**

象山言「宇宙不曾限隔人」的「理論位置」似乎是在「宇宙」外才能成立的，但其事實卻是「人根本不能外在宇宙」；但人卻試圖「在想像中」脫離宇宙，進而指出「宇宙不曾限隔人」。又「天」與「人」在工夫論中，實際上相當不易達成天人合一的目標；但卻要求人的想像力外在於「天人二分」，而以辯證性的「本無二分」棒喝式地使人反觀「天」與「人」合一的可能性。

因此整體來看，我們可以說儒學對於文明的進展，總是能在一種「遠觀」的模式中，保有一種距離感；因此亦較可能保有存在上

163 《陸九淵集》卷三十四，〈語錄上〉，頁 401。
164 程顥：《二程語錄》十一，《二程遺書》〈卷六〉

的「操作性地位」，並依此操作性地位而反省文明的進展，進而提出其移風易俗的可能性。所謂之「文明具有可操作性」的意思，即視「文明」為人所創造與延伸之物（保有第一想像的能力）。人既可創造之，即可操作之，進一步應用與再生之。這種類型的反思既立足於文明邊緣，又介於文明之創造者與應用者之間，瞻前顧後，視整體文明具有可操作性，並以此「可操作性」重新喚起改革文明之憧憬，同時提出其移風易俗的可能性。此一觀點，筆者曾經透過下列兩項原理進行說明[165]：

第一：以「天德的無限世界」涵育「有限天地」之基礎原理

此原理指出儒學天道論所依據的「天德之無限世界」，具備一孕育文明（有限天地）的存在事實。例如象山云：「物則所在，非達天德，未易輕言也。」[166]原初儒者即依據此一存在性原理，以天德之形上世界保障其面對文明之精神士氣。一如孔子之周遊列國、有教無類捨我其誰的勇氣，以及孟子說大人則藐之的勇往直前與知言養氣；兩人之所以能以理想一貫其艱困，即是因為原初儒者對文明的進展本身，本質上即採取一種以大御小，以「無限世界」涵育「有限天地」的原理。立基於此，再進一步發展出本文所謂「文明具可操作性」之價值與人生觀；此一原初儒者所提出「無限世界」的觀點，亦為宋明理學中「萬物一體」的精神所持續發揮。

---

[165] 黃信二：《哲學表達及其基礎——中國哲學研究之新思維》，台北：理得出版社，2005，頁 141。以下之說明，亦可視為象山哲學之「現代價值」，強調從象山文本的啟發中，省思現代文明的問題。

[166] 《陸九淵集》卷一，〈書〉，頁 9。

象山在提出：「物則所在，非達天德，未易輕言也」[167]的觀念之後，隨即指出「知之未至，聖賢地位未易輕言也」；換言之，能否達成「天德」成為一種判準，亦是象山評價歷史人物是否能入「聖賢地位」的關鍵。[168]再者，此「天德的無限世界」觀點的理解，雖然需要透過個體工夫境界的體驗，但它並非因理論需要提出之「假設」；因為，如果他只是一種假設，那麼它僅是文字理論，並無存在性的事實基礎，如此的哲學不可能在象山講學生涯中，發揮出使「鄉曲長老亦俯首聽誨，每詣城邑，環坐率二三百人，至不能容」的果效；而只能是在文字歷史中成為某種「理論」或「道理」。

上述的思考令我們反省「文字道理」與「存在事實」兩者之差異，前者可以形成一種知性的理論；後者也可能形成一種理論，但它卻更可以引導生命走向追求智慧之路。兩者具體之差異即在於其「表達」是否真具「基礎」；所謂真具「基礎」即是此「表達」具有一種存在性的保障。存在性的保障源自於考量「自然」孕育了人類，人類文明源自於因對自然之有感而興起「表達的意願」與「追求『表達符號』的發明」；此乃文字工具被創造的理由，亦是文字理論發生的「前提」狀態。這些前提之中最重要者即是「有感而發」，使其所興之「表達」能具有「真實動機」，如此方能真正「言之有物」，此即是「表達」具有一種存在性的保障。

---

167 「物則所在，非達天德，未易輕言也……宰我、子貢、有若，智足以知聖人。三子之智，蓋其英爽足以有所精別，……若責之以大智，望之以真知聖人，非其任也。顏子「請事斯語」之後，真知聖人矣……知之未至，聖賢地位，未易輕言也。」《陸九淵集》卷一，〈書〉，頁9。

168 朱子觀點與象山同，朱子說：「此見聖人之心，純亦不已也。純亦不已，乃天德也。」朱熹：《四書集注》，〈論語〉卷五，台北：台灣中華書局，1975，頁5。

因此，人在其表達之起點是否能保有人對自然的感受力，保有「人與自然的直接關係」即是相當重要的。同時，我們認為對「人與自然」或「人與天道」的關連性，其解釋上雖說困難重重，但其中的內容必須「實有其物」。而非僅是一種「知識」上的普遍要求，或因理論需求而形成之物；否則，象山亦不必視「天德」為評論儒者成聖與否之關鍵，儒家源自《尚書》、《周易》與《中庸》的「天德」精神[169]，亦將受到忽視。

第二：以「個體道德理想」操作「形式文明之現實」的方法意識

「遵循個體道德之理想」為原初儒者於洞察「人與自然的直接關係」後，提出以「天德之理想」為「反求諸已」的基礎，以呈現出自身對此一道德理想的堅持與信念。此一信念的形成過程即是一種「方法意識」，**此一方法之目標並非止於「理解」（知識論領域），而是企圖使人「止於至善」**。換言之，**本文探討象山「吾心」與「宇宙」的立場，是肯定中原文明肇生之際的早期儒者**，深知「吾生也有涯，而知也無涯」[170]的事實後，**選擇性的採取了其與道家不同之哲學方向**。假設儒者與莊子皆體認到「吾生也有涯」此一事實，然而，其解決之方式大不相同。莊子要求「保身」與「全生」；儒者卻要求「志士仁人，無求生以害仁，有殺身以成仁。」《論語・衛靈公》

---

169 《尚書》、《周易》與《中庸》對「天德」觀念曾經多所強調，例如：「惟克天德，自作元命，配享在下。」《尚書・呂刑》。「用九，天德不可為首也」《周易・乾・彖傳》；「飛龍在天，乃位乎天德」《周易・乾・文言》；「肫肫其仁！淵淵其淵！浩浩其天！苟不固聰明聖知達天德者，其孰能知之？」《中庸》，皆明確地道出對「天德」觀念的重視。

170 吾生也有涯，而知也無涯。以有涯隨無涯，殆已……緣督以為經，可以保身，可以全生，可以養親，可以盡年。」《莊子・養生主》

此中**孔子所言以「生命」或「工夫」的「實踐」與「犧牲」為儒家之精神，早已使得中國哲學之方向從西方哲學追求「概念」清晰之要求，選擇性地轉向**；即要求從「知識」轉向「實踐知識」，並以自身生命能夠「成長」，以「成聖」的生命觀，標舉其「追求內聖之路」。

從先秦儒者至宋明理學，重視心性之學者，即以此信念統御外在形式之文明；藉由「知行合一」與「在事上磨練」的內在「存在性」的修養工夫，統貫理想與現實兩者，憑藉之來完成儒家以「個體之道德理想」操作「形式性文明」的任務。在此一人是文明之「創造者」，以及在「文明具有可操作性」的觀點下，我們可以發覺「象山心學精神」亦呼應了上述理想；以理想指導現實，再以理想統合現實，而非僅流於空談或成為「禪學」之繼承者。

三、象山哲學非「禪學」——評「心學無用論」之誤

前述有關象山之「理」既在「吾心」又在「宇宙」的其現代意義，本文認為此即是「個體」如何面對「外在世界」，或哲學家如何提出其面對「個體」與「群體」關係之哲學課題；以象山哲學而言，其哲學如何面對「現實世界」，其哲學如何處理「自身所處文明」的態度，又涉及其學說是否「實用」，為何又被評為禪學的問題。

象山心學為禪與否之說，從宋代至明代愈演愈烈，黃宗羲在《宋元學案·象山學案》中，即指出當時「宗朱者詆陸為狂禪，宗陸者以朱為俗學，兩家之學各成門戶，幾如冰炭矣。」《陸九淵集》亦有「天下皆說先生是禪學，獨某見得先生是聖學」[171]的分別。根據上述象山心學精神「以理想指導現實」，再「以理想統合現實」之

[171] 《陸九淵集》卷三十四，〈語錄上〉，頁 425。

觀點，本文反對心學無用論[172]，並認為以心學為「不務實」之學是一種理論的誤解；本文在此透過「象山哲學非禪學」與「心學中之實學意識」兩觀點進行說明。

（一）象山哲學非禪學

象山哲學與禪學有其形似，然而在根本方面是有區別的，例如學者蘇潔指出：

> 心學直指本心，明心見性的思想曾不自覺受禪宗影響是一個明顯的事實。但因此就攻擊之為『陽儒陰釋』卻也是一種誤解。因為無論在終極關懷還是價值取向上，心學作為儒家的一個學派與禪宗始終有根本差別，兩者更多的是在於形式上的類同，這表現在心性論、境界論和修養論各方面。[173]

即在形式上，象山哲學與禪學有所類似，例如，馬祖的「道不用修」與「平常心是道」，兩者與象山的「易簡工夫」即有內在相似處[174]；但在終極關懷方面彼此顯然有所差異，以下將我們進一步指出兩者之不同。[175]

---

[172] 心學無用論之說起自晚明，晚明以來許多心性之學的儒者，經常遭受輕修養功夫、崇尚玄虛、不務實學等等之批判，例如以顧憲成、高攀龍為首的東林學派，即批判心學，詆誣陸王，對空談心性而不務實學之風大加撻伐。本文認為王學末流，或者二流之心學學者很可能具有某些缺失，值得檢討；但本文同時質疑批判陸王之學者，本身是否徹底明白陸象山哲學之「原初精神」，以及其儒家心性之學「何以可能」的立學基礎。

[173] 參見蘇潔：〈象山心學與禪學關係新探〉，《重慶師院學報》（哲學社會科學版），第 3 期，2003.3，頁 79。

[174] 參見陳明聖：〈陸象山之「心學」與馬祖道一的「禪學」〉《文學前瞻》，2003.07.，頁 66-67。

[175] 對陸王一系學說的非議除了指其為「禪學」外，另一組常見之評論即是其是以陸王之學為「反智識主義」，例如余英時在其《歷史與思想》〈從宋明儒學的發展論清代思想史〉一文即持此一看法。參見余英時：《歷史與思

本文由下列三項觀點區分象山與禪：

1. 象山與禪宗對「人」的定位不同，然而兩者皆強調「心」觀念

象山認為：「儒者以『人』生天地之間，靈於萬物，貴於萬物，與天地並而為三極」[176]；象山以「人」為與天、地並列之實體，其位階高於萬物，且其智慧靈於萬物。禪宗則以「五蘊幻身，幻何究竟」[177]，以「幻身」定位人之本質，並以「幻何究竟」主觀地「虛擬」了外在客觀環境。雙方對「人」之定位雖然不同，然而皆重視以「心」之觀念定位其「人」的意義。象山與禪宗皆以「心」為宇宙本體，以強調「本心」觀念的方式定位其「人」概念之內涵。象山認為「宇宙便是吾心，吾心即是宇宙」[178]，以及「仁義者，人之本心也」[179]。六祖慧能對心則說：「心量廣大，猶如虛空……世界虛空能含日月星辰、大地山河」[180]。即象山哲學重以「仁義」價值說「心」論人，禪學則重視清空「心」概念之內容，以心之「虛空出離」為其「心量廣大」之條件。然而，兩者無疑地皆著重以「心」觀念統攝其內外二重世界，以「心」概念之不同內容各自定位其理論中有關人與外在，個體與群體，以及人與宇宙的關係。

想》，台北：聯經出版事業公司，1976，頁 87-119。反對以陸王之學為「反智識主義」的探討，可參考路新生之文〈對王學學風的再認識〉，該文有詳盡的分析。路新生：〈對王學學風的再認識〉《孔孟學報》，第 65 期，1993.3，頁 157-177。

176 《陸九淵集》卷二，〈書〉，頁 17。

177 《六祖壇經・頓漸品第八》

178 《陸九淵集》卷二十二，〈雜著〉，頁 273。

179 《陸九淵集》卷一，〈書〉，頁 9。

180 《六祖壇經・般若品第二》。

2.兩者定義「心」之功能不同

由於象山與禪宗對「人」之定位不同，故兩者定位「心」之功能亦有不同。象山之「本心」為人倫價值之源，他說：「仁即此心也，此理也。求則得之，得此理也」[181]，他不同於禪宗將心看作宇宙虛幻之物。禪宗反對以善惡、對錯價值論人性，認為「若真修道人，不見世間過」[182]；即對心不作價值判斷，只觀照成佛之自性清淨心，避免「於諸境上」，心有所染[183]。換言之，從本心推及個體之外在，象山「本心」可開創出完滿之倫理社會的原則，而禪宗之心則以空山無人，水流花開之詩意自持，其心意雖能淩駕群體，但卻因其心之「不染」的特性，故未能滿足社會道德運行之需要。

3.學說理論之目標不同

儒者目標在修養成聖，禪宗目標在見性成佛；但兩學說皆認為人生意義在於追求本心、識自本心，減少外在干擾。象山認為：「內無所累，外無所累，自然自在；才有一些子意，便沉重了」[184]。慧能則以為人當「內外不住，去來自由，能除執心，通達無礙」[185]。兩說皆著重於保存人心之自由度，避免人為文字觀點限定與異化，這是兩者在形式上的相同，亦是其理論的優點，唯在追求自由之目標上兩者仍舊有別。

象山之「心」的自由指向了「聖人之心」，強調「心只是一個心，某之心，吾友之心，上而千百載聖賢之心，下而千百載複有一

---

[181] 《陸九淵集》卷一，〈書〉，頁 5。
[182] 《六祖壇經》，同上，頁 147。
[183] 「於諸境上，心『不染』，曰『無念』。於自念上，常『離』諸境，不於境上生心」《六祖壇經‧定慧品第四》。
[184] 《陸九淵集》卷三十五，〈語錄下〉，頁 468。
[185] 《六祖壇經‧般若品第品二》」

聖賢，其心亦只如此；心之體甚大，若能盡我之心，便與天同，為學只是理會此」[186]。象山在強調「心」與「天同」之廣大自由後，其心仍指向「聖賢」處。相對的，禪宗之心一如《傳心法要》中云：「一切**諸法唯是一心**，然後乃為佛乘也；凡夫皆逐境生心，心隨欣厭，**若欲無境，當忘其心**；心忘即境空，境空即心滅。若不忘心而但除境，境不可除，祇益紛擾；故萬法一心，心亦不可得，復何求哉！」[187]本段引文一方面以「諸法唯是一心」，表示諸心內涵之絕對自由，令其心觀念產生無限的涵攝力；另一方面，則強調對修行者言，應立「當忘其心」之目標。「當忘其心」的理論意義在以於此價值否定文字性歷史中之各種「心」概念，試圖在文字「心」的辯證中破除我執相；即禪宗否定「逐境生心，心隨欣厭」之心；進而強調，從「心忘即境空，境空即心滅」的思辨程序中，體會出不斷地否定文字「心」之辯證內涵在方法論上對解脫者之重要意義。

上述三點差異說明了象山哲學與禪學的不同，以下我們將指出「心學中之實學意識」，進一步對比兩者之別。[188]

（二）心學中之實學意識——評「心學無用論」之誤

1.「實學意識」之內涵

實學意識非「實用主義」（Pragmatism）[189]或實用論（pragmatic theory）——實用主義的主張。一般所言之「實學」概念在中國哲

[186] 《陸九淵集》卷三十五，〈語錄下〉，頁 444。

[187] 《大正藏》48 冊，381 頁中、下。

[188] 本文雖指出象山心學與禪學之不同，但並未設定「儒是佛非」的終極立場，而是欲就各組「觀念」的目標，分析其「基礎」理論之內涵是否足以處理宇宙與人生。本書贊同胡哲敷先生所言：「象山之重要主張，就是只論是非，不論同異」，也無懼於有袒護佛老之嫌疑。（例如《陸九淵集》〈與薛象先書〉）參見胡哲敷著：《陸王哲學辨微》，上海：中華書局，1930，頁 47。

學中主要是和「玄虛」之學相對的範疇，在理論上以「實體」為基礎，反對「以無為本」與「以心性為空」，重「實踐」精神。清代乾嘉時期出現的與「宋學」相對立的「考據學」即是實學的代表。在當代由於五四精神重視「科學」之影響，故此一範疇在當代中國哲學中亦有許多討論[190]，皆以強調其學之「實體達用」意義為主軸，其代表即是「經世之學」或「實測之學」（即自然科學）。

本文「實學意識」之內涵所指，價值上同樣反對「以心性為空」，強調重「實踐」之精神；並以「於己有利」與「切己之學」定位其範疇，以「內聖成德」為目標。然而，「實學意識」與一般所言之「實學理論」或「經世之學」不同者，在於本文之「實學意識」仍有形上世界之基礎理論的保障，並未如強調「實學理論」或「經世致用」之學者完全拋棄形上學，甚至於否定「哲學」學科之存在的必要。本書之立場是形上學的「說明體系」可依時代而改變其「表達形式」，但我們不可能取消形上學所指涉者，因為其根本目標仍在說明知識論與本體論的關連性；即透過理性中最精微的方式，論述人的生命與外在的各種關係。簡言之，除非人可以捨棄「人與自然的直接關係」的存在事實，否則我們並無法消除形上學之理論所指涉的「事實性之存在背景與狀態」。

2.「實學意識」之理論目標

本文「實學意識」所指涉者，如上所言同於「於己有利」或「對己有益」的價值，進而根據此二價值意識，發展出「有用」與「實

[189] 「實用主義」是 19 世紀 70 年代至 20 世紀在美國的主流思潮，強調實際經驗，以真理即是思想的「有成效」的活動，並從「是否有效」來評價信仰、觀念與理論的真實性。

[190] 例如大陸「中國實學研究會」及台灣東吳大學哲學系，即於澳門主辦過「中國實學研討會」會議，2003 年 8 月 24-27 日。

用」之工具（以內聖成德為目標），並依此而達成各種包含「創造人類文明」在內之實際目標（即以外王事功為目標）。[191]本文同意許多違反「對己有益」的狀況，例如前文所言「殺身以成仁」的情形，確實是違反「於己有利」與「實學」的原則，然而此價值意識卻為心性學者所推崇。事實上，此正是本文以「實學意識」區別「實學」的用意，即「實用意識」並未發展為一種「學」或某種「理論」，強調「實功」與「社會功能」（例如五四運動）。反之，心性哲學中之「實學意識」，於其發揮「志士仁人，無求生以害仁，有殺身以成仁」《論語・衛靈公》觀念時，其行為的內在動力正是對自我生命的擴大與提升——此亦為其所以「實」之處。

這是一個理解的關鍵，即其「於己有利」的方向不一定與外在產生關連性，即不一定與社會有關；而是採取了因為「人創造了文明」，所以人對「社會與文明」具有一種「可操作性」的態度，用以觀看自我之生命現象。所以在必要時，他可以採取「殺生以成仁」的方式完成自我目標，以發揮其生命的「無用之大用」；即以犧牲、傷害自我（無用之用）的方式有益於「人類文明之創造」（大用）。這正是本文指出的「實學意識」與一般所言之「實學理論」之重要差異；換言之，其中人是否能採取一種「人創造了文明」的宏觀視野，並保有「志士仁人」的犧牲精神與對人類關懷之情，即是心性哲學之「實學意識」與二十一世紀初期大陸重視的「實學理論」的重要差距。

簡言之，本文提出「實學意識」的理論目標，一方面是藉用「實學」觀念以突顯「心學無用論之誤」；另一方面，亦在於說明象山之學確有其與禪學相似處，然而其中之「實學意識」卻是禪

---

[191] 蔡仁厚：〈朱陸異同與象山實學〉，《東海哲學研究集刊》，第 8 期，2001.06.，頁 99。

學所無。例如他說：「吾平生學問無他，只是一實」[192]，以及「若理會得自家實處，他日自明」[193]等觀點，皆明確地道出其心學中之實學意識。再者，如果說實學意識之「實」，其第一標準即是「對己有利」者，以象山語言而言，即是「切己」之學。對此一觀點象山非常強調。例如他說讀《孟子》，以及《論語》《中庸》《大學》時，必須找到其中之「**切己**分明易曉處」[194]，又認為「讀之者苟**不切己觀省，亦恐未能有益也**」[195]，惟恐後學因未切己觀省而未能獲益。同時，當學生詢問「先生之學當自何處入」時，象山立刻回答：「不過**切己**自反」[196]，又說：「學固不可以不思，然思之為道，貴**切近**而優游；切近則**不失己**，優游則**不滯物**」[197]，即皆明確地指出其學問之特色在於「切己」之價值。象山要求為學之「有益」人心，並批評「今之學者只用心於枝葉，不求實處」[198]等觀點，皆顯示出其心學中之實學意識，同時亦顯示「心學無用論之評」自有其缺失。

3.「日新」與「本心」觀念之大用

象山之「本心」哲學代表的就是一種高度之哲學理想，其中所標舉之「日新」觀念，不但推動著其哲學服務社會[199]，並以「大業」

---

192 《陸九淵集》卷三十四，〈語錄上〉，頁 399。
193 《陸九淵集》卷三十五，〈語錄下〉，頁 444。
194 《陸九淵集》卷四，〈書〉，頁 57。
195 《陸九淵集》卷二十三，〈講義〉，頁 275。
196 《陸九淵集》卷三十四，〈語錄上〉，頁 502。
197 《陸九淵集》卷三，〈書〉，頁 34。
198 《陸九淵集》卷三十五，〈語錄下〉，頁 444。
199 例如周世泉的研究即認為「象山之學」可以在道德、教育、心能、獨創性與環境保護等五方面發展出其與社會相關的當代價值。參見周世泉：〈試論象山心學的當代價值〉《閩江學院學報》，第 25 卷，第 3 期，2004.06.，頁 16。

與「盛德」理想處理其「個體」與「群體」之關係，既要求個體「為學」，又強調個體面對群體之「進德」[200]。本文認為貫穿其中之精神，無疑地即是《易傳》「富有之謂大業，日新之謂盛德，生生之謂易」的哲學。象山即以此「本心即理」之命題，既完成其理論體用兼具的目標，同時亦保持其理論體用一源之特色。

言其理論體用兼具，即一如象山論「本心」時亦論「親師友之心」，從個體之心擴及他者；又如他雖言「尊德樂道」，卻更以「務實之士」為理想，避免其心學陷入禪宗之「私意私說」的境地。[201]禪宗之「心」以「覺」觀念為入手處，透過「覺」的工夫直了本源；透過提出無住、無相、無念之實踐，要人人萬緣放下，自識本心，見自本性，以使被文字觀念限制之心，能無縛無繫而常自在。禪宗這種精緻的辯證無疑地吸引了宋明學者，其中的方法意識更為宋明理學所借鏡。然而，中國哲學中「天人本無二」的視野，在「天人」合一的整體看顧下，終究顧慮其生活世界中之他者，終究注意「民吾同胞，物吾與也」[202]觀念中之「個體」與「群體」關係；更注意詢問「個人」應該採取何種態度面對「群體」，面對其所遭遇之一切現實物；最終寄望能以理想指導現實，進而以理想統合現實。換言之，象山心學絕非靜止於虛空曠蕩，而是從其宇宙便是吾心的世界中，以人創造了文明的事實為雄心，欲發揚中國哲學中君子務本與生生精神，而立其「本心即理」與「日新日盛」之哲學。

---

[200] 「向來與諸公講切處，正是為學之門，進德之地」。《陸九淵集》卷四，〈書〉，頁 53。

[201] 「古人學如不及，尊德樂道、親師友之心不啻饑渴，豈虛也哉？是必務實之士、真知不足者然後能如此。……人不自知其為私意私說，而反至疑於知學之士者，亦其勢然也」。《陸九淵集》卷一，〈書〉，頁 11。

[202] 張載：《西銘》。

言其理論體用一源，是強調其「務本」與重視「發明本心」的目標。例如象山所言：「根本苟立，保養不替，自然日新」[203]，即是從「立根本」目標出發，強調其「自然日新」的精神。「本心」哲學若未透過「日新」觀念的解釋，其處於形上理論的位階將難以發明與彰顯，將使後人易於誤解，視心學為空言。然而，一旦人能有「切己」與「發明本心」的觀念，則一旦將「切己」之志往外擴展至極大化，則前文強調人是否能採取一種「人創造了文明」的宏觀視野即成為理論目標；同時，其中所保有的「志士仁人」等對人類關懷之情，即在重視「本心」與「體用一源」的特性下，同時完成了「個體」與「群體」之目標，此即是心性哲學中之「實學意識」的再次證明。

因此，「日新」與「本心」觀念之相隨亦可為做為明辨「心學」非「禪」之座標。例如象山「道」之觀念時，他說：「**此道，非爭競務進者能知；惟靜退者可入**。又云，學者不可用心太緊，今之學者大抵多是好事，**未必有切己之志。**」[204]其中「此道，非爭競務進能知」，以及「惟靜退者可入」兩語，以其在形式上重視「靜退」而言似乎同於「禪」。然而，其中「切己之志」即代表人之「日新」態度與「生生」精神。本章提出以「日新」觀念詮釋象山「本心」哲學的目標之一，亦在辨明象山與禪學之不同，因為象山所言「**苟不懈怠廢放，固當『日新其德』**，日遂和平之樂，無復艱屯之意」[205]的觀念確實在人遭遇困境之際為人指出新方向，亦為後人詢問「吾心」如何能為「宇宙」提供了更多理解之可能。[206]

---

[203] 「為學不當無日新，《易》贊乾坤之簡易……根本苟立，保養不替，自然日新。」《陸九淵集》卷五，〈書〉，頁64。

[204] 《陸九淵集》卷三十四，〈語錄上〉，頁399。

[205] 《陸九淵集》卷五，〈書〉，頁65。

[206] 請參考本章第一節：「本心觀念之應用」。

本節結語：本節歸納出了為何以「日新」與「本心」兩觀念彰顯心學精神的理由，並透過象山哲學如何提供儒家「道德實踐的抉擇判準」、分析「成規之例外」的解決之道，以及「心學理論的應用」等研究構面形成一探討心學的方法論。方法即代表一種理解結構，方法所提供之結構不但代表一種理解方式，更代表一種人與人之間的溝通橋樑。這種結構或溝通橋樑——例如本文強調之「象山之背景哲學」，即代表吾人所提供之溝通平台；因為如果欠缺溝通平台，則雙方將無法從理論誕生的背景中，共同思考理論之孕育過程。換言之，一旦我們無法理解理論的發生背景，我們就無法以背景控馭文本，透過背景與結構處理文本的詮釋方向。如此，哲學分析的方向可能將流於形式與概念之比較，而忽略此一工作之終極目標在於還原哲學家原創之精神。

此一「還原哲學家當初創造理論動機」的詮釋方向，雖不同於傳統中國哲學的工作，唯此一理論目標實近於當代哲學尋求「表達基礎」的風潮；例如胡塞爾對「意向性」的探討，海德格對「存有」的重新界定等都是對表達形式的「存在背景」再次重探的風潮。亦由於象山文本的過於簡易，因此其詮釋工作亦特別需要「闡明其易簡之表達」所立足之「存在性基礎」。象山自身亦認為其「本心」與「日新」哲學理解不易，例如他說人一旦「昏氣惡習，乘懈而熾」則必「喪其本心」[207]，又說「是以乍昏乍明，未必能日新也」[208]；即人只要智慮短淺，精神昏昧即失去對此兩重要的觀念之理解。反之，他要求的是在根源上去發明本心，以及追求日新精神，故而他強調「本心若未發明，終然無益」[209]。

---

207 象山說：「繼續之不善，防閑之不嚴，昏氣惡習，乘懈而熾，喪其本心。」《陸九淵集》卷四，〈書〉，頁 51。
208 《陸九淵集》卷六，〈書〉，頁 89。
209 《陸九淵集》卷四，〈書〉，頁 57。

本文認為「本心」觀念在象山理論中，代表中國哲學追求根本與追求其「哲學成立之基礎」的精神。即西方哲學以追求「第一因」、「存在」或「實體」等基礎觀念為探討之目標；象山哲學則以「發明本心」、「純誠專一」、「實學」與「日新」申明其理論動機，此一動機與西方哲學雖有不同的表象，然而兩者皆使其哲學工作者心神凝聚，數千年來因此而能各自專注於其哲學世界並為其區域文明點燃哲學智慧之光。

本章結論

總結前述觀點，基本上本章處理了象山如何依據《易傳》觀念，透過「日新」觀念詮釋「本心」哲學的問題；亦處理了為何象山的「本心」觀念必須置於「道之本體」層次論述，即必須置於哲學之「發生」的位置中論述，而非從哲學之「應用」的層面中詮釋的問題。本文認為此兩方向即是理解象山哲學的關鍵，亦是本文設定以「象山之背景哲學」為探討對象之理由。本章提出「象山之背景哲學」的目標所代表者不僅是象山對儒家哲學的發揮；同時，在論述過程中亦希能透過「哲學人類學」視野，一方面檢視象山哲學於宋代哲學發展中的意義，另一方面則檢討儒學對中原文明發展的價值。此外，此分析歷程亦代表對本書提出的方法論——「背景哲學」之運用與檢證。同時，本書反覆探討此觀念之目的，亦有對拙著《哲學表達及其基礎》一書中有關「背景哲學」的理論，再次運用於不同領域的想法；希望能重新檢視運用此理論詮釋中國哲學之適切性，同時亦希望能彰顯其於詮釋方法中的重要性。[210]基本上，此一

[210] 黃信二：《哲學表達及其基礎——中國哲學研究之新思維》，台北：理得出版社，2005。

探討過程亦是對中國哲學「如何處理」形上與形下、知識與工夫、理想與現實等等多重座標之間，彼此的承轉與銜接之理論進行了實例的檢討。

最後，一如象山定位其「理」的型態是無窮的[211]，我們亦期待更多的詮釋路徑出現，以使哲學文本能分別於不同的時期，透過新方法的提出以豐富其時代性。即我們認為象山「《六經》皆我註腳」絕非輕言與浮詞，其中必有哲學家之苦心孤詣與理論基礎之設計於其中；我們所能做者即是從其理論背景進行觀察，同時嘗試提出一套新的方法以揭示其中之理論價值與哲學精神。

---

[211] 他說：「自古聖賢發明此理，不必盡同」。《陸九淵集》卷三十四，〈語錄上〉，頁 398。

第三章　象山哲學之方法

前言

本文對象山之哲學方法的處理主要是區分為「心學方法」與「為學方法」兩部分進行分析。因為，前者「心學方法」本為哲學工作的方法論問題；後者「為學方法」則為孔子以後的儒家所重視[1]，至宋代的朱陸之爭本質上亦是為學方法之爭。以下即從此兩思考面向對象山之哲學方法進行分析。本章探討議題如次：

第一節　象山之心學方法

第二節　象山之為學方法

本章各節綱要：

第一節　象山之心學方法

壹、「心」觀念的方法論意義：創造性機制

一、對一般觀念的研究與反省

二、創造性機制：一種「方法意識」下「心」觀念之重新詮釋

[1] 孔子常自許為好學者，他說：「十室之邑，必有忠信如丘者焉，不如丘之好學也。」《論語・公冶長》

（一）「心」的二層理解
（二）創造性機制：一種「方法意識」下「心」觀念的重新詮釋
1.「創造性機制」之定義
2.「創造性的機制」之形式特徵：「極限式表達」
貳、「創造性機制」觀念之應用
一、象山哲學對「人」之定位
二、象山哲學對「歷史」之定位
三、象山哲學對「宇宙」之定位
參、「創造性機制」觀念於儒家心學中的意義
第二節：象山之為學方法
壹、「明理」：象山學習理論之基礎
一、對文本保有批判與懷疑之精神：「為善解書」與「心通意解」
二、從「為善解書」至處「優游涵泳之境」：從理性至理性範圍之外——論「哲學機制」的觀念
三、從空間至時間，從工具至生命：使「有限」能向「無限之生命自體」溯源的「哲學機制」觀念
貳、明「一以貫之」之理
一、博覽原則：「廣覽而詳究之」
二、「一以貫之」原則
三、追求「真一」與「明理」原則
四、避免「內無益於身，外無益於人」的讀書目標
參、明「學志」合一之理：「意願」與「能力」之辯證

一、「立志」是「意願」問題而非「能力」問題

二、在「意願」之外：「從容不迫」與「不失己、不滯物」原則

三、注意「意願」外的阻礙：社會氣氛對人向學意願之潛在影響

四、「意願」的助力：「明大端、立大志」與「享心寬體胖之樂」

肆、對為學方法之檢討

一、「為學」為何無法收立竿見影之效：「立志」與「下工夫」

二、為何「為己之學」與「為人之學」的衝突仍無法解決

三、從象山為學方法反思中西哲學表達類型之差異

（一）象山為學方法遵循孔學傳統

（二）中國哲學雖從「為己之學」朝向「為人之學」發展，但仍無法完成一系統性理論之建構，滿足當代哲學的要求

第一節　象山心學之方法[2]

方法本身即是結構，透過方法與結構之理解，將使我們能更清楚地掌握象山哲學之精神。本文在第一部分，釐清了「心」觀念的

2　本節內容曾發表於《鵝湖月刊》，請參見黃信二：〈論陸象山心學之方法〉，《鵝湖月刊》，第 32 卷，第 4 期，2006.10，頁 55-63。

二種層次——「文字概念之心」與「象山之本心」；同時提出了「創造性機制」觀念作為一種「方法意識」，重新詮釋「心」在象山文本中的意義，並以之為理解心學的關鍵。在第二部分，則分析了象山哲學對「人」、「歷史」與「宇宙」之定位，進一步檢視本文以「創造性機制」詮釋「心」觀念，在象山整體理論體系中之適切性；最後，則說明「創造性機制」觀念於儒家心學中的意義。以下區分為三部分論述相關之問題：

壹、「心」觀念的方法論意義：創造性機制
貳、「創造性機制」觀念之應用
參、「創造性機制」觀念於儒家心學中的意義

正文：

壹、「心」觀念的方法論意義：創造性機制

一、對一般觀念的研究與反省

一般的研究認為象山的「心」具備有先天性、合一性與普遍性[3]，面對此類研究觀點，我們可以肯定象山之心具備此類特性，

---

[3] 參見徐紀芳：《陸象山弟子研究》，台北：文津出版社，1990，頁4。其觀點統合了（1）方炳森《陸象山教育思想》、（2）陳德仁《象山心學之比較》與（3）崔大華《南宋陸學》之研究。有關象山的「心」具備有「先

然而，我們必須進一步詢問，此一據有「先天、合一、普遍」等特性之心到底為何？它如何能使「宇宙便是吾心，吾心即是宇宙」[4]的命題成為可能？因為，如果我們不如此深究，則我們很容易因「超越」、「合一」等等文字概念上的合一，就真誤以為我們在存在上亦完成合一了；如此以文字概念代替存在真實的做法，不但不能真正地突顯儒家的精神，其中觀念的簡化與跳躍，將使儒學的價值受到掩蓋，更將使當代習慣科學方法的讀者，視儒學研究為一門不夠嚴謹的學科。

傳統中國哲學的研究在其「各自所屬時代」中本來是適切的，然而，二十世紀以來文字解構與氾濫之趨勢，迫使儒學研究者必須重新思考其詮釋方式，特別是類似「心即理」、「吾心即宇宙」等等觀念，其中過於簡要之表達，伴隨許多邏輯間之跳躍，令吾人不禁必須質疑「心」觀念究竟指涉何物？而且，如果我們找到一個可以對應全體理論之「心」觀念的內容，那麼此一觀念在整體心學理論之中，又扮演何種功能，具有何種之方法性意義？

二、創造性機制：一種「方法意識」下對「心」觀念之重新詮釋

我們首先區分「心」觀念為兩個層次以釐清一些問題，然後將分析「心」觀念之內容，進而說明「創造性機制」於本文中之意義。

天性、合一性與普遍性」的問題，本書在第三章論「本心」與「心」兩概念之區別單元對此有進一步說明。

4 《陸九淵集》卷三十六，〈年譜〉，頁483。

（一）「心」的二層理解

由於象山在〈語錄〉中曾說：「惡能害心，善亦能害心」，接著又說：「心不可汩一事，只自立心。人心本來無事，胡亂被事物牽將去。」[5]其中顯示象山之「心」具有兩層次的意義，即「能為外物所害之心」與「能自立之心」，又根據此二差異，我們區分「心」觀念為以下兩層次以彰顯其中之哲學意義。

1.「文字概念之心」

「文字概念之心」即象山所言「惡能害心，善亦能害心」當中「能為外物所害之心」，可以為「善」、「惡」等文字概念混淆之「心」。這種混淆可以形成一些錯誤，使人如象山所言「胡亂被事物牽將去！」然而，這種「心」的狀態並非永久性的，只是因為受「文字概念」干擾，所產生的一種暫時性的陷溺。分析其原因，這通常是由人的惡習所形成，這種錯誤即如象山所批評的：「人心只愛去汩著事。教他棄事時，如鶻孫失了樹，更無住處」[6]的問題，面對這種現象，其解決之道，仍在進一步指出象山所謂的「復其本心」觀念；以本文之方法意識而言，即是指出使「文字之心」被創造出的源頭，即「本心即理」之「本心」觀念。

2.「象山之本心」：創造「文字概念之心」的源頭

如果我們可以區分出「文字概念之心」，以及創造出「文字概念之心」的「本心」兩者的不同，則我們將很容易理解象山哲學之精神。象山之「本心」的特性是包容全體，絕不滯延於個別的概念

---

5 《陸九淵集》卷三十五，〈語錄下〉，頁 456。

6 《陸九淵集》卷三十五，〈語錄下〉，頁 454。

物當中[7]；其內容可以涉及「善惡」，亦參與道德行為，但卻又在善惡等概念之外，可以成為對文字概念的批判者。以下分兩點做說明：

第一、「本心」包容全體，絕不滯延於個別物的概念當中，例如他說：「宇宙便是吾心，吾心即是宇宙」[8]、「心乃天下之同心」[9]等文本之「心」觀念的層次即是此義，其特性是包容全體，絕不滯延於個別物的概念當中。所以象山稱其「本心」之特性在於「內無所累，外無所累，自然自在」[10]。換言之，本心一立即可「見得超然，於一身自然經清、自然靈」[11]。相反的，如心不自立，則「才有一些子意，便沉重了」[12]；即人如將心定位於一物一事，人心必定為外物所累。

第二、「本心」在善惡等概念之外，可以成為對文字概念的批判者，或是成為對拘泥於文字思想之反省指標。象山透過「本心即理」觀念，強調其「心」觀念所指涉者是一種「存在事實」而非「文字概念」，在「心即理」的命題下，象山用「理會實處」表示其理論指向「存在事實」的欲求，例如他說：「只與『理會實處』，就心上理會」[13]、「須是血脈骨髓『理會實處始得』，凡讀書皆如此」[14]、「天秩、天敘、天命、天討皆是實理」[15]，以及「若理會自家實處，

---

7 本文認為象山「本心」的特性是包容全體，這種觀念一如牟宗三先生認為孔子之「仁」觀念基本上是不能有限制的，是一種「自由無限心」。參見：《現象與物自身》，台北：台灣學生書局，1976，序頁 6。

8 《陸九淵集》卷三十六，〈年譜〉，頁 483。

9 《陸九淵集》卷十五，〈書〉，頁 196。

10 《陸九淵集》卷三十五，〈語錄〉，頁 468。

11 《陸九淵集》卷三十五，〈語錄〉，頁 468。

12 《陸九淵集》卷三十五，〈語錄〉，頁 468。

13 《陸九淵集》卷三十五，〈語錄下〉，頁 444。

14 《陸九淵集》卷三十五，〈語錄下〉，頁 445。

15 《陸九淵集》卷三十五，〈語錄下〉，頁 464。

他日自明」[16]等觀點，皆指出象山「心」觀念強調「存在事實」之原則。反之，如果學者只掌握「心」概念的「延伸之物」，即前文所言之「文字概念之心」，象山認為這即是「用心於枝葉，不求實處」[17]，即是不解「本心」觀念在善惡等概念之外的預設。

有關象山「本心」哲學以指向「存在事實」為目標，並批判只懂「文字概念」者，此觀點牟宗三先生相當重視，他認為象山學說具有「不落於文字糾纏」的特性，牟先生說：「他（象山）一眼看到孟子所照顯者『皆是實事實理』，坦然明白，只須吾人以真生命頂上去，不落於虛見虛說，不落於文字糾纏粘牙嚼舌之閒議論。」[18]他又說，象山之「本心即理，非謂本心即於理而合理，乃本心即是理，……這本心之自律與自由，乃是一具體而真實的呈現。就自由說，這不是一（概念）設準，而是一呈現。如果道德真可能，不是腦筋空想之虛幻物。」[19]這是牟先生為我們指出象山「本心」哲學之核心價值，以及應避免陷入「文字概念之心」的方法性提示。

（二）創造性機制：一種方法意識下對「心」觀念的重新詮釋

以下進一步從「方法意識」之觀點論象山之「心」，所謂的方法意識，即強調尋得象山斷言式命題的「存在基礎」與「概念發生的哲學背景」，以之做為詮釋動機並用以解析象山文本。有關「創造性機制」，本文將從此一概念之（1）定義、（2）「表達形式之特徵——極限式表達」兩角度，說明此一方法性觀念。

---

16 《陸九淵集》卷三十五，〈語錄下〉，頁 444。

17 「今之學者只用心於枝葉，不求實處」。《陸九淵集》卷三十五，〈語錄下〉，頁 444。

18 牟宗三：《從陸象山到劉蕺山》，台北：台灣學生書局，1979，頁 5-6。

19 牟宗三：《從陸象山到劉蕺山》，台北：台灣學生書局，1979，頁 1。

1.「創造性機制」之定義

象山之「心」觀念基本上連接了「有限」與「無限」二組對立性概念，本文稱此一心觀念具備一「創造性機制」的功能，例如象山詮釋「吾心」時說道：「自可欲之善，至於大而化之之聖，聖而不可知之神，皆吾心也。」[20]引文中象山指出：從有限理性之「人」（主體），往外擴延至「聖而不可知之神」皆是屬於「吾心」的範疇；其中「心」的觀念即統合了「（有限的）思考」與「（無限的）聖而不可知之神」兩者，本文認為此一對「心」的定義方式，以現代哲學之角度反省，即是象山在當初之重要哲學規劃。其規劃重點在於使其理論體系，能夠設法統合「內在與外在」、「吾心與宇宙」、「有限與無限」等各組對立性的概念，即此一「心」的理論特性使其在象山體系中成為一具備「創造性機制」功能的核心觀念，進一步我們將從表達形式上說明此一觀念。

2.「創造性的機制」之形式特徵：「極限式表達」

「創造性的機制」在文本中之形式特徵，在於其文字形式具有朝向「表達之邊際」的功能，並在語言之邊際，指向中國哲學中的存在性境遇，本文稱其為一種「極限式表達」。所謂「極限式表達」，它的意義在於突破「文字概念」本身對「存在」掌握不足的缺點，要求人在書不盡言之後，進一步理解到言亦不能盡意；進而反推出必須有一在言、意之外，承擔言、意成為可能的存在基礎，此即「極限式表達」所追尋之目標。

例如《中庸》先說「思知人，不可以不知天」，此命題中「知天」的目標，即成為「知人」的詮釋背景，「知天」的觀念提出後，

---

[20] 《陸九淵集》卷十九，〈記〉，頁228。

進一步就必須說明如何知天；故而提出欲知天，即需從盡性著手，故一系列之「至誠」、「盡其性」、「盡人之性」、「盡物之性」以「參贊天地之化育」的方法就被完整地提出。**此一分析系列，即是儒學試圖解決「表達」永遠難以圓滿之弊，使人設法打破文字與人之間的藩籬，使學者經由想像力的恢復，在接受經典的啟發之後而能透過某些「觀念」之設計，進入存在自身。由於這些觀點都具有「暗示真理何在」的特性，又具有統合「內在與外在」、「有限與無限」的功能，故本文稱此一觀念在「存在」與「形式」之間，具有一種「創造性機制」的功能。**

相同的目標下，象山在〈與李宰書〉[21]中評論「容心立異」與「平心任理」時，指出「究極其理，二說皆非至言」。其中「究極」二字，亦指出象山在表達形式上，透過「極限式表達」的觀念以形成一「創造性機制」，用以統合其哲學中「生命之有限」與「宇宙之無限」兩者。又例如**他說：「所貴乎學者，為其欲窮此理，盡此心也」**[22]**，其中即運用了「窮（理）」與「盡（心）」二概念**[23]**，連結了「學者之生命」與「欲窮之理」**。他以「窮」與「盡」的觀念，透過運用「極限式」的文字，使其語言能朝向「表達之邊際」；在表達邊際中穿透文字，並從文字中返回存在世界，以符合其哲學工作之基本目標。如以後設之觀點分析其表達形式，我們可以說**他透過對「心」觀念的擴大與提升，使其「心」概念具備了「創造性機制」的功能**，使表達者與閱讀者同時能透過中國哲學中的

---

[21] 《陸九淵集》卷十一，〈書〉，148-150 頁。

[22] 《陸九淵集》卷十一，〈書〉，頁 149。

[23] 「窮（理）」與「盡（心）」二概念，其實是象山繼承孟子以來的重要哲學方法，採取盡心、知性以知天的內在修養路線，以完成其哲學任務。

「盡心」工夫，從「文字概念」中重返「創造概念」時的「存在狀態」中[24]，這即是「儒家心學理論」的表達特性，亦是其理論的主要目標。

貳、「創造性機制」觀念之應用

以下將從分析象山哲學對「人」、「歷史」與「宇宙」三者之定位，進一步檢視本文以「創造性機制」詮釋「心」觀念，在象山整體理論體系中之適切性。

一、象山哲學對「人」之定位

象山哲學對「人」之定位最著名者即是「宇宙不曾限隔人，人自限隔宇宙」[25]的命題。人是否被限隔於宇宙外的問題，以今日的哲學觀點評析，或者從上述「創造性機制」的觀點觀察，此問題實即是人是否被「文字概念」限隔於「存在事實」之外的問題。其中的關鍵在於人能否從「文字性歷史」中設法「還原」回到「人」或「人自身」。[26]本文認為象山提出「發明本心」觀念之目標，即在

---

24 徹底的重返存在是不可能的，但這種類型的表達結構，至少是一種「接近」存在，或者至少是一種如微積分中求積分的作法，以「有限和的極限」求得積分，產生一「逼近存在」之可能的方向。

25 《陸九淵集》卷三十四，〈語錄上〉，頁 401

26 本文視此處「宇宙不曾限隔人」命題的內涵，以及人能從「文字性歷史」中設法「還原」回到「人自身」亦為一種「理論」之創造性機制。原因有二：第一是前者的理論連繫了「有限之生命」與「無限之宇宙」。第二則是後者的還原目標，在於處理人如何能從「有限的文字理論」中向生命自體還原，以開啟「人心中無限的可能性」。

於透過對「心」觀念的重新考慮，完成其使文字概念重返存在事實，使表達形式重返形式誕生之地的過程。

一如前文所言區分「文字概念之心」與「象山之本心」的考量目標，在分析中我們歸納出「本心」之兩項要點：第一，它是一個包容「全體」，排斥「個別物」者。第二，它是一在各種概念之外，創造概念之存在者。我們以此兩座標定位象山哲學，在方法上它很可能仍有不足，但卻相當可以突顯象山哲學對「人」的定位，此即他高舉「心」觀念之動機。以今日哲學語言而言，在於運用哲學方法突破「文字性歷史」限制，返回「創造」文字性歷史者——創造文明的「人自身」，此即象山「發明本心」觀念的目標。所以，象山先說「宇宙內事乃己分內事」（分內事，指先「還原至人自身」之事），然後才說「宇宙便是吾心，吾心即是宇宙」（向自然與宇宙存有開放）。又例如他重視「存誠」的觀念，即是先處理「吾心」的問題，其具體意義象山常以「切己自反」論述。例如他說：「或問先生之學『自何處入』，曰：不過切己自反，改過遷善」[27]，此即指出象山哲學一基本的前提，即人必須有「反省能力」（或切己自反的能力），此一條件即是他強調「發明本心」之總原則，亦是透過象山「心」觀念而揭示其對「人」之定位方式。

二、象山哲學對「歷史」之定位

本文定位象山之「心」觀念具有「創造性機制」的意義，在於強調象山透過「心」觀念所達成的「創造活動」，此一活動特別指出在「文字概念」對人心之限定下，人如何能從「概念」中再

[27] 《陸九淵集》卷三十四，〈語錄上〉，頁 502。

還原回到「存在」之基礎中，一如牟宗三先生所言象山哲學是「以真生命頂上去，不落於虛見虛說，不落於文字糾纏粘牙嚼舌之閒議論」[28]，以下即以象山對「歷史」之定位為例說明其精神。

象山對歷史文本的處理原則，可以說是既「靈活」又「謹慎」；一方面他要學者對固有原則「不可拘泥」[29]，不可不知變通，這是他做學問靈活的一面。另一方面，對於哲學文本的詮釋過程，象山亦明白其困難處。他採取謹慎的做法，一面告誡學生既要「看注疏」[30]，更要「仔細玩味，不可草草」[31]輕視古人；因為如果「自以已意聽之，（則）必失其實」[32]，即在面對歷史文本的過程中，象山深解其工夫是艱難的。

不論是象山所提及的研讀「往哲之言」或「看注疏」，如欲能做到「不可拘泥」，其前提條件象山認為必須能對文本「心通意解」[33]；即必須要能心通意解，最終象山才能提出「六經皆我註腳」[34]的結論。換言之，象山提出「六經皆我註腳」的命題是條件式的，一旦捨去看注疏與心通意解兩必要步驟，則讀書將立即陷入

---

28 牟宗三：《從陸象山到劉蕺山》，台北：台灣學生書局，1979，頁 5-6。

29 象山以分析《易經》的「晉卦」為例，否定一般說易者皆以「陽貴而陰賤」為原則，認為晉卦之六五一陰為明之主，下坤以三陰順從於離明是以致吉，說明「陽貴而陰賤，剛明柔暗之說，有時不可泥也」《陸九淵集》卷二十一，〈雜著〉，頁 257。

30 「後生看經書，須著看注疏及先儒解釋；不然，執己見議論，恐入自是之域，便輕視古人。至漢唐間名臣議論，反之吾心，有甚悖道處，亦須自家有『徵諸庶民而不謬』底道理，然後別白言之」。參見《陸九淵集》卷三十五，〈語錄下〉，頁 431。

31 《陸九淵集》卷三十五，〈語錄下〉，頁 432。

32 《陸九淵集》卷一，〈書〉，頁 3。

33 象山說：「記錄人言語極難。非心通意解，往往多不得其實。前輩多戒門人無妄錄其語言，為其不能通解，乃自以己意聽之，必失其實也。」《陸九淵集》卷一，〈書〉，頁 3。

34 《陸九淵集》卷三十四，〈語錄上〉，頁 395。

象山所言之「執己見議論，恐入自是之域，便輕視古人」[35]的境地；同時，忽略象山所強調的此兩步驟，也是後人誤解象山，批評他任意詮釋經典的主要原因。

在象山所云「嚴謹治學」與「不可拘泥」兩種面對「歷史」的態度之間，他提出的「心通意解」觀念具有兩項哲學意義，促使其學問統合了「對文本的謹慎守成」與「對傳統文本詮釋之開創」兩項對立性目標；在此兩相對立的概念之間，我們試圖透過進一步的分析呈現出其定位「歷史」的方法。

首先我們考量「人」、「歷史」、「宇宙」三個要點所組成的哲學結構，本文認為他們在象山哲學中是依據兩項預設而進行安排的：第一，是「人」在做學問，是人創造了文明的主要工具──「文字」，並依憑之創作了文字性的「歷史」；象山即依此文明發展之原有次序，突顯「人」在宇宙中的首要地位，故云「吾心即宇宙」。第二，哲學工作者的首要任務，在於設計出適宜的哲學結構以突破文字性「歷史」的限制；使人能以從文字世界，重返存在。即在追求存在之目標下，吾人方能言「宇宙便是吾心」之哲學境界。此即對象山「本心」觀點之重新詮釋，以下我們進一步說明其中的關鍵性意義如下：

第一，是人在做學問即表示，人創造學問，人應永遠保持其對學問知識的第一位階性與對文字之操作性，不可陷於文字性概念的深淵，只知古典文本之文義。此即象山多次強調的「讀書固不可不曉文義，然只以曉文義為是，只是兒童之學，須看意旨所在」[36]。又其言「反之吾心」與檢查其是否「有甚悖道處」[37]，即是保持「人」對學問的第一位階性；保持人創造了文字工具，創作了文字性歷史

[35] 《陸九淵集》卷三十五，〈語錄下〉，頁 431。。

[36] 《陸九淵集》卷三十五，〈語錄下〉，頁 432。

[37] 《陸九淵集》卷三十五，〈語錄下〉，頁 431。

與哲學的位置，這亦是本文以「創造性機制」詮釋其「心」觀念之主要目的。

第二，哲學的首要任務在於突破文字性「歷史」的限制，以使文字性歷史能有益於當下之生活。例如象山一方面是重視歷史本文，重視文本所指涉之內容，強調「後生看經，須著看注疏及先儒解釋」[38]，以及要「仔細玩味，不可草草」[39]地輕視古人。另一方面，他又試圖要求門人以其哲學突破「文字性歷史」的限制，直返存在的世界，此即象山認為哲學應能置於通過「人倫日用處」[40]與「徵諸庶民」[41]之考驗的原則。

簡言之，象山的哲學要旨並不停留在文字概念的世界，而試圖透過其心學的設計——即「心」的「創造性機制」，返回存有的「創造」文字性歷史的「人自身」與「生活」世界（即「人倫日用」之世界），也唯有透過此一還原過程，象山才能提出「學苟知本，六經皆我註解」的結論。

三、象山哲學對「宇宙」之定位

象山哲學理論以「宇宙便是吾心」的命題著名，此一理論指出象山因讀有關「宇宙」之字義因而「篤志聖學」，原文中記載他十三歲時：

38　《陸九淵集》卷三十五，〈語錄下〉，頁 431。

39　《陸九淵集》卷三十五，〈語錄下〉，頁 432。

40　「聖人教人只是就人日用處開端，如孟子言徐行後長可為堯舜；不成在長者後行便是堯舜，怎生做得堯舜樣事，須是就上面著工夫。聖人所謂吾無隱乎，爾誰能出不由戶，直截是如此」。《陸九淵集》卷三十五，〈語錄下〉，頁 432。本文認為象山所言「須是就上面著工夫」所指，實即「發明本心」的工夫。

41　至漢唐間名臣議論，反之吾心，有甚悖道處，亦須自家有『徵諸庶民而不謬底』道理，然後別白言之」。參見《陸九淵集》卷三十五，〈語錄下〉，頁 431。

> 因讀古書至宇宙二字，解者曰：「四方上下曰宇，往古來今曰宙」；忽大省曰：「元來無窮。人與天地萬物，皆在無窮之中者也。」乃援筆書曰：「宇宙內事乃己分內事，己分內事乃宇宙內事。」又曰：「宇宙便是吾心，吾心即是宇宙。」[42]

象山因讀古書而悟出其「人」與「宇宙」之關係，此引文之意義有二：第一，象山必定非歷史上第一位讀到此段有關「宇宙」之定義者[43]；第二，象山此一對「宇宙」定義的觀點與前人之哲學有何不同？既然象山非第一位閱讀到「宇宙」一詞之定義者，為什麼前人未能提出此一擴充「心」觀念，以及統合「人心」與「宇宙」兩觀念的命題，本文認為此即牟宗三先生稱許象山有進於往哲之言者[44]。即象山有進於前人之主因在於，他能夠對「心」觀念的內容採取一適切的態度（即本文「創造性機制」所指出的精神），並在此態度下，透過哲學「還原」之功能先發覺「宇宙內事乃分內事」，而後才能提出「宇宙便是吾心，吾心即是宇宙」的命題；並以此一命題代表他回歸「自我」，同時向「宇宙自然」開放之態度。其中「創造性機制」的精神，即展現在他從「宇宙」之「文字」定義，重返「人」與「宇宙」間無限而直接之存在可能，並以此精神擴大與提升了「心」觀念，為宋代儒學創造了新的活力。

---

42 《陸九淵集》卷三十六，〈年譜〉，頁 482-483。

43 從漢代高誘注《淮南子》以後，古代學者注解「宇宙」一詞時，運用「四方上下曰宇，古往今來曰宙」的觀點相當普遍，然而，具有如象山一般創造性的解讀者則不多。

44 牟宗三認為象山超過孟子者「即是『心即理』之達其絕對普遍性而『充塞宇宙』也」參見牟宗三：《從陸象山到劉蕺山》，台北：台灣學生書局，1979，頁 19。

參、「創造性機制」觀念於儒家心學中的意義

本文選擇從「心」所具有的「創造性機制」功能觀察象山文本，主要是因為象山哲學指出了儒家心學之關鍵，象山說：

> 《易》之「窮理」，窮此理也，故能「盡性至命」。孟子之「盡心」，盡此心也，故能「知性知天」。學者誠知所先後，則如木有根，如水有源。[45]

本段引文中之「盡」、「窮」、「根」、「源」等概念，即符合前文所言「極限式表達」的形式要件，一方面揭示出了象山理論中的「創造性機制」觀念，另一方面亦透過此機制中的「盡心」、「窮理」等功夫，指出象山如何通過「心」觀念的再詮釋，看待「人」與人所遭遇的「文字性歷史」的問題。所謂「人」所遭遇的文字性問題，即是運用象山自省的理論設計反省吾人的文字運用；我們發現如果在經歷學問思辨之後吾人乃拘泥於文字概念中，未能思考概念的形成因，則將落入象山所認為的「異端」之列。用象山的話說即是「迷其端緒，易物之本末……雜施而不遜，是謂異端」[46]；其影響則是這種學問「非以致明，祇以累明，非以去蔽，祇以為蔽」[47]。換言之，透過象山的「心」觀念，本文認為其學問所欲求之目標，在於揭示出「創造」與「承載」文字知識的「存在事實」，在於揭示對經典中之某一「概念」的理解方式，必須回溯到概念被創造之際的文化脈絡或時空背景去了解，方有較接近史實的可能性。雖然此方式存在巨大的困難，但當代哲學人類學家運用考古成果盡可能逼近

---

[45] 《陸九淵集》卷十九，〈記〉，頁 238。

[46] 《陸九淵集》卷十九，〈記〉，頁 238。

[47] 《陸九淵集》卷十九，〈記〉，頁 238。

事實的做法，亦可為當代中國哲學的研究者思考與運用其中之長處。[48]即本此研究歷程所還原出「概念」發生之際較具真實性的存在性真理，本書方認為象山其「理」概念是定位在「實理」[49]的內涵之中。

由於象山之「心」觀念指涉了極重要之哲學方向，故象山方云「心」的重要性一如「使瓦石有所不能壓，重屋有所不能蔽」[50]，其文本之表達目標，在於使後人獲得一種文字的暗示功能；所以他說如能「發明本心」則可「自有諸己」，重獲自身價值，並認為此一重視「心」概念的哲學方法是一「敬其本也」[51]的重要哲學方法。

至於為什麼象山選擇「心」觀念發揮其哲學思想，本文以為主要是因「心」是一「人不可無」[52]的觀念。例如他說此心是「天之所以與我者」[53]，又說「心當論邪正，不可無也」[54]；所以「心」的普遍性使得象山可以從中建構其思想，從「吾心」概念發展出「宇宙便是吾心，吾心即是宇宙」[55]等觀念。因「心」觀念有上述之普

---

[48] 筆者曾對「哲學人類學」可否運用於中國哲學的研究有過初步的思考，對西方特別是二十世紀以來德國哲學傳統所發展出的方法論，筆者認為除了學習其統合各學科研究成果的「統合能力」外，必須就自身的立場，反省中國文字的特性，以及特殊的「天」觀念，進而探討「中國式之人類學」的可能性，以做為與西方文明對話的基礎。參見（1）黃信二：《哲學表達及其基礎——中國哲學研究之新思維》，台北：理得出版社，2005，頁 24-30。（2）黃信二：〈在儒學與宗教之間：論「以人象天」之哲學意涵〉，《哲學與文化》，第 35 卷，第 5 期，2008.05，頁 73-93。

[49] 敬請參考第三章對「理」的定義（「理」的內涵）與本文引述之牟宗三先生對「理」的見解。

[50] 《陸九淵集》卷十九，〈記〉，頁 227。

[51] 《陸九淵集》卷十九，〈記〉，頁 228。

[52] 「古之人自其身達之家國天下而無愧焉者，不失其本心而已。」《陸九淵集》卷十九，〈記〉，頁 227。

[53] 《陸九淵集》卷十一，〈書〉，頁 149。

[54] 《陸九淵集》卷十一，〈書〉，頁 149。

[55] 《陸九淵集》卷三十六，〈年譜〉，頁 483。

遍與整體的特性，故心具備有使「人」從「文字概念」還原回人「完整生命」之能力，這就是象山哲學之「方法意識」的重要內涵，亦是其強調「復其本心」的目標；即其「心」具有一「創造性機制」的功能，此亦是本文強調必須嚴格區分「文字概念之心」與象山之「本心」兩者不同之原因所在。

在中國哲學中，如果我們能依象山所言做到「不失本心」，則其哲學意義即代表了人不但能「運用」文字，通過文字對人的異化之限制，同時亦能「再創」新理論，以開啟人於文明中的新方向。如此，即符合哲學工作的總原則，永續地追求一種「看顧整體之精神」——即透過哲學理論的暗示，不斷地從文字性歷史中檢討吾人之生活世界，使人的生命能獲得最有益的導引，並能依此而建立深度的文化生活。

本節結語：本文認為象山哲學以表達形式之簡要為特色，它在中國哲學文本中相當具有代表性，因此其方法與結構的提供，即同時具有個別與普遍性之意義。以個別性而言，本文提出「創造性機制」觀念用以詮釋象山之「心」，目的即在於透過對「心」的兩層次內容的分別，用以區分「文字」與「創造文字者」；並藉此層次的釐清，以解析象山「吾心」與「宇宙」，「吾心」與「歷史」之間的遙遠距離，如何透過理論機制以建構其統合的可能性。

以普遍性言，本文的分析方式自然是參考西方二十世紀以來追求表達基礎的風潮；此舉於象山本人而言也許未必需要，然而，如果吾人再問距今數千年之中國哲學文本與今日何關，則我們沒有別的選擇，即必須以當代之哲學方法意識對中國哲學文本加以分析。分析方法的完善與否是可以再不斷地修改的，但是尋求符合二十一世紀中國哲學與現代生活世界兩者溝通之可能，確實是一件令人既肯定又惶恐的工作，面對其中的困難，我們只能說它是一件相當有意義，但無法在短期內完成之吸引人的任務。

第二節　象山之為學方法

《陸九淵集》曾載其師生間的紀錄說到：「諸生登方丈請誨，和氣可掬，隨其人有所開發，或教以涵養，或曉以讀書之方，未嘗及閑話」[56]，其中「曉以讀書之方」即顯見象山重視為學的方法。一般而言，儒家的為學方法是理論與實踐並重的，一如「仁」或「仁者」的觀念即是孔子為學的理論目標與學習典範。為了達成此目標，儒家所謂的「好學」常與「實踐」兩觀念保持內在的一致性，例如孔子說自己是「學而不倦」者，亦強調要「敏於事而慎於言」與「就有道而正焉」，即顯示「好學」與「實踐」兩者必須並重。象山亦云：「少而學道，壯而行道者，士君子之職也」[57]，視「學道」與「行道」在人生的學習與生活之中需「一以貫之」；即根據此觀點，本節將從「明理」與「一以貫之」兩方面論述象山為學方法。

壹、「明理」：象山學習理論之基礎
貳、明「一以貫之」之理
參、明「學志」合一之理：「意願」與「能力」之辯證
肆、對為學方法之檢討

---

[56] 《陸九淵集》卷三十六，〈年譜〉，頁 502。
[57] 《陸九淵集》卷二，〈書〉，頁 26。

正文

壹、「明理」：象山學習理論之基礎

象山說過「士君子之職」在於「學道」與「行道」，所「應學之道」即是「明理」的過程，或稱為「明道」，試觀象山原文如下：

> 此理在宇宙間，固不以人之明不明、行不行而加損……孟子曰：「幼而學之，壯而欲行之。」所謂行之者，行其所學以格君心之非，引其君於當道，與其君論道經邦，燮理陰陽，使斯道達乎天下也。所謂學之者，從師親友，讀書考古，學問思辨，以明此道也。故少而學道，壯而行道者，士君子之職也。[58]

從引文看學者欲「學之」與「行之」之對象即是「理」，因此我們可以說象山學習理論之基礎主要是以「明理」為主軸而進行理論的發展。「明理」觀念又可透過「為善解書」與「心通意解」等觀念獲得較具體的了解。

一、對文本保有批判與懷疑之精神：「為善解書」與「心通意解」

象山讀書不只精讀原典，更思考原典之真偽性，例如他說：「觀《春秋》、《易》、《詩》、《書》經聖人手，則知編《論語》者亦有病，

58　《陸九淵集》卷二，〈書〉，頁26。

顧記《禮》之言，多原老氏之意。」[59]其中象山對文本保有批判與懷疑之精神固然值得吾人學習，但其採取之判斷標準更值得吾人加以探討。在取得「判斷標準」前，象山認為學者應能正確的讀書，即要能做到「為善解書」。

「為善解書」是象山讀書的主要原則，其中又以「不入己見於其間」與「不失其真實」為其解書的最低標準，例如他說：「解書只是明他大義，不入己見於其間，傷其本旨，乃為善解書。後人多以己意，其言每有意味，而失其真實。以此徒支離蔓衍，而轉為藻繪也。」[60]其中可見「不失其真實」為其解書的最低標準，這種標準象山又用「心通意解」形容。

「心通意解」是象山讀書的重要標準，他強調一定要能在閱讀中和作者充分溝通做到與作者對話，了解作者的寫作動機方謂之「心通意解」，對此象山說過：「記錄人言語極難，非心通意解，往往多不得其實。前輩多戒門人無妄錄其語言，為其不能通解，乃自以己意聽之，必失其實也。」[61]即象山了解「文本的形成」極易失去真實，因為這是受到「文字工具」本身自有其限度的問題。以今日哲學言，即表達工具無法論述表達自體的問題；或者說是「人」的「延伸之物」或「人的表達之物」永遠小於「人」自身，所以無法充分、完整地描述「人的本質」的問題。如果說追求「為善解書」與「心通意解」是象山讀書的基本要求，那麼，其進一步任務即在於追求處「優游涵泳」之境，以及「明理」與「明道」。

---

59 《陸九淵集》卷三十六，〈年譜〉，頁 504。

60 《陸九淵集》卷三十六，〈年譜〉，頁 503-504。

61 《陸九淵集》卷一，〈書〉，頁 3。

二、從「為善解書」至處「優游涵泳之境」：從理性至理性範圍之外——論「哲學機制」的觀念

如果說讀書是學者的重要工作，那麼，「明理」即是象山所認為讀書最重要的目標。同時，象山認為「明理」需通過從「為善解書」至處「優游涵泳之境」兩個層次的努力；前者「為善解書」屬於「理性」範圍，後者「優游涵泳之境」則屬「理性之外」的問題。從「理性」至「理性之外」的鴻溝如何跨越的問題，本文提出一「哲學機制」的觀念以輔助其理解。象山說過：

> 後生唯讀書一路，所謂讀書，須當明物理，揣事情，論事勢。且如讀史，須看他所以成，所以敗，所以是，所以非處。優游涵泳，久自得力。若如此讀得三五卷，勝看上三萬卷。[62]

引文可以提供吾人兩項啟示，一是從「看他所以成，所以敗」的內在價值觀中，亦可見象山哲學目標亦包含有追求「實用」的「意識型態」，而非如常論所言象山之學僅為追求純粹理想與烏托邦世界者。另一則是顯示象山非常重視了解「觀念」形成的哲學背景，此以象山之語言即是「揣事情，論事勢」；唯有重視「觀念」形成的哲學背景，前述的理論鴻溝方能加以跨越。

從上述引文中，我們發覺中國哲學文本必須置於「背景哲學」之脈絡中詮釋[63]，表面的理論斷裂或命題之疏漏方能得到縫合與填補，象山所指「揣事情，論事勢」的為學方向即指出此原則。其中「揣物」與「論勢」之意識是屬於方法論的，處「優游涵泳，久自得力」則屬於工夫論的過程；此從理論至工夫的歷程，即代表其哲

62 《陸九淵集》卷三十五，〈語錄下〉，頁 442。
63 「背景哲學」觀念請參考「緒論」與「第二章」的解釋。

學方法必須透過「理性之路」——從「為善解書」的範圍出發，通過某些哲學「機制」（例如復其本心）而後進行思考跳躍，以躍入「優游涵泳之境」等「理性之外」的範圍。在此一思考脈絡下，我們認為象山哲學設計了一種「復其本心」或「存養本心」觀念的「理論機制」，透過此「哲學機制」以連結從理性至理性之外的範圍，使其理論能從「為善解書」的最低標準上達「明理」與「明道」的高標準；他並認為若能如此讀書，則可收「讀得三五卷，勝看上三萬卷」[64]之功能。

三、從空間至時間，從工具至生命：使「有限」能向「無限之生命自體」溯源的「哲學機制」觀念

象山「存養本心」的工夫，以當代的哲學觀念分析，是一種使生命自體從「空間範疇」向「時間範疇」進行生命溯源的理論設計；或者說它是一種使人能從「工具」復歸至「創造工具的生命自體」的「哲學機制」。**以今日哲學觀之，所有透過文字表達的詮釋皆是屬於空間性的意義推論與開展；因為，它必然是包含以「線性邏輯」為思考「工具」的推論，其工具的「線性邏輯思維」屬性必使其於「空間意義」中進行思索與詮釋。**即吾人詮釋的歷程受線性邏輯影響，是一種不得不從「時間性生命自體」外延至「空間性表達形式」中的思考，透過思考工具的運用被動地、**自然地形成了「遠離生命存在」的一種「表達歷程」。**

然而，統觀歷史，**我們可以發覺諸多經典型的哲學家基本上都會設計一種「理論機制」，使吾人能從空間性思考再「重返與躍入」時間性的生命過程。本文以「躍入」形容此狀態，是因為人類本無**

64 《陸九淵集》卷三十五，〈語錄下〉，頁442。

法掌握與探討生命性的時間本身（時間自體或生命自體），而需要透過「哲學機制」以形成一種「思想的躍入」。即人類對「時間」所有的掌握能力都要求一「空間性、邏輯性地分析」基礎，這一方面是我們使用的「思考工具」——即以「邏輯」作為吾人推論「工具」的影響力；但另一方面，此「工具本身」亦有副作用，它自然地形成了推論過程中對存在的背離。

此種對存在的背離狀況，其彌補的動機於中西哲學史中皆可發現相關例證，例如在西方哲學中，以不斷地於各哲學時期以「重新界定」being 觀念的方式一再「重新獲得 being 的真實內涵」為代表性案例。在中國哲學中則由於「書不盡言」與「言亦不能盡意」的理由，因此在哲學史中以特重工夫論，強調以道德「實踐」的方式，以及對「生生」觀念的強調，試圖保障其「概念」或「理論」的存在性。因此，第一流的哲學家透過其深度的反省性，了解到吾人雖在詮釋過程中必定受到「邏輯」此「工具之屬性」本身的影響，使用以「空間」為屬性的邏輯進行探討，對事實有所抽象，對存在有所遺漏；但他必然在覺察「空間」中之「無限的觀念」永遠無法清楚地加以表達時，他必然在覺察生命對「概念」的操作有其限度之後產生覺醒；從而設計一能夠重返與躍入「時間性」生命的「理論機制」以暗示讀者，以補救工具與理論分析所產生的存在與表達相背離的狀態，此一對「存在之消退與重新捕捉的理論過程」，本文即以某一種「哲學機制」稱之。

中國哲學中此一「機制性」觀念可常於經典中發覺，**例如當吾人詢問孟子之「盡心」哲學如何能「窮盡人心」時，其中從「小體／人爵」到「大體／天爵」的追求，其中即顯示從「有限」的觀念試圖躍入「無限」的可能性。又如象山哲學中「吾心」與「宇宙」兩者的關連性，亦彰顯了如何從有限之（吾心）個體觀念「躍入」**

無限的「宇宙」的問題。此外，陽明的「良知」如何能與無窮的「山河大地」統合的問題，亦顯示了整個宋明理學探討**「天人本無二，不必言合」的命題，都屬於某一種「哲學機制」的理論設計，即其中都包含了「人」如何能從「有限生命」或「有限的概念」(有限度的表達工具) 詮釋「無限的自體」或「宇宙萬物」的問題。**

如果不能了解此類「哲學機制」的理論目標，即相當容易忽略心學之精神；同時，當吾人觀察到**物與心二分，事與理相對，人與宇宙、人與天皆相分時，這些現象雖皆符合感官觀察與邏輯分析的原則，但皆與宋明理學重視的「萬物一體」觀不合，亦無法呈現出儒家哲學重視天人合一的內在精神**。正因為其中有此種潛在危機，因此，象山指出「明理」與「揣事情，論事勢」的原則，又強調「白白長長之言，是古人辯論處，非用工（功）處。言論不合於理，乃理未明耳，非誠意之罪也。」[65]即他明確地指出，如果讀書只理解概念（即「白白長長之言」或「古人辯論處」)，而未能理解概念形成或發生的整體性哲學背景（即未能做到「揣事情，論事勢」)，如此則未能掌握讀書之要領（即「非用工處」)，此乃「理未明耳」，此亦非象山學習理論之目標。

貳、明「一以貫之」之理

「一以貫之」的原則就為學方法而言，應是讀書的質量兼顧，並且質重於量的。象山為學方法既強調多讀書的博覽、廣覽原則，亦強調精讀、細讀，以及「須著看注疏及先儒解釋」的方法，此即

---

65 《陸九淵集》卷十，〈書〉，頁 138。

其「廣覽而詳究之」原則。他要求讀書需徹底至最後真能「心通意解」時方能說「六經皆我註腳」，達成對眾多所學能有「一以貫之」的心得，以下即再從幾則文本做具體說明。

一、博覽原則：「廣覽而詳究之」

一般對象山的研究都強調其「六經皆我註腳」的觀點，似乎隱然指出象山與禪宗不立文字的讀書方式相近，但事實上象山也是重視多讀書的。象山說過：「後生看經書，須著看注疏及先儒解釋，不然，執己見議論，恐入自是之域，便輕視古人。」[66]即象山不僅要求學生「看經書」，同時要求學生「看注疏及先儒解釋」，以了解整體觀念發展的歷史背景，避免曲解古人意見——「執己見議論」，他認為此舉實為「輕視古人」。對此讀書應「看注疏及先儒解釋」的方法象山強調過多次，他又以讀《左傳》為例指出「須先『精看』古註，如讀左傳，則杜預註『不可不精看』」[67]。此即表示一般人強調象山的「六經皆我註腳」，以及「尊德性」似乎不必讀書的觀點是錯誤的；事實上象山也是鼓勵多讀書，甚至也強調「精看」的。象山又說對古人的「前言往行」應當要能「博識」，對古今之「興亡治亂、是非得失，亦所當廣覽而詳究之」[68]。他強調不但不可不讀書，而且讀書要「廣覽而詳究之」，其「詳究」之標準實即前文所強調的「為善解書」與「心通意解」，而「詳究」之目標實即「明理」與「明道」；整體而言，象山治學絕非不讀書，而是要求「質重於量」，並且「精看」、「詳究」與「廣覽」缺一不可。

---

66 《陸九淵集》卷三十五，〈語錄下〉，頁 431。
67 《陸九淵集》卷三十四，〈語錄上〉，頁 408。
68 《陸九淵集》卷十二，〈書〉，頁 162。

二、「一以貫之」原則

前文所言「當廣覽而詳究之」事實上是對孔門為學目標的重新詮釋，孔子說過：「多聞擇其善者而從之，多見而識之，知之次也」《論語・述而》，此處點出了質重於量原則，而「質」的意義又以能「融會貫通」（即一以貫之）與「可擇其中之善」為內涵。可見象山先是以「廣覽」詮釋了孔子的「多聞」；其次，則以「詳究之」詮釋孔子的「擇其善者」。事實上，「多聞」與「擇其善」兩者都不易做到，連孔子也不承認他是能「多學而識之者」[69]，但他自認為是能心通意解，能夠做到「擇書中之善」與達成理解其中的「一以貫之」之理。簡言之，象山的讀書法一方面要求「廣覽」與讀書；另一方面要求「詳究」與「明理」，即遵守質重於量原則，進而要求徹底了解理論發生背景與作者的動機，此即其「一以貫之」的讀書原則。

三、追求「真一」與「明理」原則

欲求「一以貫之」之理，能掌握學問源頭是重要的，此點象山以追求「真一」與「知本」形容之。本文認為象山之「明理」、明「一以貫之」之理，亦可以其文本中的「真一」觀念進行表述。「真一」之理即求概念「發生」之基礎，即在求運用「以一馭多」的原則以處理其理論的各個面向，這亦是象山強調「易簡精神」的具體表現。

---

[69] 子曰：「賜（子貢）也，女以予為多學而識之者與？」對曰：「然，非與？」曰：「非也。予一以貫之。」《論語・衛靈公》

有關「真一」的尋求，象山說過「天下正理不容有二」[70]，這亦是他處理中國哲學中「格物」課題的原則。對象山而言，「格」、「至」、「窮」具有相同的哲學意義，即其功能「皆研磨考索以**求其至耳**」[71]，「求其至」即是窮其理；「格物」的目標，即透過「窮理」的過程，辨察「天理」與「吾心」的統合基礎在於「心即理」所指涉的哲學機制。即如果能掌握象山理論中「心」的特性，必能把握此理乃一「實理」的特性[72]；又如能把握此理乃一實理，則「格物」功夫所追究者乃一「真一」原理的發現。

「真一」之求在於求概念「發生」之基礎，同時在求得基礎之後，在多元的表達形式中，即可做到「以一馭多」並遵循「以簡馭繁」的原則，此即象山所云「易簡而天下之理得矣」[73]的意義。此「真一」觀念在象山文本中常以「一實」[74]、「純一」[75]、「先立乎其大者」[76]等概念呈現出。象山並非此一觀點的發明者，他說過李白、杜甫、陶淵明皆有志於此[77]；就哲學史而言，象山「真一」之求實即孔子「吾道一以貫之」精神的再現。即象山學習理論的最終

---

70 「天下正理不容有二。若明此理，天地不能異此，鬼神不能異此，千古聖賢不能異此。」《陸九淵集》卷十五，〈書〉，頁 194。

71 「格、至也，與窮字、究字同義，皆研磨考索以求其至耳。學者孰不曰我將求至理？顧未知其所知果至與否耳。所當辨、所當察者此也。」《陸九淵集》卷二十，〈序贈〉，頁 253。

72 有關「理」乃一「實理」的特性，請見本書第三章「心即理」單元的分析。

73 《陸九淵集》卷一，〈書〉，頁 4。

74 「千虛不博一實。吾平生學問無他，只是一實。」《陸九淵集》卷三十四，〈語錄上〉，頁 399。

75 《陸九淵集》卷三十四，〈語錄上〉，頁 411。

76 「吾之學問與諸處異者，只是在我全無杜撰。雖千言萬語，只是覺得他底在我不曾添一些。近有議吾者云：除了「先立乎其大者」一句全無伎倆。吾聞曰：誠然。」《陸九淵集》卷三十四，〈語錄上〉，頁 400。

77 「李白、杜甫、陶淵明皆有志於道」《陸九淵集》卷三十四，〈語錄上〉，頁 410。

目標，即在追求此「純一」之道，他說如果「吾於踐履，未能純一；然纔自警策，便與天地相似」[78]。即人如能尋得對「真一」的理解，即能完成一「完整背景」的尋求，在理論上即可以背景性的核心理念為原則，詮釋其各種理論中眾多的分殊性概念（次要概念），以使中國哲學詮釋文本的工作不至落於枝節。

欲掌握整體的理論精神而使文本詮釋不落於枝節，象山認為重點在於「明理」（知本）或掌握「主宰」，象山認為「明得此理，即是主宰；真能為主，則外物不能移，邪說不能惑；所病於吾友者，正謂此理不明，內無所主。」[79]在〈與曾宅之〉書中他說：「今足下終日依靠人言語，又未有定論，如在逆旅，乃所謂無所歸。」[80]在象山而言，依靠他人言語，自身未有定論者，離真哲學世界遙遙無期而無所歸，如此讀書必然是「疲精神、勞思慮」的，此即為象山在為學目標上給予吾人的啟示。

四、避免「內無益於身，外無益於人」的讀書目標

象山認為讀書之目標應避免「內無益於身，外無益於人」，在〈取二三策而已矣〉中，象山認為「使書而皆合於理，雖非聖人之《經》，盡取之可也。……如皆不合於理，則雖二三策之寡，亦不可得而取之也。……後世乃有疲精神、勞思慮，皓首窮年，以求通經學古，而內無益於身，外無益於人，敗事之誚，空言坐談之譏，皆歸之者」[81]，引文顯見象山哲學以「有益生命」為最主要的讀書目標，要求有益

[78] 《陸九淵集》卷三十四，〈語錄上〉，頁 411。
[79] 《陸九淵集》卷一，〈書〉，頁 4。
[80] 《陸九淵集》卷一，〈書〉，頁 5。
[81] 《陸九淵集》卷三二，〈拾遺〉，頁 381。

自我生命，或有益他人生命，強調宜避免「疲精神、勞思慮，皓首窮年，以求通經學古」，這是其為學基礎的一項重要原則，亦是重「質」不重「量」的讀書態度之表現。「質」的另一詮釋即是與「實踐」觀念相關的「立志」，因為象山是強調「學志」合一的。

參、明「學志」合一之理：「意願」與「能力」之辯證

讀書應重「質」而非「量」的另一詮釋方式即是「意願」的問題，或用象山的語言形容即是「立志」，因為象山是強調「學志」合一的。首先，象山說過：「志向一立，即無二事；此首重則彼尾輕，其勢然也。」[82]即「立志」是使學習理想達成的關鍵，所以他以「志向一立，即無二事」形容人生，又以「首」、「尾」之對照顯示出「立志」的首要地位。其次，有關象山強調的「學志」合一，試觀象山所云：

> 古人教人不過存心、養心、求放心。此心之良，人所固有，人惟不知保養而反戕賊放失之耳。……今日向學，而又艱難支離，遲回不進則是未知其心，未知其戕賊放失，未知所以保養灌溉。此乃為學之門，進德之地。……得其門，有其地，是謂知學，是謂有志。既知學，既有志，豈得悠悠，豈得不進。[83]

此段引文相當重要，原因是它指出了象山哲學重視的「心」觀念，以及「學習」與「立志」三者間的關係。象山先指出學者為學

[82] 《陸九淵集》卷十二，〈書〉，頁 158。
[83] 《陸九淵集》卷五，〈書〉，頁 64。

所遭遇的「艱難支離」與「戕賊放失」皆源自於失去「本心」，強調應對本心加以「保養灌溉」,「保養灌溉」的對象實即孟子所言之「存心、養心、求放心」，即象山所言之「復其本心」。換言之，即前文所言學者重「尾」輕「首」，所以未能入「為學之門」與「進德之地」，象山認為其中的關鍵就在於人「有無立志」；他認為真能立志者，則必能「得其門，有其地」，此即「是謂知學，是謂有志」。

簡言之，對象山而言，有無「意願」才是重要的，方為學習時「應立之大者」；即它是「意願」問題而非「能力」問題，人如能之立志，則必能收宏大的效果，此即其所言之「既知學，既有志，豈得悠悠，豈得不進」的意義。以下再從四個面向分析「立志」與「意願」的關連性。

一、「立志」是「意願」問題而非「能力」問題

象山深知人生在「結果」上最終都是一樣的，即終將面臨死亡的遭遇，因此，他將人生的重心置於人生努力的「過程」，而非個人才華的多寡與成果。用象山的話說，即「才力」問題不是重要的，象山說：

> 讀書作文之事，自可隨時隨力作去。才力所不及者，甚不足憂，甚不足恥。必以才力所不可強者為憂為恥，乃是喜誇好勝，失其本心，真所謂不依本分也。[84]

象山認為讀書過程中「才力」問題非首要者，因此他說「才力所不及者，甚不足憂，甚不足恥」；並認為如恃才傲物者，則是「喜誇好勝」，亦是「失其本心」與「不依本分」。此處象山的學習方法

[84] 《陸九淵集》卷十，〈書〉，頁 141。

所強調的仍是「不失本心」，具體而言即「有無立志」與有無讀書的「意願」與「動機」，而非有無能力，或能否勝任的思考方向。

二、在「意願」之外：重視「從容不迫」與「不失己、不滯物」原則

為求避免急功近利的讀書態度，象山認為學者有「意願」讀書時亦應注意從容不迫，不可操之過急。對此象山說道：「詁訓章句，苟能從容不迫而諷詠之，其理當自有彰彰者」[85]。即象山相當重視讀書過程中，人的「學習心情」與「學習目標」之維持；他認為人應保有讀書過程中的自主性，應能「從容不迫而諷詠之」，雖然讀書與完成讀書計畫是重要的，但不可為自己所訂目標或龐雜的理論工作掩埋了生命的活力與創造力。

對此觀念象山說道：「學固不可以不思，然思之為道，貴**切近**而優游；切近則**不失己**，優游則**不滯物**」[86]，其中能「切近」生命者則必屬「真實」與「不失己」。又能夠「優游」者，心量必屬「廣大」而後能「自在」與「不滯物」，上述兩者皆強調為學應重視保持「學問」與個人「生命」的直接關連。此義以《論語・憲問》言即是「古之學者為己」，或如〈衛靈公〉所言「君子求諸己」的內在價值觀；如以象山之語表述，即是「切近」與「不失己」的觀念。即要求學者一方面不可失去人在為學歷程中觀照與批判理論，以及追索理論的「發生」之意義的可能性；另一方面，應避免斷頭式的學習，避免不知學問於歷史脈絡中的意義，如此方可真正地「不滯物」與「優游自在」於學問與生命的互證之中。

85　《陸九淵集》卷三，〈書〉，頁34。
86　《陸九淵集》卷三，〈書〉，頁34。

三、注意「意願」外的阻礙：社會氣氛對人向學意願之潛在影響

孔子說過「若聖與仁，則吾豈敢」，即「有志之士」在任何時代之中本為少有，究其原因即是因「有意願」向學者亦常受風氣影響，使人漸趨世俗化目標並遠離追求仁聖的理想，象山對此亦表贊同，他說：

> 當今之世，誰實為有志之士也？求真實學者于斯世，亦誠難哉。非道之難知也，非人之難得也，其勢則然也。有志之士，其肯自恕於此，而弗求其志哉？[87]

首先象山即懷疑在其所處之世存在著「有志之士」或「求真實學者」，他認為這是「誠難哉」；又認為此「非道之難知也，非人之難得也，其勢則然也」；即指出**「誠難哉」的原因在於「整體社會風氣」，在於「其勢則然也」。因此，在外在環境惡化的情形下，內在的立志工作相對而言即更形重要；因為，若在絕望中，人能以「意願」為考量，不考慮成敗得失，則可突破令人沮喪的氛圍，此即「志向一立，即無二事」[88]的意義**。

四、「意願」的助力：「明大端、立大志」與「享心寬體胖之樂」

象山指出為學的歷程不全然是嚴肅與辛苦的，他說過人如能「明大端、立大志」，即能享有「心寬體胖之樂」。象山說：

---

87 《陸九淵集》卷十二，〈書〉，頁 158。

88 《陸九淵集》卷十二，〈書〉，頁 158。

> 所謂講學者，遂為空言以滋偽習，……或遇箴藥，勝心持之，反加文飾，……大端未嘗實明，大志未嘗實立，有外強中乾之證，而無心寬體胖之樂……略此不察，而苟為大言以蓋謬習，偷以自便，囂以自勝，豈惟不足以欺人，平居靜慮，亦寧能以自欺乎？至是而又自欺其心，則所謂下愚不移者矣。誠能於此深切著明，則自成自道自求多福者，權在我矣。前言往訓，真先得我心之所同然耳。引翼勉勵，惟日不足，何暇與章句儒譊譊，玩愒歲月於無用之空言哉？[89]

此處提出講學者應以「明大端、立大志」為目標，應避免學習歷程掩蓋了我們的生命，避免使無用之理論充塞我們的學習，如此即是「空言以滋偽習」，即是「自欺其心」與「下愚不移」。事實上，如能做到前文所述之「明理」與掌握「一以貫之」之理，則為學目標——「自成自道」與「自求多福」即完全操之在我。

肆、對為學方法之檢討

論及為學之法不外是為求速效與立竿見影的功能，象山對此觀點持有不同看法；此外，有關「為己之學」與「為人之學」的衝突，我們在象山哲學中仍無法完全得到解決。最後，象山哲學類型違反當代哲學要求清晰表達的原則，我們在此亦提出做一併的檢討。

---

[89] 《陸九淵集》卷十二，〈書〉，頁 158。

一、「為學」為何無法收立竿見影之效：「立志」與「下工夫」

「立志」在為學方法中雖屬重要，但它幾乎是一種終身性地要求，所以並無法短期見效；例如學者問象山「志」既有立矣，為何到四十歲尚有困惑在？象山說：

> 既有所立矣，緣何未到四十尚有惑在？（象山）曰：「志於學矣，不為富貴貧賤患難動心，不為異端邪說搖奪，是**下工夫**，至三十然後能立。既立矣，然天下學術之異同，人心趨向之差別，其聲訛相似，似是而非之處，到這裏多少疑在？是又下工夫十年，然後能不惑矣。又下工夫十年，方渾然一片，故曰『五十而知天命』。」[90]

象山認為由於「天下學術之異同，人心趨向之差別」，故而形成諸多「似是而非」之論；因此，即便是聖賢孔子，從十五歲「志於學」至五十歲「知天命」，也是先「立志」後再「下工夫」三十餘載，經過窮其一生的努力方有成果的。其艱困之原因，乃由於「立志」涉及諸多必需改善的生活面向，例如前文所述之與「本心」相關者，以及人面對「艱難支離」與「遲回不進」時，如何能「存心、養心、求放心」，以求得對「本心」正確的「保養灌溉」之功效等等。

簡言之，「為學」、「進德」、「立志」與「本心」之理論關係環環相扣，象山指出在學習上如果我們遭遇學習上之「艱難支離」，以及在成效上感到「遲回不進」時，我們必須反省這可能是「未知其心」的影響；或者，亦可能是我們僅知「發明本心」一語，但卻未能深知「發明本心」的觀念「為何受象山如此重視」所造成。即

---

90 《陸九淵集》卷三十四，〈語錄上〉，頁 430。引文中「未到四十」之「未」疑為贅字。

如學者真能有此省悟，真能體悟「本心」與「學習理論」兩者間之基礎，則必當可明白「為學之門」、「進德之地」兩者與「立志」之關係；同時，亦定能明白「立志」之要求在象山理論中如何成為「進德」與「為學」之基礎。

二、為何「為己之學」與「為人之學」的衝突仍無法解決

前文提出象山之學是「為己」之學，必須「切近」而「不失己」；強調為學原則應保持「學問」與「生命」的關連性。問題是「為己」與「為人」兩者能否同時考量，同時做為讀書目標呢？此問題在象山言顯然有其困難，全集中一段與學生對話中可見其端倪，顯見象山仍主張以「為己之學」為儒學的主要傳統：

> 伯敏云：「如何是盡心？性、才、心、情如何分別？」先生云：「如吾友此言又是枝葉。雖然，此非吾友之過，蓋舉世之弊。今之學者讀書，只是解字，更不求血脈。且如情、性、心、才，都只是一般物事，言偶不同耳。」伯敏云：「莫是同出而異名否？」先生曰：「不須得說，說著便不是，將來只是騰口說，為人不為己。若理會得自家實處，他日自明。若必欲說時，則在天者為性，在人者為心，此蓋隨吾友而言，其實不須如此。只是要盡去為心之累者，如吾友適意時，即今便是。」[91]

本段引文是相當具代表性的，因為區分「性、才、心、情」等諸概念，並釐清各「概念」的內涵是當代哲學的基本要求；然而，象山認為這是「枝葉」，並且認為此讀書動機是「舉世之弊」。

---

[91] 《陸九淵集》卷三十五，〈語錄下〉，頁 444。

象山認為概念的釐清是不是最重要的課題，並認為去區分它們「只是騰口說」，而且是「為人不為己」，因此有違儒學傳統。顯然象山雖與儒學傳統保有一致性，但此一傳統與當代哲學之銜接與對話則出現巨大的鴻溝。今日哲學要求的是清楚表達，是對概念的精確分析，此以象山語言表示即是要「騰口說」清楚，但這部分象山卻認為並非儒家哲學要點。此一理論動機的極大差異，它不只是朱陸異同的課題，更是整體中西哲學表達類型的差異問題，我們對此亦有所檢討。

三、從象山為學方法反思中西哲學表達類型之差異

象山哲學自有其時代背景，於南宋確實發揮了實質與深遠的影響，因此，我們不宜以今日哲學的標準指責其缺失。象山哲學要求「切近」而「不失己」的特質，使其理論具有統合「理想」與「實踐」兩者的能力，此即他對宋明新儒學的建構；即他不只是發明了新的理論，更要求以生命的實踐力以保障理論的效力。此一特質亦使其一方面遵循了孔學傳統，另一方面在當代卻出現了詮釋的危機，即象山哲學似乎無法完成一系統理論之建構，無法滿足當代哲學的要求，以下我們對此做進一步說明。[92]

（一）象山為學方法遵循孔學傳統

象山與孔子兩人都相當能以「理想」導引其生活所遭遇的「現實」，例如孔子在春秋亂世之際，能勇於面對「現實」中周遊列國的挫敗，而在返回魯國後，仍有能力設法調整自我情感，迅速重整高

[92] 此問題在宋代自然是不存在的，今天我們是在試究結合「南宋」與「當代」哲學兩者時，問題方隨時代的鴻溝而產生的。

昂之士氣以「刪詩書、訂禮樂、贊周易、作春秋」；同時，又能提供最大的關懷對學生循循善誘、因材施教。再觀象山，他一遇機會亦可迅速精準地加以把握，例如他於淳熙十一年「上殿輪對五箚」，即向皇帝陳述治國之道，抒發其洗刷靖康恥之志向。[93]一旦機會不再，象山即毫不猶豫歸鄉講學，居山五年作育英才。[94]又，一旦機會再現，即使年事已高亦勇往直前，直至鞠躬盡瘁。[95]此即本文所言真具原創能力之儒者，多不只停止於理論的發明，往往更以個人生命的實踐力保障其理論之效力，此乃徹頭徹尾的「為己之學」傳統。

（二）中國哲學雖從「為己之學」朝向「為人之學」發展，但仍無法完成一系統性理論之建構，滿足當代哲學的要求

傳統的中國哲學重視生命的實踐而非理論的建構，重視「為己之學」而非「為人之學」，但是此狀況從春秋後即有所轉變。隨著時局發展，中國哲學的表達型態逐漸轉變，春秋以後有戰國，孔老之後有孟莊；文章型態從對話與精簡者逐步轉為長篇大論，以試圖說服對方為要。**此刻，儒者讀書之目標不再是「古之學者為己」，而是「予豈好辯哉？予不得已也」[96]的類型。換言之，早在戰國之**

---

[93] 象山於淳熙十年冬遷敕令所刪定官，次年上殿輪對進五箚。《宋史・陸九淵傳》亦記載象山所陳五論：一論仇恥未復，願博求天下之俊傑，相與舉論道經邦之職。二論願致尊德樂道之誠。三論知人之難。四論事當馴致而不可驟。五論人主不當親細事。

[94] 根據《年譜》記載淳熙十三年，為給事中王信劾罷，象山接旨後隨即歸鄉講學。未料歸鄉後竟引發一股學風，聽眾不分貴賤老少，溢塞村里，從游之盛，未見有此。居山五年，閱其簿，來見者踰數千人。

[95] 象山於光宗紹熙二年，赴任荊門；最後於紹熙三年十二月十四日，象山病卒於任上。

[96] 《孟子・滕文公下》

際，中國哲學工作者即已感慨失去原初儒者精神，並且在觀念混淆不清的環境中著書立說；其中之設定，皆希望能在語言上釐清詭譎，使儒學精神不彰之陰霾能早日撥雲見日。在此背景下，論述古代經典之二手著作快速累積而形成汗牛充棟的學術型態；然而，研究數量雖增，但研究方法基本上卻少有改變，以象山哲學為例，它仍無法完成一系統性理論之建構，例如杜保瑞先生說：

> 象山具有自己特殊的對傳統儒學概念的使用方式，即是一使用概念以作工夫實踐要求的系統，而較不是討論概念以作系統建構的理論。因此說到哲學理論的創作，象山的貢獻卻需謹慎地定位，因為以道理要求人們實踐與以觀念論說道理是兩回事。筆者並不是說象山對儒學義理沒有認識或創造，而是說他的重要儒學義理的發言是在「實得」的基礎上，對他人作實踐的要求，而非在創作的方向上作系統性命題的建構。[97]

即本質上我們承認象山哲學的存在意涵豐富，所以他能感動與影響其時代深遠；但其表達形態過於簡要，因此如杜氏言其價值是在「實得」的基礎，而非「系統性命題的建構」。此一問題在當代更為重要，因為近世以來，西學東漸，受西方科學精神影響，我們對中國哲學的表達要求亦逐漸改變。中國哲學詮釋過程中要求表達完備之必要性大增，此時，本文認為我們應區分兩種方式看待古典中國哲學與當代哲學的溝通問題，以減少彼此間之爭議。

---

[97] 參見：杜保瑞：〈象山心學進路的儒學建構及其一般學術意見〉，《臺灣大學哲學系中國哲學研究室》，網址：http://homepage.ntu.edu.tw/~duhbauruei/4pap/1con/50.htm。擷取日期：2009/1/24。另見杜保瑞，2006.11，〈陸象山一般學術意見〉，「二十一世紀中華文化世界論壇」。臺北：中華炎黃文化研究會、輔仁大學，南華大學，中國哲學會。

第一種方式是尊重古典哲學家之原創能力，即承認其中影響兩千年的深遂力量；認同其以「個人生命的實踐力」保障其「理論之效力」的存在性內涵。第二種方式則是徹底面對西方文明的強勢力量，要求與希冀有關現代中國哲學之詮釋必須能彌補傳統哲學所忽略的精確表達之要求，同時，亦理解傳統中國哲學中以「個人實踐力」保障其「理論效力」的哲學型態必然受到挑戰，並且理解其難以為科學實證之價值所理解與接納的原因。在此種理解西方強勢文明發展的背景下，很可能中國哲學的當代工作者將較能夠理解「為什麼」當代會出現一種較關注「知識理論」建構，較不重視「道德實踐」的中國哲學類型的形成。

本節結語：上述問題意識實為整體儒學所必須面對的當代挑戰，即我們在論述象山的為學方法之際，如以存在與表達的結構分析，我們除了必須掌握象山文本中豐富的存在意涵外，最終仍需在表達的層次中解決古典與當代兩種表達形式的巨大差異。而表達形式間的深度對話，又有賴中國哲學的工作者徹底了解西方，特別是對西方的藝術、科學與基督宗教等重點文明，進行一種方法性的涵蓋與理解，並以之為重新構作現代中國哲學的基礎性條件，此目標雖然艱鉅，但實為當前的重要任務。

本章結論

本章在第一節論述了象山之「心學方法」，透過了「創造性機制」觀念的設計，我們希望能尋得象山斷言式命題的「存在基礎」與「概念發生的哲學背景」，以說明為何在象山的「宇宙」與「吾心」兩概念可統合，並可透過其「理論機制」置入同一系統中。「創造性的機制」在文本中之形式特徵，在於其文字形式具有朝向「極限式表達」的功能，它的意義在於突破「文字概念」本身對「存在」掌握不足的缺點，要求人在書不盡言之後，進一步理解到言亦不能盡意；進而反推出必須有一在言、意之外，承擔言、意成為可能的存在基礎，此即「極限式表達」所追尋之目標。例如《中庸》一系列之「至誠」、「盡其性」、「盡人之性」、「盡物之性」以「贊天地之化育」的方法即具有「極限式表達」的功能。本章的分析是就當代哲學的觀點反思「傳統儒學的現代價值」，我們認為從孟子的「盡心」至象山的「復其本心」對當代哲學工作者的意義之一，即是儒學試圖解決「表達」永遠難以圓滿之弊；使人設法打破文字與人之間的籓籬，使學者經由想像力的恢復，在接受經典的啟發之後而能透過某些「觀念」之設計，進入存在自身。

在第二節中，我們側重了分析象山之「為學方法」，我們指出了其「明理」觀念做其學習理論之基礎，並透過明「一以貫之」之理、明「學志」合一之理與「真一」之理，較全面地分析一般對象山學不讀書的誤解。我們指出了從「為善解書」、「心通意解」至處「優游涵泳之境」——此一從理性至理性之外範圍推理的「哲學機制」；一方面與第一節提出的「創造性機制」觀念相呼應，另一方面則標舉出其複雜觀念背後的「一以貫之」之理，在於避免「內無益於身，外無益於人」的讀書目標，而應追求「從容不迫」與「不失己、不滯物」的原則。我們認為對象山而言，在為學方法上有無「意願」才是重要的，有意願方為學習時所「應立之大者」；我們透過「學志合一」的觀念，說明立志與下工夫對學習的重要性。最後，我們亦檢討了「為學」為何無法收立竿見影之效的問題，分析了「為己之學」與「為人之學」的衝突問題，以及透過象山為學方法，反省了中西哲學表達類型之差異。在本章之中，我們一方面希望尊重古典哲學家影響中原文明兩千年的深遂力量，另一方面亦希望能面對西方文明所要求的精確表達之要求，重新思索現代中國哲學發展的基礎與方向。

第四章　象山哲學之應用
——對人與社會的處理

前言

象山曾說：「宇宙之間，如此廣闊，吾身立於其中，須大做一個人。」又說：「天地人之才等耳，人豈可輕？人字又豈可輕？」，即「人」觀念在理解象山哲學時具關鍵性地位，特別是在詮釋「宇宙便是吾心」、「心即理」等命題當中，其內涵更決定此命題成立的合理性。本章第一節將透過「開放」與「還原」的結構，分析其理論的「預設」以及「形成此一預設可能之理由」嘗試理解象山哲學之人觀；並透過象山實踐理論之工夫，觀察其人觀理論的自我校正與完成。第二節則處理有關「象山學可以為實學的條件與基礎」問題，當代學者嵇文甫、杜維明、蔡仁厚與鄭曉江先生對此議題都曾經有過專文討論。象山文本確實提出過「實理」、「實事」、「實德」與「實行」之詞彙，但這些包含「實」字之用語，並不代表其學說精神同於大陸學者近二十年所提倡的「實學」之「實」的涵義。反之，陸象山有其一套特殊之哲學價值，方足以使其學說形成有別於重視「經世之學」類型實學的「崇本務實」之實學型態。本節將基於前述學者的研究成果，進而提出一觀察象山實學之思考結構，說明象山心學可以為實學的條件與基礎，並反思心學無用論之說。本章將區分為二節以處理此一課題，其探討議題如次：

第一節　陸象山之人觀及其形成之理由：「開放」與「還原」的分析結構

第二節　陸象山對「人」與「社會」的處理：論心學可為實學之基礎與反思「心學無用論」

本章各節綱要

前言

第一節：陸象山人觀及其形成之理由：「開放」與「還原」的分析結構

壹、學說根源——思孟學派人觀念對象山的影響

一、「從其大體」之人

二、「修道以仁之人」

貳、象山人觀「預設之內涵」

一、「完整之人」與「全人」之可能性

二、象山人觀之特性

參、象山「選擇」（形成）此一預設可能之理由

一、從哲學史之角度觀察其人觀哲學的形成

二、從「象山創見」觀察其人觀哲學的形成

（一）象山人觀的「開放」之特性

（二）象山人觀的「還原」之特性

肆、象山實踐理論之工夫：對人觀理論的自我校正與完成

一、以「自知其非」（知非）工夫為學習之頭柄

二、透過「三節」與「三鞭」實踐「仁」之目標

第一節　陸象山人觀及其形成之理由：「開放」與「還原」的分析結構

本節對「人觀」的探討主要是申論象山哲學對「人」的看法，其中亦包含諸多理解象山文本的重要觀念，例如象山曾說：「人須是閒時大綱思量：宇宙之間，如此廣闊，吾身立於其中，須大做一個人。」又說：「天地人之才等耳，人豈可輕？人字又豈可輕？」[1]，即「人」觀念在理解象山哲學時具關鍵性地位，特別是在詮釋「宇宙便是吾心」、「心即理」等命題當中其內涵更決定此命題成立的合理性。唯因其理論形式本身過於簡要，且多為啟發性命題[2]，故亟需方法性的處理，對其理論之預設部分加以還原與分析。[3]

本節將透過分析其理論的「預設」，以及「形成此一預設可能之理由」嘗試理解象山哲學之人觀。在方法上，本文首先將從哲學

1　《陸九淵集》卷三十五，〈語錄下〉，頁463。

2　牟宗三先生說過：「象山之學並不好講，因為他無概念的分解，太簡單故；又因他的語言大抵是啟發語，指點語，遮撥語，非解解地立義語故」參見牟宗三：《從陸象山到劉蕺山》，台北：台灣學生書局，1979，頁3。

3　筆者曾經提出一「背景哲學」之理論用以分析中國哲學中各組概念之「理論預設」，本文所提出的「開放與還原功能之機制」等方法論之設計即為該理論之部分的應用。「背景哲學」此一構想之主要精神是根據「從其大體」與「以大治小」原則而立，依據先探討「發生義」再解釋「應用義」的原則，以求解釋中國哲學概念時能盡量接近第一義觀照下之精神；此一尋求「使問題發生之背景」的研究方式，本人稱其為「背景哲學」。詳細說明，敬請參考拙著《哲學表達及其基礎——中國哲學研究之新思維》第四章：〈文化生活的實踐原則——群體創造與背景哲學的建立〉，台北：理得出版社，2005，頁158-205。

史的觀點，分析形成象山人觀體系的歷史因素，分析思孟學派人觀念對象山的影響。其次，提供「開放與還原」的理解結構指出「象山的創見」，指出象山人觀如何能透過「發明本心」的「還原」系統回到創生仁義理論的「人自身」，同時又能從人往外「開放」延伸，向「宇宙、歷史與他者」開放，此一詮釋歷程一方面是指出象山「形成其學說預設可能的理由」，另一方面也是本文面對象山理論形式過於簡要所採取的分析策略。最後，我們將觀察象山如何提出具體的工夫論達成其目標，並從中分析其人觀，以下即區分為下列單元做進一步說明：

壹、學說根源——思孟學派人觀念對象山的影響
貳、象山人觀「預設之內涵」
參、象山「選擇」（形成）此一預設可能之理由
肆、象山實踐理論之工夫：對人觀理論的自我校正與完成

正文：

壹、「學說根源」——思孟學派人觀念對象山的影響

先秦儒家人觀基本上是採取倫理學進路的，例如《中庸》第二十章指出「仁者人也」[4]，《孟子・離婁下》中「仁者愛人」或「人

[4] 「仁」的意思《禮記・表記》解釋為「仁從二人，人相遇之道」。「仁」的意義在儒學中多設定以「人與人之間最佳之理想關係」，例如孝悌之人或親

禽之辨」[5]的觀念，皆舉出了儒家人觀的倫理學特性，並以「仁」為其定位「人」的主要內涵。也正因為這種特性，諸多當代學者視儒家人觀之「人」成為一種「人倫」脈絡中的人[6]；同時，亦將儒家「人學」視為一種「仁學」[7]。儒家仁學觀點下「人」的意義，基本上有兩項要點：第一，其「人」指「從其大體」之人。第二，強調以「修身之人」的價值，做為士農工商各種社會性角色扮演的基礎；以下分述此二要點，說明思孟學派對象山之影響。

一、「從其大體」之人

孟子曾經為儒家定位「人」的方式提出一著名的命題——「從其大體為大人，從其小體為小人」，其原文相當重要：

> 公都子問曰：「鈞是人也，或為大人，或為小人，何也？」孟子曰：「**從其大體為大人**，從其小體為小人。」曰：「鈞是人也，或從其大體，或從其小體，何也？」曰：「耳目之官不思，而蔽於物。物交物，則引之而已矣。心之官則思；思

親之人做為詮釋方向，一如《論語・學而篇》有子說：「孝悌也者，其為仁之本與。」又如《孟子・盡心篇》說：「親親，仁也」。

5 孟子曰：「人之所以異於禽獸者幾希，庶民去之，君子存之。舜明於庶物，察於人倫；由仁義行，非行仁義也。」《孟子・離婁下》

6 請參考楊適著：《中西人論的衝突——文化比較的一種新探求》，北京：中國人民大學出版社，1991，頁 3-9。「中國文化與人論中有一種高度的自覺，人們一切生活言行和思想文化創造，只有在為了人的時候才有意義；而一切事情，也只有通過人，依靠人才能實現。」（頁 3）。「中國傳統中人論的『人』，主要是『人倫』的人」（頁 9）。同樣的觀點可參考潘小慧：〈邁向整全的人：儒家的人觀〉一文指出「儒家的人觀」下的人為一「整全的倫理人」，《應用心理研究》，第 9 期，台北：五南圖書公司，2001.3.，頁 124-125。

7 請參考潘小慧：〈邁向整全的人：儒家的人觀〉，《應用心理研究》，第 9 期，台北：五南圖書公司，2001.3.，頁 115-135。

則得之，不思則不得也。此天之所與我者，先立乎其大者，則其小者不能奪也。此為大人而已矣。」[8]

其中「從其大體為大人，從其小體為小人」，此一命題可以歸因為「心之官」與「耳目之官」兩者分別作用的結果；即順從前者即為「從其大體之人」，聽從後者即為「遵從小體之人」。然而，其大小之分並非對單一生命的截然二分，而是以指出人生命的「幾希處」——四端之心做為其區分的哲學目標。其中「四端之心」[9]即惻隱之心、羞惡之心、辭讓之心、是非之心四者，此一理論的目標是試圖指出人性中正面而向善的可能性。[10]

「四端之心」本非「人心」之全體，僅是人心向善的「起點」觀念；但為何孟子哲學強調並突顯出「四端」在心中的地位，以「起點」觀念為關鍵性力量，並以之代表「心」之全體，甚至是代表其「人」觀念的全部，進而結論出「苟能充之，足以保四海；苟不充之，不足以事父母」的命題？面對此諸多的疑問，《孟子》一書簡要地以「耳目之官不思，而蔽於物」為理由告訴讀者，因為耳目感官令人墮落於物質，所以「耳目之官」不如「心之官」；進而孟子結論性地提出人應遵守「先立其大者，則小者不能奪也」的命題。至於為什麼孟子能提出「先立其大者，則小者不能奪也」的命題，

8　《孟子・告子上》

9　「惻隱之心，仁之端也；羞惡之心，義之端也；辭讓之心，禮之端也；是非之心，智之端也。人之有是四端也，猶其有四體也。有是四端而自謂不能者，自賊者也……凡有四端於我者，知皆擴而充之矣，若火之始然、泉之始達。苟能充之，足以保四海；苟不充之，不足以事父母。」《孟子・公孫丑上》

10　象山解釋「四端之心」時，亦強調此「心」的的特性為「當惻隱處自惻隱，當羞惡，當辭遜，是非在前自能辨之，……所謂溥博淵泉而時出之。」引文之最後即指出此「心」的特性是一「存在事實」而非「文字概念物」。《陸九淵集》卷三十四，〈語錄上〉，頁 396。

以及人從「知道行善避惡」至「做到行善避惡」，從「知道、理解『大者』」至「選擇、實踐『大者』」，這中間的歷程孟子並未提出詳細說明，但他卻用這些命題定位其「人」、「人心」與「人性」等哲學之核心概念。

從《孟子》全書觀察，本文以為孟子所以「能夠選擇、能實踐『大者』」的關鍵，在於其「盡心」與「存心」觀念，即源自「盡其心者，知其性也；知其性，則知天矣；存其心，養其性，所以事天也」[11]的觀念。其中「知天」與「事天」哲學之所指，不只是解讀本體論意義下「天」觀念的進路，更同時代表解讀此天觀念涵義中的「人」觀念之內容。又，其人觀念中的「人心」概念，即為孟子定位為「『人』欲窮盡其極限能力時」的代表性概念；所以，朱子在註解此觀念時以「心者，人之神明」、「人有是心，莫非全體」(《四書集註》)，論述「人心」的功能，即明確地指出了孟子「盡心」哲學，以「人心」觀念代表「人之全體」意義的理論進路。**孟子此一強調「盡心」與「存心」的觀點，在宋代即為象山運用，提出了「本心」觀念做為其哲學入手處。**

二、「修道以仁之人」[12]：以「修身之人」做為士農工商各種社會性角色扮演之基礎

人的原義在拉丁文（persona）中原有「面具」之意思，象徵演員所扮演的「角色」之意義；在中國文化的傳統中，人的職業

---

11 《孟子．盡心上》

12 哀公問政。子曰：「文、武之政，布在方策，其人存，則其政舉；其人亡，則其政息。……故為政在人，取人以身，修身以道，修道以仁。」《中庸》

亦可概分為士農工商四種角色，並以國君統率此四者。先秦儒家哲學在定位「人」觀念時，強調不論士農工商中的何種角色，皆應以「修身之人」做為人生目標，做為從事專業工作角色時的努力「起點」與「終點」。我們以統攝此四者的「政治人——國君」為例，例如孔子即曾經說：「為政在人，取人以身，修身以道，修道以仁。」(《中庸》)這是孔子回應哀公問政時的觀點，他指出「人君為政，在於得人；而取人之則，又在修身」[13]的思考方向，以「修道以仁」為政治人的基本要求，接著又以「君子不可以不修身」與「修身則道立」的命題，做為統合人與人相處之道的原則基礎。

為什麼「修身」觀念在儒家定義「人」時如此重要，並且以其為扮演各種社會角色的最高目標？我們從《中庸》裡可以尋得一些線索。《中庸》說：「故君子『不可以不修身』；思修身，不可以不事親；思事親，不可以不知人；思知人，不可以不知天。」在此引文中，我們可以發覺對於「知人」與「知天」兩大哲學課題，儒家都將其命題成立的起點定位在「修身」；換言之，「修身」的功能，儒家視其可以指引與涵蓋一切社會角色的內在需求，所以《中庸》說：「知所以修身，則知所以治人；知所以治人，則知所以治天下國家矣。」簡言之，知修身可使天下國家治，知修身可以使從事各行各業的個體皆得到倫理價值的指引，此即思孟學派之「修身則道立」的觀點與方向。

象山哲學亦繼承了此一方向，強調以「復」的觀念進行「修身」，以「復本心」或「發明本心」論述其修身工夫。他提出「復」的目標與《中庸》「修身則道立」是一致的，並要求在「復其本

13 蔣伯潛廣解　朱熹集註：《四書讀本》，〈中庸〉台北：啟明書局，無出版日期，頁23。

心」（理想）的目標下，修養者必須「在人情、事勢、物理（在現實）上做些工夫」[14]以之做為「修身」的方向，即採行兼顧理想與現實的方式，定位其「規劃人生與宇宙的關係」之主要原則。換言之，象山繼承了思孟學派的觀點並加以創新[15]，建構其本心哲學與定位其合天人、合宇宙與吾心之理論體系。以下將繼續分析象山人觀「預設之內涵」，以及象山「選擇」此一預設可能之理由。

貳、象山人觀「預設之內涵」

一、「完整之人」與「全人」之可能性

「預設」的觀念在探討象山學說中是極為重要的，象山以「立處」稱之[16]。象山哲學主要透過「心即理」與「發明本心」理論的要旨為其「立處」，以此為預設定位其人觀。對此他曾說：「人心至靈，此理至明；人皆有是心，心皆具是理」[17]，**其中「至靈與至明」的觀念即代表人心的完整性**；象山又說：「四端（之心）皆我固有，

---

[14] 《陸九淵集》卷三十四，〈語錄上〉，頁 400。

[15] 曾春海教授亦同意象山之學不僅是傳承孟子，更有所創見，他說：「象山所舉的這些內容，亦不完全是因讀孟子書而習得。筆者堅信這也是象山透過其自身生命活動的深刻自覺」參見曾春海：《陸象山》，台北：東大圖書公司，1988，頁 73。

[16] 例如他批評諸子百家與佛老時即說：「諸子百家，說得世人之病好，只是他『立處未是』，佛老亦然。」參見《陸九淵集》卷三十五，〈語錄下〉，頁 454。

[17] 《陸九淵集》卷二十二，〈雜著〉，頁 273。

全無增添」[18]，以及「此心此理實不容有二」[19]等語，並認為「本心若未發明，終然無益」[20]。換言之，象山哲學對人的總設定認為：**人本為一「完整之人」，或具有所謂「全人」[21]之可能性。以孟子萬物皆備於我的觀點言，此一人性內涵的完整性皆我所固有，全無增添；然而，極易因私欲之故而有所蔽**[22]，故必須以「發明本心」的方式，追求此心之原初狀態，此即象山「心即理」與「發明本心」哲學之大要，並**以此做為其全體哲學之預設**。

象山重「心」之觀念，實即重「人」，此一重人的方向深得孔孟之教。[23]根據孔孟儒學精神，**象山思想的核心即在於透過「本心」的觀念，探討人的本質**，究明「人之所以立」[24]；而且，這種人並非普通的人，而是**定位在「如何做天地間第一等人」**，即象山所謂「若某則不識一個字，亦須還我堂堂地做個人」[25]之人。**在象山宏**

---

[18] 《陸九淵集》卷三十五，〈語錄下〉，頁 461。

[19] 「蓋心，一心也，理，一理也。至當歸一，精義無二。此心此理實不容有二。故夫子曰：『吾道一以貫之』。」《陸九淵集》卷一，〈書〉，頁 4-5。

[20] 《陸九淵集》卷四〈書〉頁 57。

[21] 「全人」一概念，基本上是從探問「人的本質與意義是什麼」出發，進而再賦予「人」的觀念一種「理想性或完美狀態」而有的辭彙；本文認為「儒家人觀」與當前教育界鼓吹之「全人」理念有相當密切的關連性。請參考拙論：〈從儒家觀點論「全人」理念之哲學基礎〉，《全人教育學報》，第 3 期，2008.06，頁 1-20。

[22] 「人心不能無蒙蔽。蒙蔽之未徹，則日以陷溺。」《陸九淵集》卷一，〈書〉，頁 8。

[23] 唐君毅先生曾經說：「孔子之教，於人文二字中，重『人』過於重其所表現於外之禮樂之儀『文』，而吾人先自覺人之所以成為人之『內心之德』，使人自身先堪為禮樂之儀文所依之質地。這才是孔子一生講學之精神所在。」參見唐君毅：《中國人文精神之發展》，台北：台灣學生書局，1999，頁 33。

[24] 例如曾春海教授指出：「究明『人』之所以立，是象山思想的脈穴。對此一問題探討的指標則置於『天之所與我者』，亦即具超驗性質的本心」參見曾春海：《陸象山》，台北：東大圖書公司，1988，頁 72。

[25] 《陸九淵集》卷三十五，〈語錄下〉，頁 447。

偉的志向下，其「心即理」之哲學即關切到「人存在宇宙中之正確位置」，亦關涉到「人存在的超驗本質」與「如何實現人之生命意義與價值的根基」[26]。

二、象山人觀之特性：「志高」與「寬鬆」原則並存

象山所設定的「完整之人」，其內在特性是「志高」與「寬鬆」兩原則並存的，且此兩者似乎在表面上是衝突的。首先，所謂「志高」是言其強調人必須「志於道」，他說：「無志，則不能學；不學，則不知『道』。所以致道者，在乎學，所以為學者，在乎志。夫子曰：『吾十有五而志于學』」[27]。**「立志」成為其人觀中最重要的要求**，而且是一種自我要求；即強調「主觀意願」大於「客觀評估」，**這是他詮釋人性之道高的一面**，其特性較屬於「『意願』考量大於『能否』考量」的思考狀態。

其次，象山**以「仁」觀念界定「人」**時的道德標準亦是（相當）**「寬鬆」的**，他同意《尚書》皋陶謨的觀點，他說如果要求人實踐「九德」的標準太嚴苛，則「六德」、「三德」，甚至**只餘「一德」，只要能「據之而不失」也都可以算是「為仁」**；而且其最低標準之「一德」也不必「求其全」，**象山認為我們皆可以從「一德」之中有一些微小的「善端」再加以「擴充」**[28]，如此即可成就「人之所以為人」的任務。他說：

[26] 「究明『人』之所以立，是象山思想的脈穴。對此一問題探討的指標則置於『天之所與我者』，亦即具超驗性質的本心」、「在象山哲學中，人間最真切的學問，應是關涉到人存在的超驗本質處，這是實現人之生命意義與價值的根基。」
參見曾春海：《陸象山》，台北：東大圖書公司，1988，頁 72。

[27] 《陸九淵集》卷二十一，〈雜著〉，頁 264。

[28] 這是繼承孟子對「四端之心」加以「擴充」即足以保四海的觀念。

皋陶謨之**九德**，日嚴只敬**六德**則可以有邦，日宣**三德**則可以有家。德之在人，固**不可皆責其全**，下焉又不必其三。**苟有一焉，即德也**。一德之中亦不必其全，苟其性質之中有微善小美之可取，而**近於一者，亦其德也**。苟能**據之而不失，亦必日積日進**，日著日盛，日廣日大矣。[29]

象山此語異常感人，為犯錯者永遠保留希望；他從「九德」的高標開始，但不以九德俱足為唯一標準；即使只有「六德」、「三德」、「一德」也都是難能可貴的。甚至在「一德」之中仍不必求全，而認為「一德」之中有「有微善小美之可取，而近於一者」，亦視為德性。同時，他認為「苟能據之而不失，必日積日進」；換言之，引文的意義在於**他對人的「任何向善之可能」皆加以正面地鼓勵與認肯**，強調「使能於其所不能泯滅者而充之，則仁豈遠乎哉」的原則，使「有過之人」皆能「一心向仁」，進而**以「人性善端起點之無限可能」，以人性本質中的無限性，保障與包容理智的有限性以及與人的行為誤入歧途的可能性**。

對於人的為惡，象山用人「能否備道」作了分析。在儒家惡與過不同[30]，常人為惡，只是不能「（完）備道」，並非全無道可言；對此象山說：「惟聖人惟能備道，故為君盡君道，為臣盡臣道……。常人固不能備道，亦豈能盡亡其道。夫子曰：『誰能出不由戶，何莫由斯道也』。」[31]對象山言，人之有道，有完備者，亦有不完備者；此乃聖凡之別，非人與非人之別。象山在其人觀中，人性之有

---

[29] 《陸九淵集》卷二十一，〈雜著〉，頁264。

[30] 儒家之思孟學派雖以人性為善，但並未說「人能無過」，象山論《論語》時說到「惡與過不同，惡可以遽免，過不可以遽免……夫子（孔子）猶曰：加我數年，五十而學易，可以無大過矣。」《陸九淵集》卷二十一，〈雜著〉，頁263。

[31] 《陸九淵集》卷二十一，〈雜著〉，頁263。

道其理由如「誰能出不由戶」一般明確。對能夠盡己與自身完整可能性的人，象山有時又稱其為「大人」，「大人」的概念主要是指有德者，即《孟子・離婁上》所云：「惟大人為能格君心之非」之大人[32]。他說這種成為「大人」的價值觀「非獨賢者有是心也，人皆有之，賢者能勿喪耳。」[33]接著他又說：

> 「人之所以異於禽獸者幾希，庶民去之，君子存之。」「去之」者，去此心也，故曰：「此之謂失其本心」。「存之」者，存此心也，故曰：「大人者不失其赤子之心。」四端者，即此心也。「天之所以與我者」，即此心也。人皆有是心，心皆具是理，心即理也。[34]

「存此心」與「去此心」，即是象山認為人為善或為惡的主要理由。「存此心」的要求，在理解象山人觀之中無疑地是有絕對的重要性；象山指出「只『存』一字，自可使人明得此理」[35]。象山強調孟子之「存」，這點往後在明代王陽明以「致良知」之「致」表示；**象山與孟子運用「存」，以及陽明的「致」的觀念，皆能提供哲學還原的功能**，一方面使人能**以「還原」的方式使「心」能去私利，透過「向人性善端還原」**而重返公義[36]；另一方面，亦使人**「心」向他者開放**，向歷史與自然開放，**以「宇宙不曾限隔人」**[37]**的開放精神，透過宇宙的無限可能豐富個體有限的生命。**

---

32 朱子註其義為「大人者，大德之人，正己而物正者也。」

33 《陸九淵集》卷十一，〈書〉，頁 149。

34 《陸九淵集》卷十一，〈書〉，頁 149。

35 《陸九淵集》卷一，〈書〉，頁 4。

36 象山曾說：「儒為大中，釋為大偏，與其他百家論則百家為不及，釋為過之。原其始要，其終則私與利而已。」《陸九淵集》卷二，〈書〉，頁 20。象山又說：「惟義惟公，故經世；惟利惟私，故出世。儒者雖至於無聲無臭，無方無體，皆主於經世。」《陸九淵集》卷二，〈書〉，頁 17。

37 《陸九淵集》卷三十四，〈語錄上〉，頁 401。

以上的說明，一方面標舉出象山人觀所**「預設」的高度理想性**，追求「完整之人」與「全人」之可能性；另一方面，亦呈現一種理論所具有的「開放與還原」之特性，共同組合成其賦予先秦儒學再生的動力來源。

以下將進一步以象山「心」觀念為根據，從兩個觀點說明**「形成象山人觀預設」的理由：第一，「吾心」所遭遇的歷史**，即從哲學史角度的觀察；**第二則是針對象山的創見，從「心」觀念**所具有的**「開放與還原」的結構**論述**象山人觀之形成**。

參、象山「選擇」（形成）此一預設可能之理由

如果說象山以「本心哲學」規劃其人觀，則我們欲進一步探究**象山提出此一哲學規劃的理由**，亦即探問**象山為什麼要「預設」人本身的完整性**，其原因與可能的理由為何；並且在此基礎上，進而他才能提出「心即理」與「發明本心」等觀點，一方面建構其人觀，另一方面實踐其人觀，發揚心學之精神。本文試圖從「歷史傳承」與「象山創見」二方面，思考象山「選擇」此一預設，以及「設定」人本具一完整性的可能理由；並且由於有關歷史傳承——象山學脈的探討，在當代已有一定成果[38]，故**本文將側重於第二種可能性的探討**。

---

[38] 例如（1）牟宗三：《從陸象山到劉蕺山》，台北：學生，1979，頁3-24。（2）林繼平曾探討〈象山底學脈問題〉，參見林氏著《陸象山研究》台北：台灣商務印書館，1983，頁 144-157。（3）曾春海教授：〈象山的學脈及其著作〉，參見曾春海：《陸象山》，台北：東大圖書公司，1988，頁11-38。

一、從哲學史之角度觀察其人觀哲學的形成

無可置疑地，象山人觀的形成必定受到歷史思潮影響；從哲學史的傳承分析，一般而言**象山學脈發展有三大類型**，一是以象山文本為主的觀察，即根據其〈語錄〉所載詹阜民問：「先生之學亦有所受乎？（象山）曰：因讀孟子而自得之」[39]，認定象山之學直承孟學，這是最典型的意見，明代王陽明寫〈象山先生全集敘〉時說「吾嘗斷以陸氏之學，孟氏之學也」[40]，基本上即是採取此一觀點。第二種說法是認為象山繼承禪學思想而發展其說，例如《全集》中即記載有「天下皆說先生是禪學」的意見[41]，又例如宋孝宗、朱熹都對象山之學有此一疑慮[42]。第三種意見則依全祖望所著《宋元學案》的內容發揮，以程門為其學說源流的起始，認為「程門自謝上蔡以後，王信伯、林竹軒、張無垢至於林艾軒，皆其前茅，及象山而大成。」[43]

其次，曾春海教授歸納近人夏君虞與日人宇野哲人對《宋元學案》的研究觀點，在取同去異後指出：「象山學脈的線索，依序為程顥、謝良佐、楊時、張九成、王蘋與林光朝」[44]。本文則認為象山思想除孟子的影響外，程顥的觀念亦深刻而長遠地影響象山，特別是程顥《識仁篇》中所舉出「理即在吾心，不須向外求」，以及「識得此理，以誠敬存之」等概念，使象山人觀亦重視存在事實，

39 《陸九淵集》卷三十五，〈語錄下〉，頁 471。
40 《陸九淵集》，〈附錄一〉，頁 538。
41 《陸九淵集》卷三十四，〈語錄上〉，頁 425。
42 參見《陸九淵集》卷三十五，〈語錄下〉，頁 467。以及《朱文公文集》卷三十六，上冊，〈寄陸子靜第一書〉，頁 507。
43 《宋元學案・象山學案》。
44 參見曾春海：《陸象山》，台北：東大圖書公司，1988，頁 28。

強調經由「發明本心」的還原工夫以求「實得此理」，並透過「心即理」的設計定位其人觀。以下本文進一步分析象山轉化先秦儒家觀點後之創見，並以現代詮釋方式加以論述。

二、從「象山之創見」觀察其人觀哲學的形成——從「開放」與「還原」之結構分析其人觀

象山之學不僅有繼承孟子者，在「心即理」與「宇宙便是吾心」的理論發揮上亦有超過孟子的創見[45]。本文認為象山人觀之內容，既然以「人心至靈，此理至明；人皆有是心，心皆具是理」[46]為代表，即表示象山確定人的內在本質恆常具有一種「完整性」，指出人心具有至靈與至明的特性。同時，象山此一信念的提出，即代表象山**人觀之內容，具有一「開放」與「還原」的特性**；此種特性**亦可做為分析象山人觀之結構**，即以「心」觀念為分析對象，進而呈現出其中「開放與還原」的特性。

所謂「開放」的特性是指象山心中的人觀非一封閉的系統，而必涉及向「人與人」，以及「人與歷史」開放。**所謂「還原」的特性**則指出象山人觀理論起點在於「本心」，強調**在一切理論外延發揮之前，皆必須以還原的方式返回「心」觀念中**[47]，以**處理「自我」與「他者」之關係**，此即其「發明本心」理論的終極結構。綜合上述兩方向，象山之人觀認為「完整之人」的內容是一兼具「開放與

---

[45] 牟宗三認為「象山亦有超過孟子者，……即是『心即理』之達其絕對普遍性而『充塞宇宙』也」參見牟宗三：《從陸象山到劉蕺山》，台北：台灣學生書局，1979，頁 19。

[46] 《陸九淵集》卷二十二，〈雜著〉，頁 273。

[47] 返回「心」觀念的方法與目標，敬請參考前文第四章「心」所具有的「創造性機制」的分析。

還原」兩特性之人，即此人是既能向他者——向「往哲、師友、宇宙開放」之人；同時，亦能透過「存誠與持敬」向自我「本心」還原之人，以下就此兩方向析論之。

（一）象山人觀具「開放」之特性

象山人觀所定位之人並非一「孤立物」，而是能參與歷史並向他者開放之人。以下分二部分說明此一特性：第一，在處理**「人與人」**的部份，象山以「與師友論學的態度」展現其開放之特性。第二，在處理**「人與歷史」**的部分，象山以他對「往哲之言」的開放原則定位其人觀。

1. 有關「人與人」部分：以象山人觀對「與師友論學之態度」為例

象山心中之「人」非孤立的人，其「宇宙便是吾心」[48]的命題亦非孤芳自賞、我行我素式的夢境，試觀象山所言：「天下若無著實師友，不是各執己見，便是恣情縱欲」[49]，又說：「自古**聖人亦因往哲之言，師友之言，乃能有進。**」[50]這些論點足可見**象山心中之人觀非封閉式的，而是被要求直接參與其四周環境中他者之生活**。這種生命目標對學習者而言，最直接的對象即是師與友，特別是老師。象山認為對哲學工作者而言，「老師」非常重要，所以他說：「學者須先立志，志既立，卻要遇明師」[51]；換言之，立志只是第一步，在立志之後的學習生涯中，明師絕不可少，此與

[48] 《陸九淵集》卷二十二，〈雜著〉，頁 273，頁 5；另見卷三十六，〈年譜〉，頁 483。
[49] 《陸九淵集》卷三十五，〈語錄下〉，頁 436。
[50] 《陸九淵集》卷二十一，〈雜著〉，頁 263。
[51] 《陸九淵集》卷三十四，〈語錄上〉，頁 401。

孔子隨時尋求老師的指點提出「三人行必有我師焉，擇其善者而從之」《論語‧述而》的精神一樣，皆明確地道出在學習歷程中良師的重要地位。

其次，即是與友人之論學；象山論學的態度相當謙和，他曾經引孔子讚美人的話說道：「孔文子之所以為文者，在於不恥下問；人之取善，豈有定方？善之所在，雖路人之言，臧獲之智，皆當取之」[52]，這亦同於上述孔子三人行必有我師的精神。在與友人論辯的態度方面，他說：「與人商論固不貴苟從，然亦須先虛心，乃能聽其言。若其言與吾所言有未安處，亦須平心思之；思之而未安，又須平心定氣與之辯論；辯論之間，雖貴伸己意，不可自屈，不可附會，而亦須有惟恐我見未盡，而他須別有所長之心乃可。」[53]此處，象山指出人與人之間討論應本著虛心的精神來互動，既要靜聽其言，但也要能夠不隨意苟從、自屈與附會；同時，在思考後宜平心靜氣的與他人辯論，取他人之長補己之短；這是象山從其人觀出發，對其周遭之他者採取開放態度的例子。

2. 有關「人與歷史」的部分，以象山對「往哲之言」開放的態度為例

象山曾說：「自古聖人亦因往哲之言，師友之言，乃能有進。」[54]**象山對歷史文本的處理原則，可以說是既靈活又謹慎**，他要學者對固有原則「**不可拘泥**」[55]，不可不知變通，這**是他做學問**

---

[52] 《陸九淵集》卷四，〈書〉，頁 58。

[53] 《陸九淵集》卷四〈書〉頁 58。

[54] 《陸九淵集》卷二十一，〈雜著〉，頁 263。

[55] 象山以分析《易經》的「晉卦」為例，否定一般說易者皆以「陽貴而陰賤」

靈活的一面。然而，對於哲學的詮釋過程，象山亦明白其困難處；他採取謹慎的做法，一面要求讀書**「看注疏」**[56]**，更要「仔細玩味，不可草草」**[57]**任意詮釋**，因為如果「自以己意聽之，必失其實也。」[58]象山對歷史的態度亦是其面對外在他人（往哲之言）的原則；然而，在採取「靈活」與「謹慎」面對歷史文本的過程中，象山了解其窮究文本真理的困難。以上是透過「人與人」、「人與歷史」的角度看象山人觀所具有的「開放」之特性。

（二）象山人觀具有「還原」之特性

所謂「還原」的特性則指出人觀理論起點在於「本心」，強調在一切理論效用發揮前，皆必須以「還原」的方式返回「心」觀念中，以處理「自我」與「他者」之關係；以下我們即從突破「文字性歷史」限制返回「人自身」、從「存誠」與「知本」的工夫修養回到本心，以及透過「知本」觀念得出「明理」與「德偽之辨」兩項還原成果，說明此一「還原」觀念的特性。

1.象山「發明本心」觀念之還原功能

還原的第一種方式在運用哲學人類學觀念，經由「歷史發展」次序以區分「文字」與「文字的發明者」，或者「理論」與「理論

為原則，認為晉卦之六五一陰為明之主，下坤以三陰順從於離明是以致吉，說明「陽貴而陰賤，剛明柔暗之說，有時不可泥也」《陸九淵集》卷二十一，〈雜著〉，頁257。

56 「後生看經書，須著看注疏及先儒解釋；不然，執己見議論，恐入自是之域，便輕視古人。至漢唐間名臣議論，反之吾心，有甚悖道處，亦須自家有徵諸庶民而不謬底道理，然後別白言之」。參見《陸九淵集》卷三十五，〈語錄下〉，頁431。

57 《陸九淵集》卷三十五，〈語錄下〉，頁432。

58 《陸九淵集》卷一，〈書〉，頁3。

的發明者」；即運用哲學人類學思考**方法突破「文字性歷史」限制，返回「創造」文字性歷史者——即創造文明的「人自身」**；如以哲學言，即從哲學史以重返哲學家發明理論的哲學情境。此一思考方向與象山「本心」觀念具有內在的一致性，例如象山說：「宇宙不曾限隔人，人自限隔宇宙」[59]，**人是否被限隔於宇宙外的問題，以今日的哲學觀點評析**，實即人是否被「文字概念」與「文字理論」限隔於「存在事實」之外的問題。

因為，人是否被文字理論限隔或掩埋生命的問題，其中的關鍵在於人能否從「文字性歷史」中設法「還原」回到「人」或「人自身」，而象山「復其本心」的思考亦具有相同的結構，要求人在思考中「先立其大者」，即先重返人四端之心再論其他。所以，象山先說「宇宙內事乃己分內事」（分內事，指先「還原至人自身」之事），然後才說「宇宙便是吾心，吾心即是宇宙」（向自然與宇宙存有開放）。象山**以「心」觀念為主軸**所提出**的哲學「還原」目標，**即指出了其人觀**先處理「人與自我」，後處理「人與他者」關係之哲學（方法性）程序**。

2.「存誠」與「知本」觀念的還原功能

「存誠」與「知本」是象山理論中另一組深具還原功能的概念，存誠觀念無疑地是源自《中庸》「誠之者，人之道也」與《孟子》之「存其心」的概念。「存誠」的具體意義，象山常以「切己自反」論述，例如他說：「或問先生之學『當自何處入』，曰：不過切己自反，改過遷善」[60]，此即指出象山哲學一基本的前提，即人必須有

---

[59] 《陸九淵集》卷三十四，〈語錄上〉，頁 401

[60] 《陸九淵集》卷三十四，〈語錄上〉，頁 502。

「反省能力」(或切己自反的能力),此一條件即是他強調「發明本心」之入手處與總原則[61]。

3. 由「知本」觀念得出「明理」與「德偽之辨」兩項還原成果

牟宗三教授認為先明「知本」工夫即是明本末輕重,即是欲徹底了解象山「本心即理」的觀念之關鍵[62]。因為人如能「知本」即能達成(1)「明理」,以及(2)能行「德偽之辨」兩項效果,此即象山人觀中哲學還原的代表性成果。

(1)「明理」觀念的目標:避免「虛說」與「外說」造成「以學術殺天下」

根據「知本」的思維,象山認為「明得此理,即是主宰。真能為主,則外物不能移,邪說不能惑。所病於吾友者,正謂此理不明,內無所主。」[63]即知本原則的第一項應用,即要求人心「明得此心此理」,尋得主宰,並避免內無所主;否則,人將為氾濫的知識掩埋。象山接著說:「一向縈絆於浮論『虛說』,終日只依藉『外說』以為主,天之所與我者反為客;主客倒置,迷而不反,惑而不解。」[64]此中,「虛說」與「外說」兩者即是與生命(知本)無關者,如此使得主客倒置,其嚴重性最終將使得「有志之士罹此患害,乃與世間凡

---

[61] 「不過切己自反」的「不過」二字,意思即是「僅僅,只。指不超出某種範圍」,有總原則的意思。例如《新唐書・卷一五九・盧坦傳》:坦諭縣人弟輸,勿顧限,違之「不過」罰令倖爾。「不過」兩字即指「僅僅」或「不超出某種範圍」,有總原則之意。

[62] 他說:「象山先令人辨志……其所吃緊示人者,則在先明輕重本末」牟宗三:《從陸象山到劉蕺山》,台北:台灣學生書局,1979,頁 7。

[63] 《陸九淵集》卷一,〈書〉,頁 4。

[64] 《陸九淵集》卷一,〈書〉,頁 4。

庸恣情縱欲之人均其陷溺，此豈非以學術殺天下哉？」[65]即象山認為「虛說」與「外說」皆與生命無關，這種類型的學問不過是使人「迷而不反，惑而不解」，此即「明理」在象山人觀中的作用。

象山所言「以學術殺天下」的原因，基本上肇因於人失去「還原」能力，無法從文字中還原回人的存在自身，此即陷入某一「概念」（言語、虛說、外說）之中；例如在〈與曾宅之〉書中他說：「今足下終日依靠人言語，又未有定論，如在逆旅，乃所謂無所歸。」[66]在象山而言，依靠他人言語，自身未有定論者，離真哲學世界遙遙無期而無所歸，他接著說：

> 今終日營營，如無根之木，無源之水；有採摘汲引之勞，而盈涸榮枯無常，豈所謂源泉混混，不舍晝夜，盈科而後進者哉？[67]

對象山而言，具備還原能力的人，其理解與運用文字，必有如「源泉混混，不舍晝夜」的力量；相反的，如果只是在概念上應用文字，則人將如「無根之木，無源之水；有採摘汲引之勞，盈涸榮枯無常」。這裡延伸出的問題即是**人如何不陷入「文字概念」枷鎖的問題，象山對此一議題的態度亦呈現出其哲學對「真理」的看法，以及人如何能行「德偽之辨」的問題**。

（2）「真理的特性」與「德偽之辨」

象山深知在尋求「知本」的過程中，後學必定遭遇**真理如何判斷的問題**。對此一課題他繼承《孟子‧告子下》「夫道若大路然，

---

65 《陸九淵集》卷一，〈書〉，頁 4。

66 《陸九淵集》卷一，〈書〉，頁 5。

67 《陸九淵集》卷一，〈書〉，頁 6。

豈難知哉」的原則，而說真理應是：「坦然明白之理，可使婦人童子聽之而喻」[68]，又說：「聖人教人。只是就人日用處開端，如孟子言徐行後長，可為堯舜。」[69]即**象山真理觀的特性並不指向文字性歷史的「概念世界」，而是指向「人倫日用的生活」當中**，例如「可使婦人童子聽之而喻」與「就人日用處開端」，此亦與前文指出象山透過「本心即理」觀念之設計，所欲指出者乃一「存在事實」而非「概念延伸之物」的道理一致。

象山又說：「吾之道，真所謂夫婦之愚可以與知」[70]，除了認定哲學原則必具有坦誠明白的特性並指向「存在事實」外；根據這種信念，**象山又以「心逸日休，心勞日拙，德偽之辨也」[71]的原則，分辨「德」與「偽」二概念**。即完成「德偽之辨」是象山本心哲學的應用，亦**是掌握儒學精神的重要指標**；對象山而言，此「德」之觀念並非僅為概念物，而是欲透過「知本」的基礎而躍入存在性之道德世界，換言之，此世界對象山而言是存在事實。**「德」的意義**在象山而言，即人活著最根本的動力；所謂根本，即是此一德性本「不假外求」。此一**德性的特徵是**：首先，它是人性中最深刻的本質，是推動人類行為最應先掌握（思則得之者），最應先確立者；其次，它是人性中的最高理想，是寧可犧牲自我（去私），推動人行善避惡的志向（公心），它是一基礎物與根本物。例如象山說道：

> 此天之所以予我者，非由外鑠我也，思則得之，得此者也。先立乎其大者，立此者也……知德者知此者也，進德者進此

68 《陸九淵集》卷一，〈書〉，頁 4。

69 《陸九淵集》卷三十五，〈語錄下〉，頁 432。

70 《陸九淵集》卷三十四，〈語錄上〉，頁 408。

71 《陸九淵集》卷一，〈書〉，頁 1。

者也。同此之謂同德，異此之謂異端，心逸日休，心勞日拙，德偽之辨也。[72]

象山認為如果人確實往內求，反求諸己，真理必定坦然明白，其結果自然是令人「心逸日休」，自在自得。反之，如果人是為外在目標而奮鬥，依文字而延伸文字尋求真理，則人往往陷於疲憊，此即落入象山所謂「心勞日拙」之境。基本上，此一以「心逸日休，心勞日拙」原則辨認「德」、「偽」的方法純屬內在，仍需經由自身反省；這是象山「本心哲學」簡易直截之特性，亦是其哲學之難處。其困難在於必須靠一心之體悟，靠一心之「明理」；即必須先能掌握儒學標準，而後方能依從標準，透過孟子的盡心或象山的復歸本心觀念以躍入存在的形上道德世界。

以上即是透過「心」觀念所延伸出的「開放與還原」結構，從「哲學史」與「象山的創見」二角度，探討「象山人觀為什麼預設人本身的完整性」，分析象山選擇此一預設可能的原因與理由。以下將分析其**實踐哲學**，說明**象山如何透過修養工夫進一步「校正」與「完成」其理論預設**。

肆、象山實踐理論之工夫：對「人觀」理論的自我校正與完成

一般而言，**中國哲學家所提出的修養方法，即代表**此一哲學家如何以行動力，填補其「哲學理論」與「實際生活」兩者間的距離；同時，亦以此一歷程，對其理論進行「自我校正」工作。換言之，

[72] 《陸九淵集》卷一，〈書〉，頁1。

為求縮小理論與事實兩者間的距離，「實踐」即是校正兩者落差之唯一方法，象山深明其理，故他強調「要常踐道，踐道則精明；一不踐道，便不精明，便失枝落節」。[73]對象山而言，哲學理論一旦失枝落節，則其理論即遠離存有，遠離存在事實，即只成為「虛說」與「外說」的空言。

為求以實踐校正其理論求踐道之精明，**象山在實踐工夫上極重視方法**，例如他說：「知德者，知此者也；進德者，進此者也」[74]。其中**「知此」與「進此」概念，皆明確地指向象山所欲追究問題的核心，而非空言知德與進德**，空言仁義與本心。又如**他亦評析《論語》中有許多「無頭柄」的話**，例如「『知及之，仁不能守之』之類，不知所及所守者何事；如『學而時習之』，不知時習者何事。非學有本領，未易讀也。」[75]象山強調**追問「所守者何事」與「時習者何事」的要求，即指向對「理論概念」與「存在事實」兩者間距離的重新檢討，以及對自身理論的修正過程**。象山在修養論中具體的做法，不論是「克己復禮」、「三節」或「三鞭」，皆以「自我反省」為修正其理論的起點與入手處，以下進一步說明。

一、以「自知其非」（知非）工夫為學習之頭柄

象山之學在南宋影響深遠，其原因即在以「切己自反」與「自知其非」的工夫，使其語言極具存在真實度，同時感動非常多的學生，試觀《全集》所載：

---

[73] 《陸九淵集》卷三十五，〈語錄下〉，頁 449。

[74] 《陸九淵集》卷一，〈書〉，頁 1。

[75] 《陸九淵集》卷三十四，〈語錄上〉，頁 395。

> 或問先生之學，自何處入？先生曰：「不過切己自反，改過遷善」。又曰：吾之學問，與諸處異者，只是在我全無杜撰，雖千言萬語，只是覺得他底在我不曾添一些。且又曰：吾之與人言，多就血脈上感動他，故人之聽之者易。[76]

象山認為「自知其非」（知非）的自省工夫，是「克己」與「發明本心」等修養工夫的首要步驟，他說：「知非，則本心即復」[77]，又說：「鈞是人也，己私安有不可克者？顧不能『自知其非』，則不知自克耳。」[78]可見在象山學說中，「自省」觀念是他學習哲學的頭柄，是先於「克己」工夫，是他所認定一切重頭再起之動力源。

二、透過「三節」與「三鞭」實踐「仁」之目標

象山分析孔子對顏回的教導後，認為仁的實踐有三項步驟，他稱其為「三節」或「三鞭」[79]，其概要如下：第一，「克己復禮為仁」；第二，「一日克己復禮，天下歸仁焉」；第三，「為仁由己，而由人乎哉？」**此三者，其目標皆指向「人」——「克己」之人**，更具體地說是「反求諸己」之人。**即透過本文所強調「還原」的過程**脫離文字概念性歷史的枷鎖，**返回自心把握存在事實之人**。所以，如果「人者，仁也」命題是先秦儒家人觀的傳統價值，則其修養目標即可歸納為「克己」的總原則；因為「復禮」需克己，「為仁」更需克己。換言之，象山以「克己之人」為其心學的目標，因此，其具體工夫必須導引學者由外返回「人之本心」；所以**「人心」即**

---

[76] 《陸九淵集》卷三十四，〈語錄上〉，頁 502-503。

[77] 《陸九淵集》卷三十五，〈語錄下〉，頁 454。

[78] 《陸九淵集》卷一，〈書〉，頁 2。

[79] 《陸九淵集》卷三十四，〈語錄上〉，頁 397。

成為象山處理其哲學的**關鍵處**，因此**體認「吾心」與「發明本心」，即成為理解其**「宇宙便是吾心，吾心即是宇宙」**哲學的方法性要點。**

三、通過「克己」工夫避免「仁義」觀念流於文字形式

象山曾批評諸子百家「己之未克，雖『自命以仁義道德』，自期以可至聖賢之地者，皆其私也。」[80]引文中所言「自命以仁義道德」，以今日的哲學觀點言，我們可以說**象山透過「克己」工夫區分了兩種「仁義道德」**，一種是「文字概念中的仁義」，另一種是「存在事實中的仁義」，象山認為學者陷入前者的問題相當嚴重，他說：

> 學者之難得，所從來久矣。道不遠人，人自遠之耳。人心不能無蒙蔽。蒙蔽之未徹，則日以陷溺。諸子百家往往以聖賢自期，仁義道德自命，然其所以卒畔於皇極而不能自拔者，蓋蒙蔽而不自覺，陷溺而不自知耳。[81]

其中「以聖賢自期，仁義道德自命」即是「文字概念中的仁義」；反之，「道不遠人」之「本心」即是「存在事實中的仁義」；那麼，為何象山要以「克己」概念區別此兩者呢？本文認為象山視人之「仁義善端」，誠如孟子說其特徵是「我固有之，非由外鑠也」；至於為什麼在吾人的思考中我們仍然不易明察，也不易覺知到真實的人類善端？象山對此一問題的回答是：「愚、不肖者不及焉，則蔽於物欲，而失其本心。賢者、智者過之，則蔽於意見，而失其本心。」[82]換言之，「失去本心」即是根源因，從象山理論

---

80 《陸九淵集》卷一，〈書〉，頁 8。
81 《陸九淵集》卷一，〈書〉，頁 8。
82 《陸九淵集》卷一，〈書〉，頁 9。

分析則是由「不能克己」所造成，故「徇物欲者，既馳而不知止；徇意見者，又馳而不知止；故道在邇而求之遠，事在易而求之難。道豈遠而事豈難，意見不實自作艱難耳。」[83]即由於不能克己，本心外馳逐物，形成我們對「仁義」概念的「意見不實」，或僅能體會「文字概念中的仁義」，此則極易形成象山所謂「自作艱難」之窘境。

簡言之，從〈與胡季隨〉一文脈絡中，我們發現象山藉由分析「顏子（顏回）之賢」強調「克己」觀念，其目的即在於指出其「人觀」中最重要的「克己」觀念，並以克己觀念區別「文字概念中的仁義」與「存在事實中的仁義」。我們知道後者實為哲學向生命還原的最終目標，同時，亦深知此目標本身之困難重重；然而，**象山哲學至少用宋代的哲學表達結構**，即其「發明本心」理論，**運用當時的哲學語言**（即透過「克己」概念）**對學生進行暗示，試圖指出吾人應在文字性**的「仁義」**概念背景之中，重新探討「使**仁義**概念發生」，或**「仁義」概念**所指涉的「存在之真實內容」為何**。

四、「義利之辨」的工夫

前文提到的「愚、不肖者不及焉，則蔽於物欲，而失其本心」的觀念，又涉及到另一象山「人觀」中極為重要的「實踐理論」，即「義利之辨」的問題，此問題又涉及朱陸的學術交誼。《年譜》中記載，於淳熙八年朱陸兩人有一次彼此相見甚歡的南康之會；當時朱熹任南康太守，與陸象山一起舟遊溪山，並請象山至白鹿洞書院講學，象山即為朱子師生講授《論語》「君子小人義利之辨」一章。象山云：

83　《陸九淵集》卷一，〈書〉，頁9。

> 子曰:「君子喻于義，小人喻於利。」此章以義利判君子、小人，辭旨曉白，然讀之者苟不切己觀省，亦恐未能有益也。某平日讀此，不無所感。竊謂學者于此，當辨其志。人之所喻由其所習，所習由其所志。志乎義，則所習者必在於義，所習在義，斯喻於義矣。志乎利，則所習者必在於利，所習在利，斯喻於利矣。故學者之志不可不辨也。科舉取士久矣，名儒鉅公皆由此出。今為士者故不能免此。[84]

在場朱熹及其門人對象山所言無不折服，甚有泣下者；朱熹本人也十分欽佩，特請書簡勒石，以警同仁，此即著名的《白鹿洞書院論語講義》。講義內容即強調「義利之辨」關鍵在於「立志」，因為立志必定影響「所習者」，而所習者又影響所思與所行，故而重點在於掌握思想的「起點」（即立志的方向）；因為如果讀書的動機與起點在「科舉取士」，則無論學問再好，思辨再周全，乃將是義利難辨矣。在此「義利之辨」的過程中，「立志」的要求實與其「發明本心」的觀念保持了一致性，此亦是透過實踐理論之工夫，對其「人觀」理論進行一種自我校正與省察的歷程。

五、透過克己工夫「盡去心之累者」，則心性情才是一

在全集語錄中載有李伯敏與象山之間的問答，以克己工夫「盡去心之累者」的過程，統合了心、性、情、才等概念分離的問題。原文如下：

---

[84] 《陸九淵集》卷二十三，〈講義〉，頁 275-276。

伯敏云：如何是盡心？性、才、心、情如何分別？先生云：如吾友此言又是枝葉。雖然，此非吾友之過，蓋舉世之弊。今之學者，讀書只是解字，更不求血脈。且如情性心才都只是一般物事，言偶不同耳。……若必欲說時，則在天者為性，在人者為心。此蓋隨吾友而言。其實不須如此。只是要盡去為心之累者……聖賢急於教人，故以情、以性、以心、以才說與人，如何泥得？若老兄與別人說，定是說如何樣是心，如何樣是性、情與才。如此分明說得好，剗地不干我事。須是血脈骨髓理會實處始得。凡讀書皆如此。[85]

這段對話實為象山「心即理」命題的應用，亦是前文「克己」觀念的實踐，並**以之統合其它眾多哲學概念**。其程序是將「心」觀念擴大與提升，使其統攝性、情、才等概念，使其理論總結於「本心」觀念中。象山此一行動，其目標在於理解人類的「存在事實」，而非「解字」或解釋分殊的哲學概念；即象山之行動所追求者是哲學精神之「血脈」而非「文字」，所以他總結伯敏的問題，回答以「只要盡去心之累矣」。事實上，象山亦深知從「明本心」到「知血脈」，從「盡心」到能統合「性情才」等概念的過程，其歷程仍相當艱困；所以象山除了要人透過「知非反省」的步驟革新自身外，亦要人努力去除舊習，擇善固執[86]，以明本心、性體是一。即在「明本心性體是一」的基礎上，發揮其「完整之人」的哲學人觀。

本節結語：哲學工作的中心任務應設法統合著「人」與「自然」兩者，這點象山做到了，德日進（Teilhard de Chardin）也做到了；

[85] 《陸九淵集》卷三十五，〈語錄下〉，頁 444-445。
[86] 「擇善固執，人舊習多少，如何不固執得」《陸九淵集》卷三十五，〈語錄下〉，頁 454。

當我們看到象山「宇宙便是吾心，吾心即是宇宙」觀念時，我們同時也想到德日進對人的看法，他說：「如果不把自己和全人類放在一起，他便看不清楚自己；同時，若不把人類和生命界整體放在一起，他也看不清楚人類。同理，若不把生命界和宇宙放在一起，他也看不清楚生命。」[87]

我們知道中西文化史觀差距本來相當龐大，德日進更是從古生物學的觀點，透過演化論的基礎得到這種對「人」的本質觀點。他反思出「更完整的生存，是指更密切的自我統合」（同前引）的觀點，令我們反省到象山「發明本心」觀念的作用；他所言「把生命界和宇宙統合」放在一起的方向，令我們想到象山「宇宙便是吾心，吾心即是宇宙」的命題。我們並不認為兩種完全不同文化下所衍生的理論可能完全相同，但我們試圖作的努力在於探討「過去影響深遠的哲學家」如何提出其「哲學預設與命題」，以及「他們關切何種主題」並對這些主題「採取何種面對態度」。

從分析象山的人觀中，我們發現**離開人，我們即缺少了探討宇宙的基礎；離開宇宙，我們也無法理解人在天地間所能開展與發揮的可能**。陸象山哲學統合了孟子「盡心」與「知天」兩觀念，透過「發明本心」的工夫鉤勒其人觀，進而結論出「宇宙便是吾心，吾心即是宇宙」的理想。首先，本文透過對象山「預設」之分析，試圖尋求象山「選擇」此一預設時「各種可能的理由」。本文認為象山所強調的「**明本心**」**與**「**心通意解**」的工夫，**實即他在南宋時期以其當時的語言脈絡進行「哲學還原」的工作，試圖**穿透文字性歷史，以**尋得（或至少是接近、逼近）創造文字者**

[87] 參見（法）德日進（Teilhard de Chardin）：《人的現象》（*Phenomenon of Man*），台北：聯經出版公司，1983，前言，頁 XLVI。

當時可能之「存在情境」。其次，本文**運用「開放與還原」兩構面，探討其「選擇（形成）此一預設」的理由，目的在於**觀察象山**「心」觀念所具有的豐富性**，並能**理解「吾心」與「宇宙」概念所處之理論階層，以縮短兩概念間的距離**。總之，象山的人觀所指出的「發明本心」之路，即是他設法統合「自我」與「宇宙」，以及「現實」與「理想」各組極端概念間的哲學設計，其中諸如「心」與「理」等核心概念之價值，其「價值之源」與「理論如何發生」兩議題間的一致性，以及「中國哲學應追求之目標」等問題，皆值得我們在重新發掘「儒學之當代意義」時加以檢討及運用。

第二節　陸象山對「人」與「社會」的處理：論心學可為實學之基礎與反思「心學無用論」

有關陸象山哲學為實學的條件與基礎問題，當代學者嵇文甫、杜維明、蔡仁厚與鄭曉江先生都曾經有過專文討論[88]。嵇氏於 1940 年代首開探討「象山實學」之先河，他從「反空論」、「反矯飾」、「反格套」與「切要用功」等方面，說明象山為何自稱其

[88] 參見（1）嵇文甫：〈陸象山的實學〉，收錄於苗潤田主編：《實學文化與當代思潮》，北京，中華書局，2003。（2）杜維明：〈陸象山的實學〉，收錄於苗潤田主編：《實學文化與當代思潮》，北京，中華書局，2003。（3）蔡仁厚：〈朱陸異同與象山實學〉《東海哲學研究集刊》，第八輯，2001.06。（4）鄭曉江：〈論陸學即實學〉，《文史哲》，2004，第 5 期，總第 284 期。

學為「實學」。杜氏則從實學的多義性、象山論學的核心、象山的自我認識與象山的實學等四個構面，探討象山理論中的實學觀念。蔡氏則從分析朱陸異同出發，指「道問學」與「尊德性」兩者的差異，進而指出「象山心學乃是實學」。鄭氏則以「實理」與「實德」兩個觀念為論點，論證出象山學術精神的本質是「崇本務實」之學。象山的文本確實提出過「實理」、「實事」、「實德」與「實行」之詞彙[89]，但這些包含「實」字之用語，並不代表其學說精神同於大陸學者近二十年所提倡的「實學」之「實」的內在涵義。[90]反之，陸象山有其一套特殊之哲學價值，方足以使其學說形成有別於重視「經世之學」類型實學的「崇本務實」之實學型態。本文將基於前述學者的研究成果，進而提出觀察象山實學之思考結構，說明象山心學可為實學的條件與基礎，並反思心學無用論之說，以下是本節的四個主要論述方向：

壹、何謂「象山實學」

貳、象山哲學為實學的條件

參、象山哲學為實學的基礎

肆、反思心學無用論

---

89 「古人自得之，故有其實。言理則是實理，言事則是實事。德則實德，行則實行。」《陸九淵集》卷一，〈書〉，頁 5。

90 「實學」是近年來中國大陸思想是史學者所常觸及的一個名詞，也是相關研究者相互討論與援引的議題。1980 年代開始，由於與日本、韓國學者對實學一貫的研究議題產生了共鳴，並定期在中國大陸、日本、韓國三地召開研討會，受此研究趨勢的影響，台灣的學者也有相繼的研究出現。參見李宜茜：〈近十五年來兩岸「明清實學思潮」研究評介〉《國立台灣師範大學歷史學報告》，第 26 期，1998.06，頁 259。

正文

壹、何謂「象山實學」

本文首先將回顧當代幾種探討「象山實學」的分析模式，筆者將其歸納為反證方式、重新定義「實學」一詞方式、統合實學的多義性等方式，以下分別說明之：

以反證方式論證象山心學為實學者，主要的證成方式即是提出象山文本中的材料，反駁心學無用之說。例如嵇文甫先生從「反空論」、「反矯飾」、「反格套」等方面，說明象山為何自稱其學為「實學」。[91]他引證了象山之語以反空言之論，例如嵇氏引述了象山所言：「今之學者，只用心於枝葉，不求實處」[92]的觀念，突顯了象山強調「今之（學者）所以害道者，卻是這閑言語」[93]的問題，這些確實是象山批評當時學界之主要意見。嵇氏亦發揮了象山所言「道理只是眼前道理，雖見到聖人田地，亦只是眼前道理」[94]的學問價值，突顯了學問與真理不必假以文字矯飾，以及「君子之道，夫婦之愚不肖，可以與知能行」[95]的儒學價值。在反格套方面，嵇氏精彩地指出了象山隨緣說法的特性，他舉出了象山所說的：「某平時未嘗立學規，但常就本上理會，有本自然有末。若全在末上理會，非惟無益。今既於本上有所知，可略略地順風吹火，隨時建立，

---

91 參見嵇文甫：〈陸象山的實學〉，收錄於苗潤田主編：《實學文化與當代思潮》，北京，中華書局，2003，頁 93-102。

92 《陸九淵集》卷三十五，〈語錄下〉，頁 444。

93 《陸九淵集》卷三十五，〈語錄下〉，頁 437。

94 《陸九淵集》卷三十四，〈語錄上〉，頁 395。

95 《陸九淵集》卷一，〈書〉，頁 2。

但莫去起爐作灶」[96]，嵇氏點出的「反格套說」不但是象山的哲學特性，其中「順風吹火，隨時建立」與「常就根本上理會」，亦確實符合孔子「因材施教」與「君子務本」的哲學觀。此一方式雖能從反面論證象山心學的實用處，但有一正論必有另一反論等待之，上述的反論中必定存在著批評者再次反駁的餘地；例如《陸九淵集・年譜》有關「鵝湖之會」論及教人中所言「朱以陸之教人為太簡」，其中批評象山文本「太過簡要」的觀點，即早已開啟了指責象山錯誤的主要方式。

鄭曉江先生的〈論陸學即實學〉一文，亦屬於以反證方式申論象山心學為實學者。他透過象山文本的歸納，從「實理」與「實德」兩個觀念論證象山哲學，認為我們「不能因為王學末流（亦有陸學末流）的束手高論心性，于百姓日用無補，便認象山之學、陽明之學皆為空疏無用之學」[97]。他的分析論點在於指出象山心學之「實學」的精神特質，主要在於「把『理』落實在人人具有之『本心』中，形而上者與形而下者融洽為一，這當然比之視『理』為獨立於萬事萬物人我之上之外的『太極』、『無極』更為落『實』」[98]。在堅持「實理」的觀點下，鄭氏認為「象山學術由對實理之悟而發顯為實德之行，體現出一種鮮明的崇本務實的心學精神，亦即將人之外在的實事實功落實在人心之理這個『本』之上」[99]，進而論證出象山學術精神的本質並非空論心性，而是「崇本務實」之學，並表現出就「實」逐「虛」的精神[100]。

---

[96] 《陸九淵集》卷三十五，〈語錄下〉，頁 457。

[97] 參見鄭曉江：〈論陸學即實學〉，《文史哲》，2004，第 5 期，總第 284 期，頁 101。

[98] 參見鄭曉江：〈論陸學即實學〉，同上，頁 103。

[99] 參見鄭曉江：〈論陸學即實學〉，同上，頁 105。

[100] 參見鄭曉江：〈論陸學即實學〉，同上，頁 106。

第二種重新定義「實學」一詞的反省方式，以蔡仁厚先生為代表，他在〈朱陸異同與象山實學〉中重新定義了「實學」的定義。他說：

> 儒家之學乃是「實學」，儒家的實學可有二義：一是內聖成德之學（心性之學），二是外王事功之學（經世之學）。一般人常以為只有講典章制度和法政經濟的才是實學，而端正人心趨向，鍛練身心意志、完成德性人品的心性修養，反而誤認它是空疏之學。[101]儒家的心性之學，不但不是「空談的」，而且是「實踐的」。正因為儒家有這樣一套知行一貫的心性之學，所以無須走宗教的路，也無所謂「解脫」、「得救」、「與主同在」等等一類的要求。儒家是以道德的進路（存心養性、擴充四端、復本心、致良知）……，來開顯人生的康莊大道。人能成聖成賢，自也等同於宗教上所謂的解脫得救了。至於第二義的實學，則是眾所周知的典章制度和政法經濟。這方面的學問，是主體（心性）向客觀面落實，是人所發動、所完成的客觀實踐，它仍然不能脫離人的主體。所以這套實學，並不是與「心性之學」相對立的，而是相通相貫的。儒家講內聖必須通外王，講外王也必須歸本於內聖，正以此故。[102]

根據此一觀點，蔡氏認為實學並非與「心性之學」對立，他提出象山哲學精神乃是「實學」與「樸學」，同時結論出「由實理流出而為實事，此便是象山學的真精神」。[103]即蔡氏透過對儒家心性

---

[101] 參見蔡仁厚：〈朱陸異同與象山實學〉《東海哲學研究集刊》，第八輯，2001.06，頁 99。

[102] 參見蔡仁厚：〈朱陸異同與象山實學〉《東海哲學研究集刊》，第八輯，2001.06，頁 100。

[103] 參見蔡仁厚：〈朱陸異同與象山實學〉《東海哲學研究集刊》，第八輯，

之學的「實踐」性格，認為儒學事實上結合了「內聖成德之學」與「外王事功之學」，並無偏重於內聖之境而疏於現實。

第三種從「統合實學的多義性」方式論述象山實學者以杜維明先生為代表，杜氏認為實學有其多義性，例如他指出「實學這一概念在東亞思想史中多半指十七世紀以來受西方科技知識衝擊後所出現的實測實用之學」[104]，同時，「使用『實學』(概念)的目的……(在)提醒我們正視象山思想中不為一般人所關注的課題……就史論史，實學這一概念的出現和宋明儒學的興起有不可分割的關係。我們不能因實測實用之學的現代意義而忽視了實學這一概念中其他豐富的內涵。」[105]。

杜氏一方面指出了中國大陸、日本與韓國三國學者，以「實測實用之學」的定義為主流作為研究「實學」觀念的內涵；另一方面，更設法提醒學者不能因此而失去了實學這一概念中的豐富內涵。他認為「除了實測實用的意義之外，在宋明儒學的傳統中，實學至少有真實無妄，實有所指，在現實人生中可以發揮實際功能，能夠體之於身而且現諸行事等內涵。」[106]杜氏的觀點以「統合實學的多義性」方式，相當全面地定義了「實學」觀念，他不但否定了「學術界以經世致用的實學，完全與宋明心性之學完全無關的看法」[107]，同時指出了儒學的精神與價值，主要在於透過

2001.06，頁 101。

[104] 參見杜維明：〈陸象山的實學〉，收錄於苗潤田主編：《實學文化與當代思潮》，北京，中華書局，2003，頁 219。

[105] 參見杜維明：〈陸象山的實學〉，收錄於苗潤田主編：《實學文化與當代思潮》，北京，中華書局，2003，頁 219-220。

[106] 參見杜維明：〈陸象山的實學〉，收錄於苗潤田主編：《實學文化與當代思潮》，北京，中華書局，2003，頁 221。

[107] 杜維明即指出「一提到實學，我們便聯想到方以智的《物理小識》，唐甄的《潛書》或顏元的《存人編》……好象實學是宋明儒學中的異軍突起，是

「真實無妄」的修養工夫，使中國哲學能「在現實人生中發揮實際的功能」。

以上所言對象山實學的三類研究方法，幾乎主導了現代心學學者反駁「心學無用論」的主要觀點。其所言自有其精湛可取之處，亦相當能把握象山哲學之精神，例如杜氏即指出了象山論學的核心，在於「對治賢者智者的病痛」，強調此問題的解決，即包含在象山哲學絕不僅偏向於「尊德性」的優先性中。杜氏認為象山此一堅持，正是為了闡明「既不知尊德性，焉有所謂道問學」的儒門家法[108]，此觀點確實符合象山特別重視哲學工作者應「就身已著實做工夫」[109]的意義。鄭曉江先生亦指出「象山學術的真精神即在實學，其要解決的問題在於：人之行不行，及行之正不正，皆受人之本心之節制；所以，要使具體之人的人生活動符合倫理道德的規範，就必須要先正人心，而此處的關鍵則在打通天地之心與本已之心，體悟其實理，再轉而為己之實德，同時便發而為實行」。[110]

緊接著這些研究成果，本文試圖再追問者，即是在這些論證象山心學為實學的文本背後，陸象山基於「何種原則」而提出其「著實做工夫」的觀點；即本文推測象山必有其一套「特殊之哲學價值以為基礎」而展開其實學理論，故而陸象山方強調「尊德性」優先。對此一疑問的解答與處理，本文以象山哲學為實學的

擺脫了宋明「身心性命」之學的樊籬而走向經驗科學的新思潮」參見杜維明：〈陸象山的實學〉，收錄於苗潤田主編：《實學文化與當代思潮》，北京，中華書局，2003，頁 219。

108 參見杜維明：〈陸象山的實學〉，收錄於苗潤田主編：《實學文化與當代思潮》，北京，中華書局，2003，頁 226。

109 《陸九淵集》卷六，〈書〉，頁 84。

110 參見鄭曉江：〈論陸學即實學〉，《文史哲》，2004，第 5 期，總第 284 期，頁 106。

條件與基礎二要點分別處理，本文認為此亦為象山哲學影響深遠的特殊價值。

貳、象山哲學為實學的條件

一如杜維明先生認為，實學是一多義性概念，而非只是發揮了「實測實用之學」的意義。[111]實學之「實」在此並非與「虛」相對的觀念[112]，象山實學在本文中主要是指能夠「學以致用」之學，其具體內容主要表現在以下三方面，筆者認為此亦為象山心學可以為實學的三種條件。

一、象山哲學具備解決自身問題之能力

從孔子開始的儒學即誕生於多事之秋，因此我們很容易從《論語》文本中發現，其學問多半具有「學以致用」與「具備解決自身問題之能力」的意義。例如《論語・憲問》中云：「古

---

[111] 使用「實學」(概念)的目的……(在)提醒我們正視象山思想中不為一般人所關注的課題……就史論史，實學這一概念的出現和宋明儒學的興起有不可分割的關係。我們不能因實測實用之學的現代意義而忽視了實學這一概念中其他豐富的內涵。參見杜維明：〈陸象山的實學〉，收錄於苗潤田主編：《實學文化與當代思潮》，北京，中華書局，2003，頁 221。

[112] 日本學者岡田武彥在〈宋明的實學及其源流〉中曾指出「實」係指與「虛」相對的「實」。例如他說：宋儒之學以佛學為「虛」，而宋學則為「實」；程朱之學為「實」，象山之學則為「虛」；至明代，王學興起，又以程朱末流之學為「虛」，王學則為「實」。參見岡田武彥著、張桐生譯，〈宋明的實學及其源流〉，《哲學、文學、藝術－日本漢學研究論集》，台北：時報出版社，1986，頁 76-90。本文並不採取這種「虛」、「實」相對的看法論「實學」之「實」義。

之學者為己」，「為己之學」的內涵即指出了儒學的重要特徵，在具備解決自身問題之能力。在南宋，象山環顧宋代艱困的時局，亦可發現其學問思辨之皆具備此一解決自身問題之特徵，例如他說：

> 道之將墜，自孔孟之生，不能回天而易命。**然聖賢豈以其時之如此而廢其業、隳其志哉？**慟哭于顏淵之亡，喟歎于曾點之志，此豈梏於蕞然之形體者所能知哉？[113]

引文中可見象山對時局的感嘆，當時經過唐末進士以詩賦取士而流於空疏不實，以及五代衰亂的影響，象山對當時的學風亦未心存希望。又在佛教風靡的影響下，他才認為「道之將墜，自孔孟之生，不能回天而易命」。象山具備解決問題之意識，表現在他接著說的「然聖賢豈以其時之如此而廢其業、隳其志哉？」此即表示他欲為聖賢，欲繼承孔子，並使其學說成為為己之學的特徵；亦為其學問強調「著實做工夫」，以及追求「知其真，得其實，詣其精微，臻其底蘊」[114]的原因。

二、象山的解決問題能力具備統合「理想」與「現實」兩者之辯證特性

象山哲學除了具備「備解決問題之能力」，其中更包含有其獨特的哲學方法；此哲學方法即其理論中具備統合「理想」與「現實」兩者之辯證特性，此一特性仍可溯源於象山對孔子之志的觀察。象山對孔子之遭遇非常重視，他不斷地考察「夫子之志」與

---

113 《陸九淵集》卷一，〈書〉，頁 12。
114 《陸九淵集》卷六，〈書〉，頁 80。

「夫子之困境」兩者，前者即是本文所謂的理想，後者即是現實；他評析《論語》中有許多「無頭柄」的話即是此意，例如他說：「『知及之，仁不能守之』之類，不知所及所守者何事；如『學而時習之』，不知時習者何事。非學有本領，未易讀也。」[115]象山深明追求「智」與「仁」為孔學「理想」，然而，透過知與仁的理想進而追問「所守者何事」與「時習者何事」的「現實」要求，即呈現出其理論具備統合「理想」與「現實」兩者之辯證特性。《陸九淵集》中記載了他對孔子周遊列國的探討，亦呈現了此一特性：

> **孔氏之轍環於天下**……如當時之俗，揆之理勢，則其陵藉侵侮，豈遽止是哉？宋、衛、陳、蔡之間，伐木絕糧之事，則又幾危其身，然其行道之心，豈以此等而為之衰止？「文不在茲」、「期月而可」，**此夫子之志也**。……「然而無有乎爾，則亦無有乎爾」，**此又孟子之志也**，故曰「當今天下，舍我其誰哉」？至所以祛尹士、充虞之惑者，其自述至詳且明。[116]

引文中孔子於「宋、衛、陳、蔡之間，伐木絕糧之事」，無疑地可以代表一位哲學家所遭遇的「現實」，而「文不在茲」與「期月而可」[117]則象徵性地代表一位哲學家所想嚮往的「理想」。象山反覆對「夫子之志」與「孟子之志」的探問，即表示象山的解決問題能力，具備統合「理想」與「現實」兩者之辯證特性，亦代表了象山之目標在於追問「孔子哲學真正之精神為何」？同時，

---

[115] 《陸九淵集》卷三十四，〈語錄上〉，頁 395。

[116] 《陸九淵集》卷一，〈書〉，頁 12。

[117] 子曰：「苟有用我者，期月而已可也。三年有成。」《論語・子路》

引文中此一追問的意義表示，哲學家個人之遭遇不可能人盡皆同，唯其中「人是否有能力處理或面對現實」或「以理想引導對現實之處理方式」兩者，方是中國哲學家所關注者。其中之「能力」——即「統合現實與理想」兩者之能力，或者說此一統合能力「何以可能」，此一可能性是否具普遍內存於人性，此則是中國哲學，特別是儒家處理其個體的理想與群體關係時之主要關切的課題。

象山深知此一原理，所以他才追問「『知及之，仁不能守之』之類，不知所及所守者何事」，此一分析過程即涉及儒家原有理想（仁與智），以及象山之困境（面對南宋時局困難）的解決兩目標，前者是「體」後者是「用」，一為理想一為現實。此即突顯了象山心學中的實學原則，並非「以理想否定現實」，而是「以理想指導現實」，再以「以理想統合現實」的辯證過程。過去「心學無用論」之誤解，亦多半忽略了此一「以理想指導現實」的程序，而批評心學末流逕自以理想否定現實，或批判其忽略了面對現實的必要性。此一批評，一方面是由批評者對心學精神的誤解形成，另一方面亦由心學的困難，或其理論的缺憾所形成；為了補強心學理論此一受誤解的可能，我們必須提出第三個象山心學可以為實學的條件，即象山哲學具有其使「辯證特性」立足並建基於廣大自然背景中的哲學穿透能力。

三、象山哲學具有其使「辯證特性」建基於自然背景中的哲學穿透力

如果一辯證體系只是停留於一文字性的辯證系統內——特別是在中國哲學中，則其理論風格將大失儒學特性。為了說明與解決

此一問題，本文採取一儒學具有「立足並建基於廣大自然背景中的哲學穿透力」的方法論模型說明，此一詮釋模型事實上並非第一次提出，台灣當代新儒家對此已經有清晰的分類模型，筆者的說法只是藉由自身的語彙，發揮了其中的局部意義。例如蔡仁厚先生說象山哲學屬於「心性是一」[118]的系統，認為象山哲學以「心即性，性即心」為第一原則，他並分析了象山理論來源與「天道」的關係，本文對此則改以「自然背景」觀念詮釋象山文本中的「宇宙」觀念，蔡氏對此說道：

> 通過中庸、易傳「天道性命相貫通」的思想，以及宋明儒的引申發揮，更可了解儒家主流所講的心，不只是「心」，也同時是「性」，同時是「理」、「道」，程明道的《識仁篇》便是這樣講的。到陸象山本於孟子「仁義內在」（仁義之理，內在於心）而直接說「心即理」，王陽明進而說「良知即是天理」，也是「心即理」的申述。這是「心性是一」的基型，含有四個主要的論點：（1）心，是實體性的道德本心：心，不是指感性層的心理學講的「喜怒哀樂愛惡欲」，也不是指知性層上「知慮思辨」的認知心（心之智用），而是指說德性層上道德的本心。道德本心也即是性理實體，所以是實體性的道德的本心。（2）本心即理，心同理同。（3）心性天（理）通而為一，即心即性即理（4）仁是心，亦是性，亦是理，亦是道。[119]

[118] 孔子以下，歷代諸儒的心性講論，雖然內容繁富，而又實可約為兩大基型。（1）一為心即性，性即心，「心性是一」。（2）二為性乃形上之理，心屬形下之氣，「心性為二」。朱子的心性論，心性為二；陸象山的心性論，則順承孟子，心性是一。參見蔡仁厚：〈朱陸異同與象山實學〉《東海哲學研究集刊》，第八輯，2001.06，頁 91。

[119] 參見蔡仁厚：〈朱陸異同與象山實學〉《東海哲學研究集刊》，第八輯，2001.06，頁 92。

本文認為「心性是一」的觀念性傳統，既然從先秦、宋明至於當代新儒家都曾經受到學者青睞，其重要性必有某一核心觀念支撐著。如果按照「天道性命相貫通」的論述原則，無疑地「天」觀念是此類思想論述之核心價值；即在這種天道性命貫通的思維模型下，天、道、理、性、心等概念方可統合為一，於是「心性是一」即擴大為「心性天是一」。

蔡仁厚先生說象山哲學屬於「心性是一」的系統，筆者認為先秦哲學中的「心、性、天是一」的模型，到了宋代象山的思維中，即創造性地轉變為「心、性、宇宙是一」的模型，此即象山云「宇宙不曾限隔人，人自限隔宇宙」[120]所表示者。象山如何運用「宇宙」此一觀念統合心性兩者容於後文分析，本文在此先從整體歷史進行反省；**先秦的「心性天是一」的天道論思考方式，它是論述天道的一種「方式」，方式既由人所造，就可由人進而再造之，故而也就不可能有某一種論述方式成為唯一與絕對的「固定」方式**。這種論述型態從先秦到了宋代確實有所變化，特別是在象山哲學中，筆者發覺象山文本在天道論中改以「宇宙」一觀念做為其新的論述方式，代替天觀念或與天觀念交互運用，作為統合上述各心性哲學觀念的媒介性機制。象山常言「自古聖賢發明此理，不必盡同」[121]，即指出了象山的為學價值與詮釋態度，在於尋求適合其新時代的表達方式。在同質的思考結構下，本文亦試圖以「自然背景」概念代替「宇宙」，以更符合當代的方式說明象山哲學中有關「宇宙」的觀念。

以下本文在「象山哲學為實學的基礎」一段中將完成兩項工作，首先是從象山的文本脈絡中，指出象山如何以「宇宙」觀念，

120 《陸九淵集》卷三十四，〈語錄上〉，頁401。
121 《陸九淵集》卷三十四，〈語錄上〉，頁398。

統合先秦儒學的各種關鍵觀念；其次，筆者將論證「自然背景」觀念亦可具有相同的哲學功能，用以說明象山哲學如何能具有其使其辯證之特性紮根於自然，具有可立足於廣大自然背景中的穿透力，本文認為此為象山心學可做為實學之關鍵性基礎。

參、象山哲學為實學的基礎

象山哲學為實學的基礎，實即象山對學術之創新與統合力的根源。言其創新是因筆者從觀察象山之十二處文本中，發覺象山選取以「宇宙」一觀念做為其新的論述天道觀念之方式。先觀察象山的思想特徵，他總是認為後人必可言前人之所未言，例如他說過：「如箕子所言，有皋陶之所未言；夫子所言，有文王周公之所未言；孟子所言，有吾夫子之所未言。理之無窮如此。」[122]即在語言表達過程中，在「表達方式」上不但「自古聖賢發明此理，不必盡同」，而且「表達形式」本身就具有一種不完備性，後人一定可以對前人有所補充，此即象山言「如箕子所言，有皋陶之所未言」、「孟子所言，有吾夫子之所未言」之意；也因此象山透過一「適合其時代的新觀念」而尋求「對先秦的天道思想有所創新」的詮釋，實有其內部的價值軌跡可尋[123]。其次，言其統合，即因為象山哲學統合了創

---

[122] 《陸九淵集》卷三十四，〈語錄上〉，頁 398。

[123] 象山的觀點主要是在語言的「內容」方面，後人對前人可以有所增補；巧合的是在語言的「形式」方面也有同樣的情況，西方數學界的一項重要里程碑——哥德爾（Kurt Gödel）於 1931 年發表了他的「不完備定理」（Incompleteness Theorem）即說明了任一個足夠強的公設系統，皆無法證明它本身的一致性，這點即說明任何一種表達形態皆必內具對存在的遺漏性。

新與繼承兩者；象山哲學雖以創新方式提出「宇宙」一詞，但其體系仍統合了先秦之各種觀念，即他並沒有背離先秦儒學傳統。例如《陸九淵集》中超過九十次以上大量的引用孟子原典，並強調「夫子以仁發明斯道，其言渾無罅縫，孟子十字打開，更無隱遁」[124]即是他繼承儒學傳統之證明。以下即透過象山哲學對先秦儒學的各種關鍵觀念之統合過程，以及如何使其理論具有立足於自然背景的能力，說明象山哲學為實學的基礎。

一、象山如何以「宇宙」一觀念，統合先秦儒學的各種關鍵觀念

象山對「宇宙」一觀念的使用，是透過「道」、「理」、「明理」[125]或「公理」[126]觀念為基礎，共同形成一論述體系所需要之諸多觀念。例如他說：「此『道』充塞『宇宙』，天地順此而動，故日月不過，而四時不忒；聖人順此而動，故刑罰清而民服」[127]、「此『理』在『宇宙』間，未嘗有所隱遁；天地之所以為天地者，順此理而無私焉耳」[128]，以及「此『理』充塞『宇宙』，天地鬼神且不能違異，況於人乎？誠知此理，當無彼已之私」[129]，這些都是透過「宇宙」、「理」與「道」等觀念共同論述一命題的例證。

---

124 《陸九淵集》卷三十四，〈語錄上〉，頁 398。

125 「學者須是明理，須是知學，然後說得懲窒」《陸九淵集》卷三十五，〈語錄下〉，頁 461。

126 「吾所明之理，乃天下之正理、實理、常理、公理……學者正要窮此理，明此理。」《陸九淵集》卷十五，〈書〉，頁 194。

127 《陸九淵集》卷十，〈書〉，頁 132。。

128 《陸九淵集》卷十一，〈書〉，頁 142。

129 《陸九淵集》卷十一，〈書〉，頁 147。

鄭曉江先生強調象山學術精神的根基在「實理」[130]，他確實指出「理」觀念在象山哲學中的重要性，然而，一旦「理」與「宇宙」觀念組合成一哲學命題時，其概念之間因組合後所擴大的意義即必須接受檢視。觀察前段有關「理」與「宇宙」之引文可知，「宇宙」觀念在引文中不僅是空間義的宇宙，此觀念更透過「道」與「理」觀念，形成一組該哲學家定位「人」與「自然」兩者的新詮釋觀點。引文「此理在宇宙間，未嘗有所隱遁」一語中不但包含了精神與物質雙重世界，在理論方面亦涉及了知識論、形上學與倫理學的範疇[131]；而且，儒家哲學在這方面特別對此三範疇加以融合，避免以邏輯推論進行嚴格區分，切割了人所生存的事實狀態與存在性場域。

象山文本中一旦出現關「宇宙」與「理」對舉的命題，常是在知識論的外觀中注入價值觀，即透過有形的世界以詮釋哲學家本人的信念與哲學態度。例如從「道充塞宇宙，天地順此而動」一命題中，前半段引文只論「宇宙」、「天地」兩者與「道」的關連性，其從知識論出發描述宇宙運行的普遍原則，價值論的色彩相對於後段引文是較淡的；後段引文「聖人順此而動，故刑罰清而民服」即相當濃厚地說明了象山的哲學信念，同時呈現出其本人之修養論與生活中的倫理價值觀。又例如「無私」的哲學價值觀，象山文本亦是透過「宇宙」、「天地」兩者與「理」的關連性而提出。[132]以下的引

130 參見鄭曉江：〈論陸學即實學〉，《文史哲》，2004，第5期，總第284期，頁102。

131 例如「此理充塞宇宙，天地鬼神且不能違異，況於人乎？誠知此理，當無彼己之私。」《陸九淵集》卷十一，〈書〉，頁147。其中即涉及客觀的可以透過知識論探討的「天地」與「宇宙」概念，亦涉及「鬼神且不能違異，況於人乎？」等有關人性內涵之探問，亦包含了屬於倫理學的有關「公理」與「私理」問題的之價值範疇。

132 原文如下：「此理在宇宙間，未嘗有所隱遁；天地之所以為天地者，順此理而無私焉耳。人與天地並立而為三極，安得自私而不順此理哉？」《陸九淵

文更能說明象山哲學如何透過「宇宙」、「天地」與「理」的詮釋要件，創新地詮釋先秦的「天道性命」相貫通的儒學價值，試觀象山所云：

> 塞宇宙一理耳，學者之所以學，欲明此理耳。此理之大，豈有限量？……人乃天之所生，性乃天之所命。自理而言，而曰大於天地，猶之可也。自人而言，則豈可言大於天地？……此乃尊卑自然之序，如子不可同父之席，弟不可先兄而行，非人私意可差排杜撰也。[133]

本段引文涉及了先秦以來的「天」、「性」、「天之所命」等觀念，但卻以突顯出「理」或「實理」[134]觀念為「宇宙」的主要內涵。其中「自理而言，而曰大於天地，猶之可也。自人而言，則豈可言大於天地」的命題即指出，此「理」絕非與一己相關之「私理」，而必定以安置於普天之下的「公心」與「公理」為基礎而展開。前段引文指出「順此理而無私」的要求，本段引文又說「非人私意可差排杜撰也」，即明顯地陳述了象山在以「宇宙」一觀念統合先秦儒學各觀念時，不但強調「理」的大公性，強調要「明理」[135]，亦強調探討此一問題之際，哲學家本人必須成為一位君子與大公無私者。象山所言「宇宙之間如此其廣，吾立身於其中，須是大做一個人」[136]即說明了象山此種信念與哲學價值，此亦與《論語・衛靈公》所言「恕」與「己所不欲，勿施於人」的價值是有其內在一致性的。

集》卷十一，〈書〉，頁 142。

[133] 《陸九淵集》卷十二，〈書〉，頁 161。

[134] 象山認為「天秩、天敘、天命、天討皆是實理」，即象山以「實理」統合先秦諸多的觀念。引文參見《陸九淵集》卷三十五，〈語錄下〉，頁 464。

[135] 「學者須是明理，須是知學，然後說得懲窒」《陸九淵集》卷三十五，〈語錄下〉，頁 461。

[136] 《陸九淵集》卷三十五，〈語錄下〉，頁 439。

二、象山如何能使其理論紮根於自然，使其理論具有可立足於廣大自然背景中的穿透力：一種有關儒學中「主觀的最大化之判準」觀念的提出

在前述「宇宙」、「天地」與「理」的詮釋要件中，人的行為如何能自動符合大公之心的標準？筆者認為這是因為象山能使其理論紮根於自然，使其理論具有可立足於廣大自然背景中的原因。象山身處南宋，對此一問題意識自有其屬於宋代的論述方式，例如象山說：「此理在宇宙間，未嘗有所隱遁；天地之所以為天地者，順此理而無私焉耳」[137]；此一命題對「宇宙」與「理」關係的論述方式，即是從象山定位其「人」與「自然」兩者關係的思維模式中所延伸而出。其中，我們不但可以發現哲學家如何賦予其理論體系生命力，亦可觀察到其對生命力之來源——自然實體，永遠以一種「象徵的方式」進行表達，並透過某種理論設計進而指向大自然的存有。所謂「象徵的方式」，即是我們在處理「自然」此一終極實體時，因為受限於理性的特質，我們永遠不能真知「自然」實體為何物，所以我們必須藉由「宇宙」與「天地」等觀念進行象徵式的表達與處理。「自然」一觀念的探討雖非本文目標，但中國哲學中的「自然」觀念，其基本的探討方式既是透過感性、想像與理性的過程，又不滯留或偏重其中某個環節，故而使其自然觀具有整體性與深遠的哲學意味。[138]

---

137 《陸九淵集》卷十一，〈書〉，頁 142。

138 例如梁一儒說：「中國人自然觀的根本特點是對自然的領略感悟貫穿於感知、想像、情感與理解的全部心理過程，而不滯留於某個環節，淺嘗輒止。尤其是在情感與理解兩個方面著力營造的深遠意境和言外之意，更給這種自然觀帶來了濃重的感情色彩和深長的哲理意味。」參見梁一儒：〈中國人的自然觀——民族審美心理探微〉，山東大學文藝美學研究中心，學術期刊，第二輯，擷取日期在 2007 年 4 月 11 日。（網址：www.krilta.sdu.edu.cn/

陸象山對「人」與「自然」兩者關係，在探討方式亦採取了一種象徵性的表達結構，以使其理論具有可立足於廣大自然背景中的穿透力；例如他說：「四方上下曰宇，往古來今曰宙。宇宙便是吾心，吾心即是宇宙」[139]，以及「宇宙內事，是己分內事。己分內事，是宇宙內事」[140]等命題，透過「宇宙」與「吾心」之對舉，以及「己分內事」與「宇宙內事」的對照，明確地道出象山對「人」與「自然」兩者關係之象徵性的處理方式。言其為「象徵」，即表示其思考在結構上，只能完成一種類比性的思考與表達，而無法直接地從邏輯上進行推論與證成。具體而言，即其命題之中充滿了哲學家主觀性的各種設定與信念，此即本文欲提出一種有關儒學中「主觀的最大化之判準」觀念的原因。

對於中國哲學中此類偏向於「主觀性」或「演繹性」思考型態該如何調整的問題，本文的態度是我們對數千年的形成物，必須設法了解其形成因，而不宜僅以近數百年西方的觀念與驗證標準強加於東方。本文的設定是先秦的原初儒者面對不能真知「自然」實體為何物的困境時，他們選擇性地不去過分強調客觀的外在標準[141]，此時，其所餘而可處理者即是內在的主觀標準，並將此一主觀標準擴展至主觀領域中的最大可能，此即本文所謂之「主觀的最大化之判準」觀念。「主觀的最大化」在孔孟思想中皆可發現，例如《論語》中有關孔子對「求道」之事的態度說「朝聞道，夕死可矣」〈里

news/model/display.php?id=56）

139 《陸九淵集》卷二十二，〈雜著〉，頁 273。

140 《陸九淵集》卷二十二，〈雜著〉，頁 273。

141 本文認為這種「選擇性地不去過分強調客觀的外在標準」代表儒學為一種早熟的智慧，因為，即使在今日，我們也很難為儒學的各學派尋得唯一或絕對客觀的哲學判準，如果把範圍擴大至整體中國哲學或西方哲學時，此一問題與其解答仍將難以取得共識。

仁〉即呈現出一種「主觀的最大化」特徵；對有關道德的堅持如「德不孤，必有鄰」（同上）的斷語等等，亦都具有主觀的最大化型態。在《孟子‧盡心上》中言：「萬物皆備於我矣」；以及在象山文本中的「宇宙便是吾心，吾心即是宇宙」，以及「宇宙內事，是己分內事。己分內事，是宇宙內事」等命題，皆是立足於此一「主觀的最大化」特徵下所提出的觀念。

本文認為唯有在對「客觀的最大化」（即絕對客觀）目標持一存而不論態度，我們才有機會探問與理解所謂真正「客觀」的最大可能。一旦設定對「客觀的最大化」存而不論時，我們所餘的選擇即必須進入並建構一「主觀的最大化」思考，且在此一思考脈絡下，我們才能透過「最大的主觀」以立足於文字邊緣，以保有趨近「客觀的最大化」之最大可能性。象山對「宇宙便是吾心」的設定，即具足此類「主觀的最大化」的思考特徵，他追求「公理」與「去私」的要求，即是其「主觀的最大化」思考下所延伸出的詮釋觀念；這不但是其言「實理」、「實行」與「實事」的條件，更是象山心學可以為實學的重要基礎。象山又說：「宇宙間自有實理，所貴乎學者，為能明此理耳。此理苟明，則自有實行，有實事。」[142]換言之，象山追求「公理」與「明理」的要求，不但涉及儒學處理群己關係的關鍵，亦涉及心性之學如何達成實理、實行與實事的客觀條件。

由於「絕對客觀性」我們很難把握，所以前文提出「主觀的最大化」觀念的構想，目標在設法指出儒家理論設計之精采處，在於使人能透過理性推理的格物致知，以及誠意正心的實踐工夫，窮兩者之極限，以兼顧知識論與修養論，以從「人文結構」中重返「人

---

[142] 《陸九淵集》卷十四，〈書〉，頁 182。

文結構的創造者」，進而從此一思考脈絡中反思「人」的存在意義，以符合儒家「君子務本」的原則。此一推論過程中，從「盡心」、「知性」至「知天」，我們必然由於理性的限定而遭遇了「自然」實體難以真解的困境；亦由於自然實體的難以分析處理，所以，儒家的處理方式，即退而求其次的探問「人與自然的直接關係」是什麼的問題，即是本文分析「象山如何能使其理論紮根於自然，並使其哲學能於立足於廣大自然背景」的原因與問題意識的來源。

又，象山言：「宇宙不曾限隔人，人自限隔宇宙」[143]的命題中即蘊含了上述的思考，我們可以從知識論與修養論兩方面分析此一命題。例如從知識論的角度分析，我們可以思考到底是什麼限隔了「宇宙」與「人」兩者的關係？以儒學問題史言此乃格物致知的課題，若再從文字的發生與形成史分析此一「限隔」，引文提醒了哲學工作者，必須立足於「人文結構」之上，至少是設法取得一邊緣性的地位，以重新觀察人文結構的應用者所身處的歷史險境，或反思「文字」對人類的異化問題，從而方能理解人如何為「文字」影響而自限於「人文世界」中，並自限與阻絕於大自然宇宙之外，因而使「人與自然的直接關係」中斷，使人與宇宙之間形成「限隔」的問題。若從工夫修養論分析，此一命題無疑地是必須在消除「私我」，消除私我所形成的人我間隔，並建立於大公之心與明理之後，此一命題方具有落實的可能性。

以上所言有關儒學中「主觀的最大化」之判準問題，象山透過了「宇宙便是吾心」的方式進行了詮釋；而「宇宙不曾限隔人」的觀念，更使象山理論能紮根於自然，使其理論可立足於廣大的自然背景中，此即為象山哲學為實學的基礎所在。

---

143 《陸九淵集》卷三十四，〈語錄上〉，頁 401。

肆、反思心學無用論

在探討了象山心學可以為實學的「條件」與「基礎」後，我們將進一步從理論與實務兩方面反省「心學無用論」之說。在理論方面，本文認為心學之所以遭受批評原因在於對其理論的「外在知解」；在實務方面，我們將提出象山的「荊門之政」以為反思之例證。

一、從象山強調的「心通意解」反思「外在知解」的弊端

從理論考量，心學無用論之說主要是指反對空談心性、提倡經世致用的學者，例如葛榮晉先生指出的諸多明清思想家，例如王廷相、張居正、徐光啟、顏元、黃宗羲、萬斯同、章學誠、戴震等，他們皆自稱其學為「實學」，其學問著重於「實事求是，一切從實際出發」，反對空談心性、提倡經世致用[144]。本文認為這種類型的評論雖有其理據，但卻未能指出問題的核心原因，筆者以為形成「空疏之學」真正的核心問題在於欠缺道德實踐能力，而其中問題的癥結即是蔡仁厚先生曾經指出的「外在知解，文字理會」，蔡氏說：

> 「外在知解，文字理會」式的明理，與道德實踐並沒有本質的相干；只靠「涵養於未發，察識於已發，敬貫動靜」的後天工夫，對於促成真實的道德實踐，在力量上並不十分充沛。[145]

---

[144] 參見葛榮晉：〈中國實學研究及其前瞻〉，《哲學雜誌》，2000.01，頁 40-41。
[145] 參見蔡仁厚：〈朱陸異同與象山實學〉《東海哲學研究集刊》，第八輯，

這種「外在知解，文字理會」類型的弊端所形成的問題即是實踐力量不足，其根源不只是發生在儒家心學學者之中，儒家理學學者之中亦存在著相同的問題。例如朱熹即反省過此一現象，他說：「熹平日所論，卻是道問學上多了……熹自覺雖於義理上不敢亂說，卻於緊要為己為人上，多不得力。今當反身用力，去短集長，庶幾不墮一邊耳。」[146]此即是因為學問只停留在思辨之中，知識未能與自身之遭遇，或與生命現象結合的問題；此乃儒家共同反省的問題，陸象山也說過「道理只是眼前道理，雖見到聖人田地，亦只是眼前道理」[147]，換言之，問題不在於知識或道理學習之多少，而在於能否融會貫通，並心通意解。

「心通意解」即是對治「外在知解，文字理會」類型弊端之良方，此一觀念一方面是象山強調的學習指標，另一方面亦是本文認為理解象山哲學可否為實學，並反駁「心學無用論」之說的主要觀念性結構。象山說過：「非『心通意解』，往往多『不得其實』。前輩多戒門人無妄錄其語言，為其『不能通解』，乃自以己意聽之，必『失其實』也」[148]，換言之，語言、學問與道理能否產生「知識即力量」之條件與基礎，是否學問能夠「得其實」與「不失其實」，此一問題早已為象山學派所探索並警覺；這是其既堅持「尊德性」優先於「道問學」之因，亦是他企圖質疑朱子「堯舜之前何書可讀？」之因。[149]「尊德性」對象山而言是求根求實，他認為若只要求多讀

2001.06，頁 98。

146 《朱子文集》卷五十四。

147 《陸九淵集》卷三十四，〈語錄上〉，頁 395。

148 《陸九淵集》卷一，〈書〉，頁 3。

149 陸象山的意思是如果讀書才能得「道」，那接下來產生的問題即是「堯舜之前無書可讀」又怎麼辦呢？當時的人就不能得道了嗎？此問題被復齋先生擔心爭辯中有傷和氣而止之未問。《陸九淵集》卷三十六，〈年譜〉，頁 491。

書，恐有「用心於枝葉，不求實處」[150]的問題。反之，若讀書能「心通意解」，則是能「理會實處」，此則象山所說：「若理會自家實處，他日自明」[151]的意義。

如果說「心通意解」是象山哲學從「建構知識體系」出發的學習指標，則其著名的觀念「復其本心」[152]與「發明本心」[153]即是從工夫論範疇所提出的觀點。本文認為象山學原本即設定從「建構知識體系」出發基本上是較困難的道路，故而在教學上較強調「發明本心」的觀念。因為，象山認為古聖先賢的作品中早已明示多數的真理，歷史中指引人生方向與道理之作品早已汗牛充棟且少有巨大疏失；如果人的行為有誤，多數乃肇因於讀者自身的理解錯誤（自身之病），或只掌握文字表面意義。前者即如象山所言：「道在宇宙間，何嘗有病？……千古聖賢只去人病，如何增損得道？」[154]，即在「建構知識體系」過程中，象山關切的多為自身去病的努力，而並非試圖增損道德內涵或增益道的內在性。後段引文則批評學習者只掌握文字表面義，即如象山所言之「今之學者讀書，只是解字，更不求血脈……血脈不明，沉溺章句何益？」[155]象山對當時學習者的批評雖然嚴厲，但他的理由是充足的；他認為追求學問的根源與血脈，是追求「實學」或學問的「實處」者無從選擇且必須遵守者，因此他說：「須是血脈骨髓『理會實處始得』，凡讀書皆如此！」[156]

---

150 「今之學者只用心於枝葉，不求實處」。《陸九淵集》卷三十五，〈語錄下〉，頁 444。

151 《陸九淵集》卷三十五，〈語錄下〉，頁 444。

152 「吾友能棄去謬習，復其本心……此乃所謂有事焉，乃所謂勿忘，乃所謂敬」《陸九淵集》卷一，〈書〉，頁 6。

153 「本心若未發明，終然無益。」《陸九淵集》卷四，〈書〉，頁 57。

154 《陸九淵集》卷三十四，〈語錄上〉，頁 395。

155 《陸九淵集》卷三十五，〈語錄下〉，頁 444-445。

156 《陸九淵集》卷三十五，〈語錄下〉，頁 445。

這些觀點亦足以證明象山本人對實學的重視與追求，同時從象山提出知識上的「心通意解」與實踐上的「發明本心」等觀念中，亦可觀察出象山實學的內在與外在標準皆具相當的嚴謹性。以下即再從象山的實務政績，反思心學無用論。

二、象山的「荊門之政」

南宋光宗紹熙元年（1190），時年 50 歲的陸象山被任命為荊湖北路荊門知軍。荊門地處抗金前線，象山上任後內政與國防兼修，一方面築城備戰，另一方面秉公執法維護道德風尚，改革荊門的稅收弊端，在當時就受到丞相周必讚美，認為他是一位可為各地效法的模範官員。在當代學術界中有關陸象山的「荊門之政」亦受到許多的肯定，例如鄭曉江先生以其為「儒家德治觀念與實踐研究」的範例[157]，並視其荊門之政為一種「政治奇蹟」[158]；蔡仁厚先生亦曾引朱子語讚美象山政績「政教並流，士民化服」[159]，認為象山一生居官之日不多，但他卻能鞠躬盡瘁，最終並卒於荊門太守任所。[160]

---

[157] 參見鄭曉江：〈儒家德治觀念與實踐研究——以陸象山「荊門之政」為例〉，《湖北師範學院學報（哲學社會科學版）》第 23 卷，第 4 期。

[158] 參見鄭曉江：〈陸象山「荊門之政」及其反思〉，《南昌大學學報》，第 34 卷，第 2 期，頁 17。

[159] 蔡先生對象山的「荊門之政」曾經有詳細的說明，諸如象山曾經（1）新築城池，（2）整理簿書，（3）整理財稅，（4）整習武備，（5）加強治安，（6）興學校，勤耕嫁，置醫院官……等方面都績效卓著。丞相周必大說「荊門之政，可以驗躬行之效」，朱子也說荊門之治，「政教並流，士民化服。」然而，後世淺識庸陋之輩，卻說陸子之學空疏，噫！豈不謬哉！參見蔡仁厚：〈朱陸異同與象山實學〉《東海哲學研究集刊》，第八輯，2001.06，頁 102。

[160] 1193 年初，陸九淵在荊門病逝，棺殮時，官員百姓痛哭祭奠，滿街滿巷充

在任職治荊之前，有人問象山治理荊門最重要、第一優先之事為何？象山的回答是「正人心」[161]。若從批評「心學無用」之人而言，象山說「必也正人心」確實只是文字道理，只是空言心性；然而，對真正的儒家學者言，「治人必先治心」卻是千古不變的「實理」。學者楊小光亦認為，「在陸九淵看來，治荊必先治人，治人必先治心……把治荊馴民、富國強兵的希望寄託在發明本心、直覺良知上，這是與他的哲學理念相一致的」[162]。即不論從前文的象山理論分析，或從本段對象山治國理念之實踐的考察，由治理荊門的結果來看，象山哲學對挽救當時的社會危機確實做出了貢獻，《宋史》亦給予象山「令行政修，民俗為變」的佳評[163]。因此，不論從理論與實務兩方面反省，特別是從象山治荊的成就而言，「心學無用論」之說的批評似有過重之嫌。

本節結語：象山實學在本文中主要是指能夠「學以致用」之學，其具體內容本文透過「具備解決自身問題之能力」、「解決問題能力具備統合理想與現實兩者之辯證特性」，以及「象山哲學具有其使辯證特性立足並建基於廣大自然背景」等三種條件表示。在第二部分，本文再透過了有關儒學中「主觀的最大化」之判準觀念，為上述三條件的產生提供了理論基礎與理據。我們在這部分指出了象山如何能使其理論紮根於自然，使其理論具有可立足於自然背景中的穿透性能力。此一觀念實即為象山哲學如何能提出「宇宙便是吾心，吾心即是宇宙」、「宇宙內事，是已分內事」等命題的原因，亦

塞著弔唁的人群。出殯時，送葬者多達數千人。

161 「學者問：『荊門之政何先？』對曰：『必也正人心乎？』」《陸九淵集》卷三十四，〈語錄上〉，頁 425。

162 參見楊小光：〈陸九淵治荊及其思考〉，《江西教育學院學報》，第 20 卷，第 1 期，1999.02，頁 79。

163 參見《宋史》卷四三四。

是象山哲學的主要精神；本文末段對「心學無用論」的反省亦是建基於此基礎而立說，希望能透過對象山理論較完整與具方法論的重新詮釋，使其學說能展現其理論之正面而純樸的行動力，以及原初儒者的哲學精神。

本章結論

由於象山重視「人」在其哲學中的地位，強調「天地人之才等耳」，因此本章主要是依據象山所重視的觀念，一方面定義其「人觀」，探討其人觀之理論預設；另一方面，則分析在此人觀下，象山對「人與社會」的處理方式。以象山的語言分析，上述課題即涉及他所提出的「從其大體」之人、「修道以仁之人」，以及「象山實學」的問題。

在定義其人觀部分，本文認為象山是以「復其本心」為其要點，視「本心」為掌握「人觀」內涵之大者，此以今日觀點言即預設人本為一「完整之人」與具有「全人」之可能性；此乃繼承孟子萬物皆備於我的觀點，視人性內涵的完整皆我所固有，全無增添。另一方面，也是本文面對象山理論形式過於簡要所採取的策略，即是提供一「開放與還原」的理解結構，指出象山人觀如何能透過「發明本心」的「還原」系統回到創生仁義理論的「人自身」，同時又能從人往外「開放」延伸，向「宇宙、歷史與他者」開放。此一詮釋歷程，就「還原」觀念而言是突顯象山哲學重視「發明本心」的觀念，就「開放」觀念而言則是彰顯象山重視「人」與「外在」的關連性，本章依此而於第二節再論述象山對「人」與「社會」的處理方式。

在象山對「人」與「社會」的處理方面，我們分析何謂「象山實學」，論證出象山學術的本質並非空論心性，而是「崇本務實」

之學；我們在此指出了象山哲學為實學的三種條件，並反思了「心學無用論」的觀點。本文認為由於象山哲學具備解決自身問題之能力，而且此能力又能兼顧「理想」與「現實」兩者之辯證；既不偏於空言（因此了解孔子之困境），亦不流於世俗（因其了解孔子之志向），在兩者間折衷，故而能顯其「學以致用」與「崇本務實」之特性。同時，我們認為象山實學之另一特色，在於其透過「道」、「理」與「宇宙」的關連性之建立，形成一組該哲學家定位「人」與「自然」兩者的詮釋觀點，以使其理論具有可立足於廣大自然背景中的穿透力，連結人文與自然兩者，使其理論更具深刻的存在性。

此外，本節中我們亦提出了一種有關儒學中「主觀的最大化之判準」觀念，試圖解讀「宇宙便是吾心，吾心即是宇宙」等「斷語」所具有「主觀的最大化」特徵。提出此方法的動機乃由於我們很難把握「絕對客觀性」，所以提出此構想，希望設法指出儒家理論設計如何能使人能透過「理性推理」的格物致知，以及誠意正心的「實踐工夫」，窮兩者之極限，以兼顧知識論與修養論，以從「人文結構」中重返「人文結構的創造者」，進而在此思考脈絡中反思「人」的存在意義，以符合儒家「君子務本」的原則。此即是本文分析「象山如何能使其理論紮根於自然，並使其哲學能於立足於廣大自然背景」的原因與問題意識的來源，此即為本文認為象山哲學為實學的基礎所在。最後，本文亦從象山強調的「心通意解」觀念出發反思「心學無用論」的批評，從分析形成「空談心性」與「空疏之學」的原因出發，證明象山對實學的重視與追求；其次，再從象山的實務政績——荊門之政，透過「治荊」必先「治人」，治人必先「治心」的程序，反思「心學無用論」之說的謬誤。

第五章　象山哲學對儒學研究方法之啟示

——哲學與人之主體的完成[1]

前言

傅偉勳先生說過：「特殊的哲學方法論與獨創性的哲學家的思想內容息息相關而無從分立，方法論與思想創造乃構成了一體的兩面」[2]。本文試圖根據此一觀點，並透過象山文本以還原出「象山哲學」獨特的方法論與思想內容，並分析此一方法對儒學研究方法的啟示。

象山說過：「大抵學者且當**大綱思省**。平時雖號為士人，雖讀聖賢書，其實何曾篤志于聖賢事業？往往從俗浮沉，與時俯仰，徇情縱欲，汩沒而不能以自振。……且本分隨自己日用中猛省，自知愧怍，自知下手處也。既**著實作工夫**，後來**遇師友**，卻有日用中**著實事**可**商量**，不至為此等**虛論**也。」[3]引文中的觀念例如：「大綱思省」、「篤志于聖賢事業」、「著實作工夫」、「遇師友」、「商

---

1 本文曾於2007年發表於《當代中國哲學學報》，並於2009年成書之際加以修改。請參見黃信二：〈象山哲學對儒學研究方法之啟示——哲學與人之主體的完成〉，《當代中國哲學學報》，第七期，2007.03，頁1-32。

2 傅偉勳：《從創造的詮釋到大乘佛學》，台北：東大圖書公司，1999年，頁6。

3 《陸九淵集》卷三，〈書〉，頁38-39。

量」與「不至為虛論」等等，分別涉及了（1）「個體」（之思省）、（2）「個體之成長」（人主體之完成）、（3）「個體與外在」——例如「聖賢事業」與「遇師友」等等包含「個體」與「群體」關係等儒學所處理之基本議題；象山面對這些問題的處理方式，正突顯出其有別於朱學之獨特思想，亦是本文認為「象山哲學」獨特的方法論與思想內容。

在上述引文中，我們發覺象山哲學有如下之預設，即做為一位真正的中國哲學家其任務既不在抽象理論的完成，也不著意於抽象不可捉摸的宇宙概念之規劃；相反的，他們希望能在現實生活中，一方面體驗世界的意義，另一方面，則希望「在人與世界之間」規劃出真實而合理的價值次序，以達到統合人（主體）與外在世界兩者的理想，本文即希望藉由對象山文本的觀察，分析其哲學預設並檢討其中之價值。

為探討上述引文所涉及之觀點，本文將透過下列兩項問題之處理，以彰顯本文的方法意識：**第一，對象山所言之哲學主體進行反思與省察；第二，理解象山之哲學主體，如何能對世界有所「哲學化」的把握與完成**。在儒家哲學中，特別是象山觀點下**所謂「哲學化」的把握，即必須與把哲學建基於其生生不息的精神當中，一方面徹底的了解「自我」，另一方面期待以真實的自我穿透「世界」，創造性地觀看人類文明**。其中的「自我」即儒家哲學的「主體」，他既是慎獨之自省者，亦是創造與觀看人類文明者；此一哲學主體既生活於人群之中（非一空虛之孤立者），卻又是一能面對人內在之純然動機與世界之本然者。

此一過程，如以內聖的觀點評估，他無疑地是一徹底「中國哲學主體」的完成者；如以理論觀之，此一理論無疑地是一促使「哲學」與「人之主體完成」的理論。所以，假如我們以「中國哲學之主體」為分析對象，經由對象山文本的闡釋，觀察其哲學主體成長之歷程，我們可以透過「個體的成長」、「倫理的成長」與「哲學的成長」三方面，分別代表哲學主體之「創生」、「價值」與「智慧」三領域，一方面觀察象山哲學之經驗；另一方面並經由此一經驗，反思儒學研究中有關「哲學」與「人之主體完成」的方法性意識。

本章各節綱要：

第一節　個體的成長：創生之歷程

壹、主體的自省

貳、方法的提出

一、方法意識之「基礎」

二、方法意識之「應用」

（一）去欲

（二）好學

（三）成德

參、整體的把握

第二節　倫理的成長：價值之實踐

壹、自然理想之基礎

貳、社會價值之實踐

參、中庸精神之追求

一、從個人觀點言

二、從社會觀點言

第三節　哲學的成長：智慧之開顯

壹、哲學的智慧

一、象山對哲學智慧的探討：象山言「聖哲之所以為聖哲也」之目標
二、從「象山哲學」之特徵觀察儒學重演繹之學的特性
三、儒家以「為己之學」彰顯其「生命存在之意義」
四、以「演繹法則」探求「為己之學」的內涵，並定位「人之存在意義」的儒學特徵
貳、統合之世界
參、自由的絕對
本章結論

正文

第一節　個體的成長：創生之歷程

前言中所引用象山文本涉及諸多中國哲學的課題，其中第一項要點「**大綱思省**」即與「個體之成長」相關；其中涉及了中國哲學中有關主體之自省、自省方法的提出（即工夫論的入手處），以及如何能對「整體」有所把握之觀念，它們組成了一系列中國哲學個體之成長歷程。以下我們將透過象山與儒學主要之文本，分別從「主體的自省」、「方法的提出」與「整體的把握」進一步分析此一問題。

壹、主體的自省

「主體的自省」是儒學研究之第一方向與起點，《論語》所云之「務本」的要求與《中庸》「慎其獨也」的精神皆說明了此一事實。象山亦說過：「大抵學者且當大綱思省……且**本分隨自己日用中猛省，自知愧怍，自知下手處也**」[4]。引文指出省思與自知成為修養工夫之下手處，於此，我們發覺「自知」同時成為中、西方哲學之共同目標。《論語・里仁篇》孔子所言「見賢思齊焉，見不賢而內**自省**也。」與《周易・繫辭下・第七章》所云之「復以**自知**」的觀念皆指出，從先秦至宋明一系的儒者，重視由自省而求諸己，再由自省而成己之學問特徵。象山在宋代理學復興運動中再次提出「為仁由己，聖人**不我欺**也……吾曹學者，**省察之功**其可已乎？」[5]即再次強調了儒學研究方法的起點，在於主體的自省精神。

由此觀之，儒家強調的「自省」即成為其主體完成自身所必有的方法；然而，其完成自省之標準非常嚴謹，並非只是我們「知道」這件事而已。例如聰明如子貢在自省時言：「我不欲人之加諸我也，吾亦欲無加諸人」，然而其成果都被孔子否定——子曰：「賜也，非爾所及也。」《論語・公冶長》子貢所言其實無誤，他確實知道並明白這件事情，但**孔子明確地否認知道這件事情即表示懂了儒家哲學**。

象山亦言：「今之謂**學問思辨**，而於此不能深切著明，**依憑空言，傳著意見**，增疣益贅，助勝崇私……此人之過，其初甚小，

4　《陸九淵集》卷三，〈書〉，頁 38-39。

5　《陸九淵集》卷五，〈書〉，頁 65。

其後乃大」[6]，象山於此指出人易重視「知識」，以知道為做到，以「理解知識」（知學問思辨）等同於「完成知識」之弊端。換言之，**儒學所言之自省之「標準」是我們必須注意的**，《論語》所提出的「見賢思齊」、「主忠信」、「就有道而正焉」與「發憤忘食，樂以忘憂，不知老之將至」等觀念；以及象山引孟子所言「源泉混混，不舍晝夜，盈科而後進」[7]，又強調「心通意解」[8]以得其實的觀念，皆明確地道出「自省」之高標準；同時，亦為我們結論出**儒家所要求之「自省」，不但要求人「知道」其重要性，在「實踐」過程中也強調其不易成功，以及必須長期努力的特性**。例如即使是「君子」亦必須有「無終食之間」違之的隨時努力，即使是「聖人」如孔子亦要至七十歲，方能從心所欲。此皆指出**內省之方向，既為「主體成長」之始點，亦提醒後學儒家所謂的「自省」非易為之事**，乃如象山所言必須「棄去謬習，復其本心，使此一陽為主於內，造次必於是，顛沛必於是」[9]的工作。

貳、方法的提出

中國哲學中的方法意識一向相當模糊，但精確方法及其表達在當代卻隱然地成為一種基礎需求。依照**方法即結構，表達方法即為理解結構**之原則，為了明確區分本文所指之方法與西方哲學之方法論不盡相同[10]；本文之「方法」一詞如無特別說明時，即

---

6 《陸九淵集》卷一，〈書〉，頁 2。
7 《陸九淵集》卷一，〈書〉，頁 6。
8 《陸九淵集》卷一，〈書〉，頁 3。
9 《陸九淵集》卷一，〈書〉，頁 6。
10 本文所謂西方哲學中之方法論（methodology），主要是指著重於對「科學的方

以「方法」一詞代表該儒學文本或該段引文所指涉有關理解儒家之「方法意識」，而非指某項固定單一可供「應用」之方法理論。對照西方哲學之方法論，**本文之「方法意識」，欲指出儒家進行哲學工作時，其思維中所具有之「創造性」與「發生性」意義的思考意識，我們認為此一意識足以「形成」各家學說，即其於理論位階上以描述理論的「發生」狀態為目標，兼及於區分理論之發生與應用二範疇**[11]。同時，此一思考脈絡在哲學工作中，**筆者於緒論中稱其為「背景哲學」的探討工作**，於象山哲學中即是有關「象山之背景哲學」的探測，其目標在於分析有關象山哲學之命題如何成立，例如「宇宙便是吾心，吾心即是宇宙」[12]的命題「何以可能」等等問題[13]。為說明本文有關方法論的主題，又為了解釋所引用之文本，以下將透過方法之「基礎」與「應用」兩方向，說明傳統儒學中之方法意識。

一、方法意識之「基礎」

象山所言之「發明本心」[14]觀念，明顯指出其方法意識之基礎方向在於內省工夫，他說：「此事何必他求？此心之良，本非外

法與成果」進行批判與檢視，重視知識論的科學哲學（philosophy of science）。此一學問以突顯科學理論的前提條件，例如理論在什麼意義上被接受、理論與假設間的證明程度等問題為其研究對象，指向對理性基礎之探索工作。

11 此一觀點與西方方法論指向「基礎」的方向一致，但西方之科學哲學（philosophy of science）偏向「理性」的基礎探討；本文之方法意識強調人之整體性中的創生歷程，涉及的是全部的功能與整全之人，而非只對理性——人的部分性功能進行探究。

12 《陸九淵集》卷三十六，〈年譜〉，頁 483。

13 有關「象山之背景哲學」的探討，請參見黃信二：〈論陸象山心學之方法〉，《鵝湖月刊》，第 32 卷，第 4 期，2006.10.。或參見拙著《哲學表達及其基礎——中國哲學研究之新思維》，台北：理得出版社，2005，頁 157-164。

14 「本心若未發明，終然無益。」《陸九淵集》卷四，〈書〉，頁 57。

鑠」[15]，即代表其方法意識指向內省意識；此一方向同於先秦儒者，一如孔子所言「仁遠乎哉？我欲仁，斯仁至矣！」《論語・述而》即指出其最高理論指標與學說基礎——「仁」觀念，透過內省之路方可隨處體認。又如《孟子・盡心上》所言：「萬物皆備於我矣，反身而誠，樂莫大焉；強恕而行，求仁莫近焉」，亦指出孟子在戰國亂世中，以內在浩然之善性誠立自身，應付險惡時局的基本態度。上述三位儒家哲人在有關方法意識之基礎方向上，皆以「主體之自省」工夫為理論之定位[16]；如此規劃儒家哲學，既可描述出吾人**思想之原點（本心）**，又可同時呈現出吾人**理想中之思想原點（仁心）**，進而再以「倫理之成長」與「哲學之成長」兩步驟，透過學習與自知，縮減理想與現實兩者間的差距。

二、方法意識之「應用」

從基礎之內省至應用，象山與先秦儒者在處理人生問題中提出了多種應用性之方法意識，以處理多面向的人生事實。例如：

（一）去欲

象山說過：「故君子**不患心之不存**，而**患夫欲之不寡**。欲去則心自存矣。」[17]，其中「去欲」即是一種「存心」的方法意識。象山以「去欲」為修養方法即是呼應先秦儒學之精神，一如《論

15 《陸九淵集》卷五，〈書〉，頁 66。

16 黃甲淵先生的研究亦認為：「象山學之基本骨幹義理皆來自於孟子，其學不但相應於孔孟的生命智慧，而且過於孟子而更圓滿無礙，可以說是孟子學之充其極」參見黃甲淵：〈陸象山「心即理」哲學與其「易簡工夫」論〉，《鵝湖學誌》，第 20 期，1998.06。

17 《陸九淵集》卷三二，〈拾遺〉，頁 380。

語・子路》所言：「無**欲速**，無見小利」，以及《尚書》所言：「罔**違道**以干百姓之譽；罔咈百姓以**從己之欲，無怠無荒，四夷來王**」〈大禹謨〉的精神，強調「違道」與「從己之欲」者，不必等待自身之荒蕪，四方蠻夷可取而代之而使其亡國。此一精神為宋明理學所繼承，例如象山所言：「心苟**不蔽於物欲**，則義理其固有也，亦何為而茫然哉？」[18]，又如朱熹所言：「聖人千言萬語只是教人存天理，滅**人欲**」[19]，以及「學者須是革盡**人欲**，複盡天理，方始為學」[20]，皆明確地道出其修養理論中對「去欲」方法的重視。

（二）好學

象山強調「好學」與「進學」的觀念，他說：「與同志切磋，亦何患不進學」[21]、「人未知學，其精神心術之運皆與此道背馳」，[22]又說：「若事役有暇，便可親書冊」[23]，皆表示象山強調「好學」對儒家個體追求「生命成長」的重要性。**「學習」在儒家而言不只是「知識增加」的方法，更是「生命成長」的條件**，即「進學」或「好學」非量的問題，而**是生命品質提升的課題**。一如《論語》中孔子所言：「君子食無求飽，居無求安，敏於事而慎於言，就有道而正焉，可謂好學也已」〈學而〉即指出「好學」精神所關切的是「就有道而正焉」之自我提升。又如〈陽貨

---

[18] 《陸九淵集》卷十四，〈書〉，頁 185-186。
[19] 《朱子語類》卷四。
[20] 《朱子語類》卷四。
[21] 《陸九淵集》卷五，〈書〉，頁 65。
[22] 《陸九淵集》卷十四，〈書〉，頁 185。
[23] 《陸九淵集》卷三，〈書〉，頁 38。

篇〉中所指出「好仁不好學，其蔽也愚；好知不好學，其蔽也蕩」等一系列有關「六言六蔽」之觀點，更指出「好學」做為儒家修身方法之必要性。

（三）成德

象山之學重成德之教，象山認為「仁義忠信，**樂善不倦**，此等**皆德行事，為尊為貴，為上為先**」[24]，又認為「人誰無過，過而不改，是為過矣；過而能改，善莫大焉」[25]，可見其學問目標之最終目標在於「修德」與「遷善」。此乃同於《論語》所強調的「德之不修，學之不講，聞義不能徙，不善不能改，是吾憂也」〈述而〉，以及「**篤信好學，守死善道**」〈泰伯〉等等觀念的精神。上述引文亦啟示我們，「成德之目標」並不只在於約束人心，更在於（1）「開放人心」與（2）「使人心篤實」。（1）所謂之開放人心即使人能「樂善不倦」，悠遊於生命之樂，以成德之教「為尊為貴，為上為先」。（2）所謂之使人心篤實，乃由於成德之教對生命基礎的重新再造，故而使人之生命品格能自信而堅強；雖遇困境卻能「篤信好學」，以及擇善固執且持守善道地追求止於至善。

簡言之，不論是「去欲」、「好學」與「成德之教」，它們既是修養工夫，但在理論上卻更是儒家主體「完成自身」之重要方法意識，我們反省此三者的背景目標，即在於尋求「能夠統合」知識與行動兩者的「整體觀」；以下對此整體觀之目標再做說明，以分析本文如何透過「象山之背景哲學」的整體觀，詮釋儒家的主體「完成自我」之過程。

---

24 《陸九淵集》卷十五，〈書〉，頁 193。
25 《陸九淵集》卷十一，〈書〉，頁 144。

參、整體的把握

象山在論及「天地之性人為貴論」時，強調對人性理解應能「因其本然，**全其固有**」[26]，其中「全其固有」即代表其思想具有對「整體」把握之要求。對於聖賢之行為目標，象山又以「**周事**致用，**備其道、全其美者**」[27]形容之，**其中「周」、「備」、「全」等概念，再次強調了其哲學要求把握「整體性」之目標。**

「周」、「備」、「全」等概念在儒學中並非始於象山哲學，《易傳》文本中早有子曰：「君子安其身而後動，易其心而後語，定其交而後求，君子修此三者**故全也**」[28]的「求全」觀念，亦有「**知周**乎萬物而道濟天下，故不過」[29]的「求周全」的目標。又例如《孟子・盡心上》中強調的「萬物**皆備於我**矣」與「居仁由義，**大人之事備矣**」等等**對人的「完整性」的認肯**之觀念，皆代表了先秦儒家學說重視對「整體」觀念把握之要求。此一觀念在明代之王陽明哲學中亦再次受到強調，如陽明所言：

> **大人者，以天地萬物為一體者也**，其視天下猶一家，中國猶一人焉。……**大人之能以天地萬物為一體也**，非意之也，其心之仁本若是，其與天地萬物而為一也……一體之仁，對小人之心亦必有之；**是乃根於天命之性**而自然靈昭不昧者也，是故謂之明德。[30]

---

[26] 《陸九淵集》卷三十，〈程文〉，頁 347。

[27] 「與夫禮樂射御書數之藝，此皆古之聖賢所以居敬養和，周事致用，備其道、全其美者」《陸九淵集》卷三二，〈拾遺〉，頁 374。

[28] 《周易・繫辭下・第五章》

[29] 《周易・繫辭下・第四章》

[30] 《陽明全書》（一），〈大學問〉，頁 119。

引文中「以天地萬物為一體」與「根於天命之性」，即代表宋明理學亦強調對哲學追求「整體」目標之重視。其實早在張載之〈西銘〉一書中，便開宗明義地展示了儒家整體觀說道：「天地之塞，吾其體；天地之帥，吾其性。民吾同胞，物吾與也。」二程亦說：「仁者，渾然與萬物同體」與「仁者以天地萬物為一體」[31]觀念。朱子又承伊川之意而作更詳盡的解釋說道：「**萬殊而一貫**，則親疏異情，貴賤異等，而不牿於為我之私。此〈西銘〉之大指也。」[32]其中「萬殊而一貫」的觀念，即指出了宋明儒家回應先秦哲學的方向，既指向往上往內的追求，亦指向「理一」的「整體」觀念之把握；同時也處理了向下向外的問題，引導人思考遭遇多元「分殊」之外在問題時，應如何避免在理論應用上陷入墨子之（普遍的）「無差等」的愛，或楊朱（個別、分殊）「為我」的價值。

簡言之，不論是象山強調以「全其固有」觀看人性，或傳統儒學「萬物皆備於我」、「以天地萬物為一體」與「萬殊而一貫」的價值，皆明確地道出**理解儒家人性論與實踐哲學之兩項方法性要領：**第一，對儒家人性論的理解必須具整體觀，即必須注意其「道德法則」與「天命之性」，以及以兩者關係為基礎的理解背景。第二，對聖賢之行為目標，例如愛人之實踐哲學，亦必須基於「真一」與「求全」的立場進行理解，即如陽明所言「大人者，以天地萬物為一體者也，其視天下猶一家，中國猶一人焉」，此即透過「整體」觀看「分殊」，一方面建構了儒家之天道論，另一方面也為儒家之「個體」與「群體」關係做了最佳的詮釋與定位。

---

31 《二程遺書》卷二。

32 朱熹：〈朱熹西銘論〉，見《張載集》（附錄），台北：京漢文化，1983，頁411。

第二節　倫理的成長：價值之實踐

儒家方法意識的基本目標在於統合知識與行動兩者，故不論其從天道論至倫理學說，或是從個體之自然理想至社會之價值實踐，其中不但有其理論一致的思考脈絡，在實踐的過程中更透過其「個體」與「群體」關係的處理，以中庸的方式，平衡地完成了儒學之主體定位自身與外在的歷程。以下我們將透過「（個體）自然理想之基礎」、「社會價值之實踐」與「中庸精神之追求」三方面分別說明其中之各項意義。

壹、自然理想之基礎

如果人存在之場域可以概括地區分為自然與社會兩者，那麼，其中與自然或人的出生、文明的創造相關者，我們稱其為自然理想；與社會價值或關懷他人相關者，我們稱其為社會理想。從個人之自然理想至社會之價值的實踐，重視整體看顧之儒家理論，自然將設法從其追求「一以貫之」的精神中，探索個體如何能從自然理想貫徹社會目標而開展其說。

個人之理想在儒學中以「仁義」為代表，象山的「本心」哲學即指出了此一方向，它強調所有的個人理想包含仁義等「安宅、正路」與「廣居、正位、大道」[33]，皆由此一自然理想而展開。此一

[33] 象山說：「萬物皆備於我矣，反身而誠，樂莫大焉。此吾之本心也。所謂安宅、正路者，此也；所謂廣居、正位、大道者，此也」《陸九淵集》卷一，〈書〉，頁5。
「仁，人之安宅也；義，人之正路也。曠安宅而弗居，舍正路而不由，哀

理想雖必發展為與他人相關之社會價值或社會理想(即儒學外王理論),但在儒學中實更強調其基礎性之內容(即理論之發生性背景,或內聖之境),並強調此一「道德基礎」與「人存在之原點」兩者間的關係。例如孟子強調「不忍人之心」與「四端之心人皆有之」〈公孫丑句上〉,以及「苟能充之,足以保四海」(同上)的觀點,其中「四端之心」與「擴而充之」的觀念,即指出了此一從個體(存在)原點的「自然理想」,透過「擴而充之」的觀念,向完美社會邁進之價值與方向。

除了先秦儒家,象山亦云:「聖賢之形容詠嘆者,**皆吾分內事,日充日明,誰得而禦之?**」[34]此一引文具有兩項要點:(1)「皆吾分內事」即指出了個體的原點於吾內在思維中之位置,並以「日充日明」為其擴充自身理想之原則。(2)「誰得而禦之」的觀念,此乃發揚《孟子・盡心上》所云:「聞一善言,見一善行,若決江河,沛然莫之能禦也」的哲學觀。《陸九淵集》中近似的觀點頗多,例如:「忠信之名,聖人**初非外立其德**以教天下,蓋皆**人之所固有,心之所同然者**也」[35],以及「若是平淡中實省,則自然優游寬裕」。[36]這些引文亦指出儒家除了重視與他人相關之社會價值(例如忠信),但更強調其基礎在於「人之所固有,心之所同然者也」。即基於此一「固有」與「同然」觀念所指向之「人性原點」,人方可能在平淡中省察固有之生命實情(此即「平淡中實省」),並在省察生命實情的中體驗生命之「優游寬裕」;此即儒家「自然理想」之基礎,亦是象山推論出人能「『自然』日充日明」[37]與「『自然』日進無已」[38]的原因。

哉!」《孟子・離婁上》

[34] 《陸九淵集》卷五,〈書〉,頁 66。

[35] 《陸九淵集》卷三二,〈拾遺〉,頁 374。

[36] 《陸九淵集》卷六,〈書〉,頁 82。

[37] 《陸九淵集》卷七,〈書〉,頁 92。

貳、社會價值的實踐

儒家非常重視社會價值的實踐，例如孟子說過：「今居中國，去人倫，無君子，如之何其可也」《孟子・告子下》，此即指儒家重視人倫，重視人與社會間之和諧關係的價值。然而，從個體的自然理想至社會目標，儒學認為人實踐社會價值之動機仍在於個人「主體之完成」（自勵），而非依恃外在。例如象山說：「聖賢之形容詠嘆者，皆吾分內事……此事**不借資於人，人亦無著力處**。聖賢垂訓、師友切磋，但助鞭策耳。」[39]此一引文清楚地指出「此事不借資於（他）人」的方向，即便是「聖賢垂訓」與「師友切磋」，亦只能「但助鞭策耳」，即其理論仍然必須以「吾分內事」為基礎而展開。

象山又說：「此**道**充塞宇宙，**天地**順此而動，故日月不過，而四時不忒；聖人順此而動，故**刑罰清而民服**。」[40]引文中的「刑罰清而民服」即是象山理論之社會價值與目標。在文本中象山清楚地以「此道充塞宇宙，天地順此而動」與「聖人順此而動」，強調儒家之社會責任的基礎仍在其發展出工夫理論之「天道論背景」中。換言之，象山哲學雖強調社會性理想——即達成「刑罰清而民服」的目標，但其哲學方法意識卻完全繼承先秦儒家；即透過其本心哲學，先論本心之基礎——即「人」與「道、天地」之關係，先妥善處理倫理原則之形上依據（天道論），再進一步規劃出符合「天下之民皆引領而望之」與「民歸之，由水之就下，沛然誰能禦之」《孟子・梁惠王上》的社會理想，使其從個人之自然理想至社會價值之實踐具有一貫的精神。

38　《陸九淵集》卷三十五，〈語錄下〉，頁 443。

39　《陸九淵集》卷五，〈書〉，頁 66。

40　《陸九淵集》卷十，〈書〉，頁 132。。

參、中庸精神之追求

從個人之理想至社會目標的實踐，由於外在諸多狀況與自身內在之變化，其中「人與他人」，「人與自然」間的衝突，甚至於「人與自身」之間的失衡皆在所難免。本文認為不論是何者間的衝突，以儒家的觀點言皆應以「中庸（致中和）精神之追求」為解決的方向。

一、從個人觀點言

孔子說過：「中庸之為德也，其至矣乎！民鮮久矣」《論語・雍也》的觀念，既強調「中庸」觀念為最高之德行，亦強調「不偏頗」[41]的處世態度。象山對此一態度亦云：「人之省過，**不可激烈，激烈者必非深至，多是虛作一場節目**，殊無**長味**，所謂非徒無益，而又害之……若是**平淡**中實省，則自然優游寬裕，體脉自活矣。」[42]引文中象山認為之「激烈」，實與偏頗、虛作與短暫等概念意義一致；相對來說，他選擇採取「不可激烈」與要求「平淡」、「深至」與「長味」的態度，即顯示出象山以「中庸精神之追求」為解決此一人際問題之意識。又如他反對「銳進」時說道：「大抵**昆仲之病**，皆在**銳進之處**。畢竟**退讓安詳**之人自然識羞處多。今為學不長進，未為大患，**因其銳進**而至於**狂妄不識羞**，則為惑深而為累大，所謂非徒無益而又害之者也。」[43]引文中強調「銳進」必導致「**狂妄不識羞**」，以及強調「退讓安詳」使人「自然識羞處多」，同樣地指出了象山以符合中庸精神的態度，追求「優游寬裕」與「體

[41] 例如程子曰：「不偏之謂中，不易之謂庸」即指出中庸德行之不偏頗的特性。參見朱子：《四書集註》。
[42] 《陸九淵集》卷六，〈書〉，頁 82。
[43] 《陸九淵集》卷六，〈書〉，頁 86。

脉自活」的價值觀；此一價值亦完全符合先秦儒家重視「正德、利用、厚生，惟和」的人和精神[44]。

二、從社會觀點言

從《尚書》強調「協和」、「惟和」與「協和萬邦」的精神開始[45]，至《中庸》強調「和也者，天下之達道」與「致中和，天地位，萬物育」，中國哲學處理人與他人，處理人與自然的價值方向（由內而外）即告確定；即儒家看待人，看待他者與萬物的態度，一方面是以主體對「中和」工夫的實踐與完成為目標，另一方面，亦兼而處理人與外界的關係，例如《論語・憲問》所載「修己以安百姓」（由個體而群體）的工夫程序，即是最佳之理論典型。

象山哲學亦強調以「中和之氣」為實踐禮義之基礎所在[46]，並以「致中和」為「理之致矣」[47]，以「致中和」的目標為「理」之根本內涵之一。本於此一精神象山才提出其「本心即理」的學說，強調即便是關切社會理想亦須扣緊「心」之正邪而論方可，例如他說：**「國之治忽，民之休戚，彝倫之敘斁**，士大夫學問之是非，心術之邪正，接於耳目而冥於其心，則**此心之靈，必有壅蔽昧沒者矣。在物者亦在己之驗**也。何往而不可以致吾**反求之功**？」[48]從引文中即可見其國之治亂與民之休戚等問題，皆需扣緊其本心哲學的觀點，依循「在物者亦在己之驗」與「反求之功」，以內求「致中和」為其處理社會理想之最終原則。

---

[44] 例如孟子曰：「天時不如地利，地利不如人和」《孟子・公孫丑下》

[45] 例如「平章百姓……協和萬邦」〈堯典〉、「正德、利用、厚生，惟和」〈大禹謨〉

[46] 「得天地中和之氣，固禮義之所在。」《陸九淵集》卷二十三，〈講義〉，頁 277。

[47] 「致中和，天地位焉，萬物育焉。此理至矣，外此豈更複有太極哉？」《陸九淵集》卷二，〈書〉，頁 10。

[48] 《陸九淵集》卷十三，〈書〉，頁 178-179。

第三節　哲學的成長：智慧之開顯

以下我們將透過「哲學的智慧」、「統合之世界」與「自由的絕對」三方向，說明儒家如何透過其演繹之學的內部特性，開顯其統合內在外在，兼顧理想與現實兩者的智慧。

壹、哲學的智慧

一、象山對哲學智慧的探討：象山言「聖哲之所以為聖哲也」之目標

有關哲學是什麼？中國哲學最重要的價值何在？象山有過探討，他說：「**彝倫**在人，**維天所命**，**良知**之端，形於**愛敬**。擴而充之，**聖哲之所以為聖哲也**」[49]，引文中「聖哲之所以為聖哲也」，即是象山從儒家哲學觀點分析「何謂哲學之智慧」的問題。引文之意義約可略分為兩個層次，以天道之背景言，即是明白「人倫」與「天命」的關連性，明白倫理之起源與天命哲學兩者間的關連性。以工夫之踐履言，即是理解人性中「良知之端」如何形成為「愛敬」之行動以對待他者，此即涉及如何妥善處理「個體」與「群體」關係的問題。

從象山之觀點，我們可以進一步從中歸納出中國儒家哲學智慧之二項要義：第一，有關「倫理之起源」，此即道德創生之問題，以今日中國哲學研究目標觀之，即是「原初儒者」如何界定「人與自然的直接關係」，如何透過對「人倫」與「天命」（彝倫在人維天

---

[49] 《陸九淵集》卷十九，〈記〉，頁238。

所命）等有關天道論之探討，定位「人」與「外在自然宇宙」的關連性。**第二，有關「倫理之應用」，即是對「人」與「人」之間關係的處理方式**，從個體如何遭遇群體的思考出發，從「良知之端」的彰顯至具體的「愛敬」行動以對待他者的過程中，**人的思維如何能扣緊前述倫理之起源義與道德之創生義**，並透過「誠」之觀念以保障執行「行動」時之純正力量，**使道德實踐不致落入形式與僵化**，同時又禁錮了人類寶貴的「**對道德生命之創造力**」。

二、從「象山哲學」之特徵，觀察儒學重「演繹之學」的特性

上述從「象山哲學」反推「儒家哲學精神」的思考方式，亦說明中國哲學特別是儒學所具有之**有關「發生性」的思考方式，其特徵是以「演繹性」(deduction)思考為主，而以「歸納性」(induction)思考為輔的**。歸納性方法偏重「從多之中，分析與歸結出其中的主要原則」，或者說是由觀察到之各種特殊事件中，歸納出一條可能之普遍結論或定律。演繹方法則是從普遍命題推論出個別結論的思考過程，在中國哲學中的使用，偏重從一基礎觀念(例如象山之「心即理」觀念)之中，推演出各種可能性，以之豐富與重建一時代的人文之精神與價值。

由於演繹方法則是從普遍命題推論出個別結論的思考過程，我們亦可用「以一馭多」的方式形容此一法則的應用。演繹法則在儒學中有關「發生性原則」的尋求中其應用中相當普遍，例如象山要求「純一」[50]，先秦儒家強調「吾道一以貫之」、「惟精惟一」、

[50] 例如《陸九淵集》中云：(1)「吾於踐履未能純一，然纔自警策，便與天地相似。」卷三十四，〈語錄上〉，頁411。(2)「日躋於純一之地，是所望於

「易則易知，簡則易從」與「天下同歸而殊塗，**一致而百慮」**[51]等等觀點，皆為演儒學尋求「演繹前提」的案例與應用過程。在此一應用的過程中，演繹法則的困難出現在運用「以一馭多」法則時，其「一」的內容如何可得？即真「一」的內容為何？以及在中國哲學尋求使用演繹法則時，其推演之第一項「普遍命題」如何產生？例如象山以「心即理」為第一原則，普遍地使用在其理論中，但是，此一「普遍原則如何產生」即是本文認為研究儒學亦必須關注的問題。

以哲學之方法而言，「演繹性」思考與「歸納性」法則兩者皆為必要，亦各有其不可取代之功能；然而，**以儒家特性言我們有必要突顯其中尋求「演繹之前提」觀念的重要性與困局**。即無疑地儒學之智慧展現在「以演繹之思考」執行其修養論，例如孔子在〈述而篇〉所言：「舉一隅不以三隅反，則不復也」即是「演繹方法」應用的最好說明。但其困難亦出現在此，當我們在運用「舉一反三」原則前，則更需要找出其中的「真一」何在方能舉一反三，換言之，困難處幾乎都在演繹過程中的「起點」，例如：象山的「心即理」，陽明的「致良知」觀念，它們都是一組近似於「從無到有」的觀念性之發明；即儒學在其「普遍原則」之內涵的決定上，需要「創造性」地對各種前人的觀念進行選擇與發明，同時，透過此一選擇與發明，即同時定位了其「人與天」、「人與自然」的關係，並以之做為其理論中「人與人」、「人與社會」的基礎。簡言之，本段包含兩

君子」卷一，〈書〉，頁1。(3)「進學工夫不甚純一，未免滯於言語耳」卷三，〈書〉，頁34。

51 (1)《論語》：「吾道一以貫之」〈里仁〉。(2)《尚書・大禹謨》「惟精惟一，允執厥中」。(3)「易則易知，簡則易從」《周易・繫辭下・第一章》。又如(4)《周易・繫辭下・第五章》子曰：「天下何思何慮？天下同歸而殊塗，一致而百慮，天下何思何慮？」

項重要觀念，即「決定即定位」與「選擇即創造」，「決定即定位」指出一旦儒家決定了其「天人關係」之內涵，即同時定位了「人我」（外在與內在）關係之基礎；「選擇即創造」即指出，中國哲學家從諸多觀念中選擇出之「第一項普遍原理」的過程，實即一項創造性之工作。

以象山文本為例，其選擇以「宇宙便是吾心」、「宇宙不曾限隔人，人自限隔宇宙」[52]的命題為其理論主軸，即是其分析與處理其「人與天」、「人與自然」的關係後，所決定之一組普遍原理；其決定之同時，即定位了其天人關係。又例如他說：「天下正理**不容有二**」[53]，這亦是他追問「格物」課題的目標，他既決定以「研磨考索以**求其至耳**」[54]的「求其至」工夫窮其理，則其「真一」之內涵即同時定位在「統合物理與吾心」兩者的方向上。此一探討方向既為象山哲學側重，亦可於先秦與宋明儒家典籍中發覺此一特徵[55]。例如《論語》以「仁」之觀念說明此真一的內涵，《孟子》則以「盡心」觀念創造性地論述仁學的精神，兩者的共通處在於其起點皆在於人自身[56]，這於先秦諸子百家的眾說紛紜當中，既是一種理論之

52　《陸九淵集》卷三十四，〈語錄上〉，頁 401。

53　「天下正理不容有二。若明此理，天地不能異此，鬼神不能異此，千古聖賢不能異此。」《陸九淵集》卷十五，〈書〉，頁 194。

54　「格、至也，與窮字、究字同義，皆研磨考索，以求其至耳。學者孰不曰我將求至理，顧未知其所知果至與否耳。所當辨、所當察者，此也。」《陸九淵集》卷二十，〈序贈〉，頁 253。

55　以宋明理學而言，有關「真一」的尋求是重要的問題，例如楊祖漢先生認為：「陽明認為北宋儒者，如周（濂溪）、程（明道），大抵可以掌握所謂『精一』之旨，但只有南宋之陸象山，才算是真正契會孟子之學。」參考楊祖漢：〈陸象山「心學」的義理與王陽明對象山之學的了解〉，《鵝湖學誌》，第 8 期，1992.06。

56　從「我欲仁，斯仁至矣！」與「四端之心，人皆有之」可知其共通處，在

選擇亦是一種理論之創造過程。明代王陽明則以「**致良知**三字，真聖門正法眼藏」[57]重新詮釋真一，並發展出知行合一理論以處理其「人我」問題，亦具有相同之選擇與創造過程。這些儒者之精神皆不離「君子**務本**，本立而道生」[58]之「求本」與「求一」的原則，亦呼應了《禮記．學記》所云強調「先河而後海」與哲學重視「源遠流長」與「必溯其源」之精神[59]，此類對哲學「溯源之方向」的探問，既是以探問演繹性思考之起點為主軸的工作，亦是儒學的困難與精彩處。

三、儒家以「為己之學」彰顯其「生命存在之意義」

為什麼儒家在方法意識上重視「純一」、「務本」與「自省」，並以演繹法則推展出其理論，以其為追求哲學智慧之目標？我們認為**其中的關鍵涉及於中國早期之哲人所設定的「人存在之意義」為何的問題**。以儒者而言，「人之存在意義」之內涵，與其為學目標具有一致性，即儒家是透過進學與成德兩者，一方面試圖「彰顯」其生命隱而難言的「存在之意義」，另一方面進而試圖「擴大」與「完成」其「存在之意義」。

有關透過「進學」與「成德」彰顯其存在之意義者，例如象山說過：「**其心不正，其事不善，雖多讀書，有何所用**？用之不善，反增過惡耳。」[60]引文所言之「正心」與「善事」即其的存在之目

於其起點皆在於人自身。

57 〈年譜〉，《王陽明全書》（四），頁 125。

58 《論語．學而》

59 《禮記．學記》：「三王之祭川也，皆先河而後海；或源也，或委也。此之謂務本。」

60 《陸九淵集》卷二十三，〈講義〉，頁 285。

標，其意義是高於並指導讀書目標的，象山強調兩者必須具有一致性。再反觀先秦，例如孔子所言：「古之學者為己，今之學者為人」《論語・憲問》，以及「仁以為己任」〈泰伯〉等觀點，都為我們指出儒學之基本態度是「為己」與「正心」之學，其中「為己之學」即涉及儒者彰顯其生命存在意義的方式。

四、以「演繹法則」探求「為己之學」的內涵，並定位「人之存在意義」的儒學特徵

「為己之學」或「正心之學」在儒學方法論中的意義，即在於其定位「人」與「外在」關係的過程當中，特別重視在歸納與分析方法的應用之後，**再處理「人該往何處去」的屬於「演繹法則」之思考方向**。這種類型的思考方向**具有「由內而外」與「從無到有」的思考特性**，既是**中國哲學之困難處**，亦是儒學彰顯其**智慧與價值處**。一如前文所言，演繹法偏重「從一（真一、純一）之中，推演出無限多種可能性，以**重建人文之精神與價值**」；換言之，**其方向是從個體而往外開展出的，是先設法從個人所遭遇之無限可能中，被迫選擇與證明出其「真一」的標準**，進而方能依循**以一馭多**的法則，**以「人的價值」定位「外在」**。具體來說，即是**以「人類創造文明」的觀點，以「人」為文字理論之「創造者」的觀點，賦予所有「理論」使之具有「人之存在意義」的人文價值**。

在理解程序上，是先人道後天道，透過人解理天，以理性觀照外在，透過哲學方法（包含歸納與演繹法則）表達人存在之原初狀態。然而，**在實踐程序上，卻必須先天道後人道**，先自覺人類的誕生源自大自然，即**先確立「人的實踐動力」源自天與自然**，在自然動力的保障下，而後其理想與抱負，方能由個體推展至群體，兼顧

人類與自然生態，進而**將「個體成長的可能」發揮至極限，此即本文提出「哲學與人之主體的完成」之理論動機**，也是本文透過「個體的成長」、「倫理的成長」與「哲學的成長」三方面論述象山的原因。儒學研究最困難處，不在其歸納而在演繹起點的尋求，其初步之解答即是先秦儒者的目標，即挑戰了「人存在之意義」為何的問題。以下進一步說明儒學如何開顯其統合內在外在，兼顧理想與現實兩者的智慧。

貳、統合之世界

統合人與人、人與自然、內在外在，是象山之哲學方向，亦是儒家傳統所欲追求者。例如象山言：「宇宙不曾限隔人，人自限隔宇宙」[61]，即代表此一追求「統合世界」之問題意識。又其言：「**此天所以予我者，非由外鑠我也**；思則得之，得此者也。**先立乎其大者，立此者也**；積善者，積此者也；集義者，集此者也；知德者，知此者也。」[62]此一引文即指出其「統合」主客與內外兩者的方式，在於尋求真一，以一馭多；在於立乎其大，以大攝小，以天道攝人道[63]；最後並統歸於根、於大，並透過務本精神，避免「顛倒錯亂」[64]，以統合內外與主客兩者。

---

61 《陸九淵集》卷三十四，〈語錄上〉，頁 401。

62 「日躋於純一之地，是所望于君子」《陸九淵集》卷一，〈書〉，頁 1。

63 「象山非常重視『先立其大』，可以說是象山求學、修身的第一根本步驟。」參見黃甲淵：〈陸象山「心即理」哲學與其「易簡工夫」論〉，《鵝湖學誌》，第 20 期，1998.06。

64 「今世論學者，本末先後一時顛倒錯亂」《陸九淵集》卷三十四，〈語錄上〉，頁 397-398。

統合之價值在儒家而言是明確的，但其基礎與條件則有賴追求「吾道一以貫之」〈里仁〉與「求全」之態度。例如孔子說過：「賜也，女以予為『多』學而識之者與？」對曰：「然，非與？」曰：「非也。予『一』以貫之。」〈衛靈公〉，以及《論語》其他篇章所出現的「一言以蔽之」〈為政〉、「聞一以知十」〈公冶長〉、「一言而興邦」〈子路〉、「有一言而可以終身行之者」〈衛靈公〉、「君子一言以為知」〈子張〉、「百姓有過，在予一人」〈堯曰〉、「君子修此三者故『全』也」[65]等等篇章之思想，皆明確地道出儒學思考以「演繹法則」為重心，以「真一」之求與「求全」的方向，作為其統合主客與內外之企圖。

孔子之繼承者孟子亦有追求「真一」與「求全」的觀念[66]，《孟子・盡心上》所言：「其聞一善言，見一善行，若決江河，沛然莫之能禦也」，其中所指之「一善言」與「一善行」絕非「個別」之單一道德行為，而**是指涉使單一行為成為可能之具「普遍」意義的道德創生之「整體性基礎」。基於此一基礎，單一的道德行為方可能從中發揮「若決江河，沛然莫之能禦也」之力量**。亦從此一整體中，方可能延伸出「天下『定於一』」[67]、「一正君而國定矣」與「故沛然德教，溢乎四海」[68]之觀點，同時並反對以「個別」破壞「整體」，此即孟子提出反對「行一不義、殺一不辜而得天下」[69]之原則。

簡言之，象山「宇宙不曾限隔人，人自限隔宇宙」的哲學，已經為由「格物」觀念所產生之「理物」與「吾心」二分的問題提出

65　《周易・繫辭下・第五章》。
66　「有『求全』之毀」《孟子・離婁上》
67　「問曰：『天下惡乎定？』吾對曰：『定于一。』」《孟子・梁惠王上》
68　《孟子・離婁上》
69　《孟子・公孫丑上》

了解決之道。即透過真一的尋求，以一馭多；透過立乎其大，以大攝小。這種類型的觀點在儒家文本中我們找到許多的證明，根本上他們皆是在不同時期，不同儒家學者作品中，孔子「吾道一以貫之」〈里仁〉精神之再現。

參、自由的絕對

本文提出自由的絕對，代表「人之主體性」具有自由成長與創造之絕對價值，象徵人以有限的身軀所可追尋無限世界。例如象山所言：「萬物森然於方寸之間，滿心而發，充塞宇宙，無非此理」[70]的命題，即指出「本心」的絕對自由性——人性由方寸之「心」自由地滿發，並森然於萬物，以及其中個體的自由成長與創造之絕對性價值。即透過使此心「充塞宇宙，無非此理」的哲學設計，象山提升了心觀念之內涵，使哲學主體能具備新的觀看外在，理解宇宙之哲學態度；從而在理論上，使主體被提升至具有與宇宙永恆價值一致之形上位置。唯在此一「自由的絕對」觀念與說明體系中，**個體欲能獲得與體驗其自由的條件，卻必須源自於「人對生命具有徹底的感觸能力」**。

所謂「人必須對生命具有徹底的感觸能力」，在中國哲學的思考方式中具有兩項意義：第一，以個體而言，即儒學工作者必須從理論之應用者與分析者，向理論或經典之創造者對話；即設法能進入理論之「創造」範疇，以探索儒學於新世紀發展之各種可能性。第二，以「個體」與孕育個體之「自然宇宙」關係（「人與自然的

---

[70] 《陸九淵集》卷三十四，〈語錄上〉，頁 423。

直接關係」）而論，在此一關係中人與自然的本質皆屬絕對，即此二實體在生命之洪流中皆具有絕對無限的可能性，一方面宇宙可孕育無限之生機與萬物，另一方面人亦可透過此一無限生機，而創造文明與規劃出人類無限之理想與希望。本文所探討之哲學主體，其理論與實踐之動機即依上述觀點而具有其無限性；象山「宇宙不曾限隔人，人自限隔宇宙」[71]的哲學，即徹底地說明了其中由「人」與「宇宙」的無限可能，以及其所延伸出的主體所具有之「自由成長與創造之絕對價值」。

此一「人必須對生命具有徹底的感觸能力」的看法，不但是理解象山哲學的條件，亦是追求理解孟子「浩然」哲學的要件。《孟子・公孫丑上》所載：「其為氣也至大至剛，以直養而無害，則塞于天地之間」。其中的神秘與正面之哲學二觀點的融合，以及其中超越理性限度的特色，即促使本文提出此一條件說，換言之，本文透過對象山與孟子的哲學特性，提出此一「人對生命之徹底感觸能力」的條件說，目的不在於形成理解儒學之門檻（因為除非畫地自限，否則依照「我欲仁，斯仁至矣」的原則，儒學永遠沒有進入的障礙）；反之，本文的目標在於使哲學工作者從理論之「應用」範疇向理論之「創造者」對話，設法能進入中國哲學理論之原創性範疇。有關各種理論的「創造之範疇」本即極具有不定與神秘之特徵，一如人從原始開創文明，其中的諸多因子即代表著各種不定的特性。

根據此一觀點，本文認為哲學工作的目標，應設法穿透以「概念（文字）」論斷哲學理論的模型，一方面尋求理解象山之哲學背景，另一方面更要找出理解「整體儒家」如何發生與被創造之方法

71　《陸九淵集》卷三十四，〈語錄上〉，頁401。

與進路；以了解儒家理論在其誕生背景中，其天道論、人性論與倫理學如何發生，以及其為何最後建基於此一適當的理論位置，並產生了其普遍之意義與價值，最後，方可進一步明白儒家對人與自然關係之定位，以及從中延伸出之人生態度。

本章節論

本章透過「個體的成長」、「倫理的成長」與「哲學的成長」三角度，透過象山經驗與儒學文本，同時分析了代表主體成長三階段的「創生之歷程」、「價值之實踐」與「智慧之開顯」。在方法程序上，本文透過象山文本的啟發作為開端，再以先秦儒學諸多文本為例證，以豐富本文的推論與分析過程。在內容目標上，不論是個體的成長範疇、方法提出與整體的把握，或是社會乃至哲學成長的範疇；我們的目標在於說明此一象山與儒學文本中，所言之促使「哲學與人之主體完成」的經驗方是詮釋儒學之根據，即此一人存經驗將可形成較可靠之「詮釋背景」，以導引儒學文本的詮釋方向。

同時，一如我們深信象山所言「學苟知本，《六經》皆我註腳」[72]是有其苦心與深意的，因為象山說過：「**六經既作，傳註日繁**，其勢然也。**苟得其實**……雖多且繁，非以為病，**只以為益**」[73]；換言之，在今日各種詮釋文本以達汗牛充棟之際（即傳注日繁），我們確實需要一種較為可靠的「詮釋背景」（即得其實）以保障被詮釋物。**本文提出「主體成長的歷程」是提供一種「方法性的觀念」，即是提供古今哲學工作者共同經驗、共通思考背景的可能性**；即不論是先秦、宋明與當代儒者皆面臨了格物與修身課題所

---

[72] 《陸九淵集》卷三十四，〈語錄上〉，頁395。
[73] 《陸九淵集》卷二十，〈序贈〉，頁245。

延伸之相同的存在經驗。所以，**我們認為可以在一種相同的存在經驗上，穿透不同時代文本的表達形式，依據類似之存在經驗，以還原出原初儒者的修養精神與目標；再透過此一實得之精神與目標反向操作，以引導儒學文本之詮釋方向。我們認為這是象山「六經皆我註腳」觀念之啟示**，也是我們可以透過當代思考，尋求**以今日語言進行觀察古典文本與表達其精義之方法。**

本書結論

象山哲學是一重精神意義的哲學，但是綜觀歷史中精神文明高度發展，但卻不具有強勁生命力的民族，最終仍將不免衰微而退出歷史舞台。[1]中國哲學在世界歷史舞台中屬於早熟之智慧，在考慮解決此種困境的可能性中，它發展出強調「中庸」之德，以及具有「德治」天下之理想的理論，此中並可見代表中原文化的兩項特徵：第一，它代表了中國哲學重視「現實政治」，並認為必須以「道德理想」對「政治現實」加以導引，方能對百姓有最大幸福的建構之可能。第二，它代表了一個「抽象的理想性文化」，如果不能對「現實」遭遇加以應變，使此一理想持之久遠，也不能算是一種真正的理想。因此，我們在象山哲學特重「理想」，又處理了「現實」（例如荊門之政）遭遇的案例中，將再根據張岱年先生提出的思考方向對象山哲學進行幾項反省。

張岱年先生在論〈中國哲學中之死的與活的〉[2]一文中，根據其研究中國哲學的畢生經驗指出「中國哲學的根本大弊」有六，其內容與思考方向亦足以提供我們檢視象山哲學是否落入此六項缺失中，在此先將其要點摘錄如下：第一，中國哲學中的宇宙論，頗

---

[1] 歷史中精神文明高度發展又趨向滅亡最明顯例子即如埃及，它是世界上第一個對文化有高度發展的民族，其偉大的金字塔與寺廟建築，以及宗教、藝術與科學的成就，使我們可以確認其文化真正地達到了高度精神的發展，甚至於可說是一種精神文明重於現實的文化。但另一方面也正因其長期安定的發展與缺少外界的刺激，一旦被其他民族征服後，埃及文化也就也就日趨消極而沒落了。

[2] 張岱年：《中國哲學史大綱》，台北：藍燈文化，1992，頁 635-636。

有尚「無」薄「有」的傾向，於是不肯作對於事物之精密的研討，而崇尚幽遠的玄想。第二，中國的人生思想，有崇天忘人的傾向，缺乏講克服自然的哲學。第三，中國的人生思想有重內輕外的大病，於是利用厚生的實事便漸歸於荒廢了。第四，中國的人生思想因過於重「理」，遂至於忽「生」，無見於「生」之特質，不重視生命力或活力之充實與發揮；中國哲學對於此甚為忽略，西洋人有所謂力的崇拜，但中國哲學中則鮮有其痕跡，實際上，理與生，德與力，乃是應並重的。第五，中國的人生思想，不注意人群之為一體。第六，中國的人生思想，傾向於輕視知識。[3]根據上述分析座標，我們可以進一步反思象山哲學如下：

首先是有關「客觀宇宙」的探討，張先生提到中國哲學的宇宙觀頗有尚「無」薄「有」的傾向，於是不肯作對於事物之精密的研討，而崇尚幽遠的玄想。此觀點與其第二項批評中國的人生思想有「崇天忘人」的傾向，以及缺乏講克服自然的哲學有相同的內在價值；以今日學科分類言即是指出中國文化並未發展出西方式的「自然科學」，亦因此造成十九世紀末以來中國的衰弱與文化危機。

對此我們認為歷史上「心學無用」的論點出現，即代表象山哲學有可能發展出張先生所稱之「崇尚幽遠的玄想」；但至於「不肯作對於事物之精密的研討」，則需分析研討「對象」為何的問題。如果說是對「客觀世界」的探討，整個中國文化的發展確實未走向此一路線；但如果說是對「人生」的探討，則中國哲學中的「格物致知」之學即處理了此一面向。以象山哲學而言，其對讀書要求需至「心通意解」[4]的目標，以及要求學生不可「執己見議論，恐入

---

[3] 張岱年：《中國哲學史大綱》，台北：藍燈文化，1992，頁635-636。

[4] 象山說：「記錄人言語極難。非心通意解，往往多不得其實。前輩多戒門人

自是之域，便輕視古人」[5]的讀書原則，相當程度表現出「嚴謹治學」的態度；可惜其探索之對象皆在於「人」的意義而非「物」的內在性，因此亦未發展出重科學的文明。至於「崇天忘人」的傾向之批評，對象山而言是不適用的，因為象山強調「吾心」與「心即理」的命題，代表其哲學重視「人」的存在意義，重視從「人」來看「天人」關係，並重新從「人」來界定「人與自然」的直接關係，相當程度地免除了「崇天忘人」的傾向。

其次，有關對「利用厚生」等「實事」的重視方面，張先生認為中國的人生思想有重內輕外的大病，因此荒廢了利用厚生等實事。對此本文認為此現象確實存在，以修養慎獨工夫為主的儒家思想，難免有只求完成小我的可能，亦有被批評為禪學之譏；然而，孔子「周遊列國」的精神，孟子「當今之世，捨我其誰」的氣概，都足以說明此現象應是後世儒家遠離了孔孟思想所形成。象山在「荊門知軍」任內，內政與國防兼修，在當時就受到丞相周必讚美其為一位可為各地效法的模範官員，足見象山確實承續了孔孟精神，合理論與實踐為一。至明代王陽明，他強調「事上磨鍊」與「動靜合一」，以及「徹上徹下，只是一貫」的精神，都說明了歷代儒家皆注意到此一缺失發生的可能性；當代學者鄭曉江先生對此亦有省思，以象山哲學為「儒家德治觀念與實踐研究」的範例[6]，希望儒家後學能以古鑑今，避免過去之缺失重現。

其三，有關對「實踐」之動力源的問題，張先生指出中國的人生思想因過於重「理」，遂至於忽「生」，不重視生命力或活力之充

無妄錄其語言，為其不能通解，乃自以己意聽之，必失其實也。」《陸九淵集》卷一，〈書〉，頁 3。

5 《陸九淵集》卷三十五，〈語錄下〉，頁 431。。

6 鄭曉江：〈儒家德治觀念與實踐研究—以陸象山「荊門之政」為例〉，《湖北師範學院學報（哲學社會科學版）》，第 23 卷，第 4 期。

實與發揮；實際上，理與生，德與力，乃是應並重的；本文認為此問題是一個理解中國哲學的重要關鍵，值得我們加以重視。因為，「理」與「德」是側重從知識與觀念來談，而「力」與「生」則強調從實踐與動機來說；又，以「中國哲學」與「德治天下的理想」兩者緊密結合的文化類型觀察，對於「現實」的政治如果不具有文化「理想」，則陽儒陰法，或以「禮」為外觀實則「動機」不純。如此則形成一如程氏註《論語・先進篇》所言「後進之於禮樂，文過其質，今反謂之彬彬，而以為君子」[7]，此種表裡不一的現象，亦將使得中原地區此一早熟的民族智慧變質。即空言文字理論的結果，將使儒家理論之價值消退，使儒家學者的言行表現既不如北方民族之粗獷與純樸型態，亦不如南方民風之優美與平實類型；最後，清朝戴震用「以理殺人」控訴儒家，即造成對儒學極大的打擊，此皆說明張先生指出中國哲學重「理」輕「生」，或重「德」輕「力」之現象是確有其事。即在重「德」輕「力」的情況下高談「道德」，將導致極嚴重的偽君子或孔子說的鄉愿問題，在此背景下，勞思光先生認為中國的「重德」精神是錯的。勞先生認為只重視「德性」自覺，對人性有過分幻想，而不重客觀軌道的人文化成，如此便不能解決問題，也不能有所成就；同時亦因此對「人性之幻想」，使中國人便只強調如何促使當政者為善，而不強調如何阻止當政者為惡，此一「人性之幻想」為中國人自誤之幻想，也是中國人的真正錯誤所在。[8]此一反省與張先生認為中國哲學有重「德」輕「力」的傾向是具一致性的。

以象山言，他對重「德」輕「力」現象亦有反省，例如他認為「日新」與「為學」之探討與「立志」觀念是密不可分的，其中「日

---

[7] 朱熹：《四書集注・論語》卷六，台北：台灣中華書局，1975，頁1。

[8] 勞思光：《歷史之懲罰新編》，香港：香港中文大學出版社，1999，頁64-68。

新」即是重「生」的觀念，例如他說：「學之正而得所養，如木日茂，如泉日流」[9]，即以日茂、日流等觀念指出應透過「為學」而使生命「生生不息」。進一步他亦反對「疲精神、勞思慮，皓首窮年，以求通經學古，而內無益於身，外無益於人」[10]的讀書目標，強調「學志」合一；認為學者應以「明大端、立大志」為目標，避免使無用之理論充塞我們的學習，因為如此即是「空言以滋偽習」，即是「自欺其心」與「下愚不移」。[11]此外，象山強調應對「本心」加以「保養灌溉」，此實同於孟子強調之「存心」與「求放心」，即象山「復其本心」觀念，亦是重視賦予「概念」的本質一種「生」的契機，使學者能透過哲學還原以重現概念之活力，增加儒學道德實踐的根本力量，以避免重「理」輕「生」，或重「德」輕「力」的情形。

其四，張先生指出中國的人生思想，不注意人群之為一體，他認為自古以來的道德教訓都是注重人我的關係，而不注意於群己的關係，亦很少將人群看作一個整體。筆者以為此批評可能與俗諺「各人自掃門前雪，莫管他人瓦上霜」所評者類似，確實指出某種社會現象。如果以中國哲學言，楊朱的「貴己」思想頗符合此種型態，孟子曾說：「楊子取為我，拔一毛而利天下，不為也。」[12]雖然這種現象在中國社會普遍存在，但就儒學言實際上是反對此觀念的，例如孟子強調的「親親而仁民，仁民而愛物」[13]，即是「以親為仁」，並強調「仁不止於親」更及於「百姓」與「萬物」的精神。又例如象山自許繼承孟子精神，強調其「宇宙便是吾心」之「心」乃是宇

9 《陸九淵集》卷五，〈書〉，頁 62。
10 《陸九淵集》卷三二，〈拾遺〉，頁 382。
11 《陸九淵集》卷十二，〈書〉，頁 158。
12 《孟子・盡心上》
13 《孟子・盡心上》

宙大我，包含個體與群體，大我與小我的融合，故而以性、理及萬物皆為吾心中之事。明代大儒王陽明，更具體指出「大人者，以天地萬物為一體者也；其視天下猶一家，中國猶一人焉」[14]，很明確地視人如己，視天下為一家，此皆說明「不注意人群為一體」之弊在儒學中已受到關注，從孟子強調「仁民愛物」與宋明理學強調「存天理，去人欲」以來，哲學家們皆以突破此人心之「私欲」所形成的困境為儒學理論之終極目標。

其五，有關中國的人生思想，傾向於輕視知識的問題。此問題在中國禪宗哲學與象山陽明一系的儒學發展中都曾經受到重視，也是「尊德性與道問學」命題的現代反思或論述方式，具體來說，亦即是「不重讀書窮理」的問題。[15]唐君毅先生對此問題有過說明，他認為一般人常以為朱子批評象山「不重讀書窮理」與「不用工夫」為禪其實有誤。唐先生認為事實上朱子所謂不讀書不窮理，只是自消極方面說象山類似禪宗之掃蕩文字，而非朱子指象山為禪，他指出：「朱子謂象山為禪之意所在，蓋在于言象山不重讀書窮理之外，更謂其只知求一貫、求統宗會元、求悟處、過關，便不用工夫，此即入異端邪說，敗壞學者。」[16]即唐先生認為朱子的批評主要目標在於指出象山要求的是「一以貫之」之道，其他則為次要，故不可

---

[14] 《王陽明全書》(一)，〈大學問〉，台北：正中書局，1970，頁 119。

[15] 「讀書窮理」的問題實即「格物致知」的課題，是陸學較弱的環節，陳來先生對象山亦有類似的評語，他說：「陸學並不是認為人的一切意識活動都合於義理……陸九淵不但未能在《大學》內在邏輯方面從孟學的立場提出對朱學酌質疑，而且在對格物致知、致知力行方面的理解尚未擺脫朱子的影響，這就決定了他對朱學的批判還不能充分展示孟學（心學）的全部觀念。」陳來：《有無之境——王陽明哲學的精神》，北京：人民出版社，1991，頁 21。

[16] 唐君毅：《中國哲學原論》(原教篇)，收錄於《唐君毅全集》卷十七，台北：台灣學生書局，1991，頁 250。

即以此為禪。事實上，象山非常重視讀書的重要性，七歲即得鄉譽，例如《年譜》即記載象山之語：「某七八歲時，常得鄉譽；只是莊敬自持，心不愛戲」，象山日後更強調多讀書的博覽原則，亦強調精讀與「須著看注疏及先儒解釋」的方法，此即其「廣覽而詳究之」原則。一如本書第三章的分析，象山要求讀書需徹底至最後真能「心通意解」，方可對所學能有「一以貫之」的心得，即象山之學絕非不讀書與輕知識之教誨型態。

象山學除了上述「不讀書」的誤解外，他「不著書」或「言之過於簡要」的哲學類型亦造成後學的困擾；此一「表達形式」過於簡化的觀點（例如「宇宙便是吾心」），在宋明理學的「萬物一體」哲學中，雖自有其源於明道，後為陽明承續的「歷史背景」或「學術脈絡」；但，今日此一背景不再，至少在與西方世界溝通時此一背景早已轉成為一種「潛存狀態」，而非不證自明的「命題」時，當代中國哲學工作者該如何重新表達此一問題，並以現代哲學可接受的方式重新再次論述之，即成為當代中國哲學工作者的重要任務。

根據上述之五項反省構面，我們認為在「心學無用論」的陰影下，似乎一旦回到象山文本，我們又都可以引經據典地為象山哲學尋得解套與答辯的理由；但是，為象山辯解並非本文申論重點，因為我們認為並無一位哲學家的理論是完美無缺的；在此，我們願意將問題的提問方式改變，將問題從一位的哲學家及其理論是否具有「價值」的定位標準，從考量其「理論是否完美」與「理論是否周延」，轉變為「理論是否具有啟發意義」與「理論是否具有原創能力」。要求「理論具有啟發義與原創力」的原因無他，即是在此一「資訊龐雜」與各種理論「汗牛充棟」的時代中，我們有太多的「人才」，但是我們卻缺乏「天才」；即我們身處的是一個並不缺乏「人才」而是缺乏「天才」的世紀。在此觀點下，本文重視理論的原創力與長遠的影響力，例如在哲學史中天才型的哲學家影響力動輒五百年，甚至於上千年，此例中西皆然。例如西方的懷德海（A. N. Whitehead）即認為整個西方哲學史皆是對柏拉圖哲學一連串的註腳；在中國哲學史中，我們深信孔子哲學亦有類似的理論地位；換言之，在此時代中，我們尋找的是「理論是否具有啟發意義」與「理論是否具有原創能力」，而非「理論是否完美」或者「理論是否周延」。

理論再「周延」亦有為後學誤用的可能性，以「聖之時者也」的孔子之學為例，最後一旦其學說遭受異化，連孔學理論亦將遭受「儒教以理殺人」之批評；又例如西方馬克斯哲學本為一充滿理想性與實踐性的理論，但馬氏似乎不可能預設後來史大林（Iosif Vissarionovich Stalin，1879-1953）等政治人物將錯用其學。正因此類「史實」說明了後人可能完全誤用哲學家之理論，或者完全誤解哲學家本人精神而執行某些行為，或提倡其貌合神離之理論；因此，以後來的歷史事件（例如政治事件）反推哲學家理論（例如馬克斯理論）之不完美似乎是不恰當的。反之，如果我們以「理論是否具有啟發意義」取代「理論是否完美」的詢問，則似乎對哲學家本人較為公平。即面對評判一哲學理論價值時，本書建議思考該哲學家的理論是否為該時代與後人增加「反省的契機」與「啟發式的靈感」，而非評判其理論「實際執行」的功能與果效；以法律的層次為例，即應從「大法官釋憲」的層次看待「哲學理論」的價值，而非從「員警執勤」的層次看待哲學理論的「功效」。

在此一思考脈絡下，本文認為象山哲學之價值在於其「理論的啟發意義」與「原創能力」，而非其「理論的周延性」。因為從文本觀察，象山哲學確實有諸多的缺失，本書亦曾引牟宗三、勞思光與張立文等先生的觀點指出其中之問題。此種問題下，理論的缺失一方面引伸出儒學正統之爭，例如宋代的朱子與象山之辯，當代「牟先生對朱陸之分系」所形成學界諸多的討論；另一方面又突顯出儒家整體性的弱點，例如如何補足「內聖強而外王弱」的思考。此兩點中，本文認為後一問題較具有急迫性，即儒學如何面對時代的挑戰的問題。

儒學如何面對時代的挑戰的問題，對象山言即是在宋代對內如何「面對儒學的僵化」，對外如何「面對佛教之壓力」的問題；本於處理此二問題的成果，我們方認為象山哲學具有「原創能力」，以及「理論的啟發意義」。在面對儒學思考的僵化方面，象山對傳統理論充滿「獨立思考」與「批判能力」，例如《年譜》記載他「聞人誦伊川語」，即反思其為何「與孔子孟子之言不類？」又例如他「從幼讀書便著意，未嘗放過」與「一見便有疑，一疑便有覺」[17]，這些穿透文本的哲學批判與思考精神，以及其立志探討「宇宙」與「人生」的關係，而非以「科考」與「功名」為目的的讀書態度，都是促使儒學能在宋代重新復興的重要因素，亦皆值得吾人效法。在面對佛教的問題方面，象山對佛教並非一味反對，而是從對儒學理論的深化方面，以理論的深度涵容佛教的缺失，此點即是有關象山對佛教之「立處」的分析；簡單地說即是象山透過分析兩家之「立足點」，以比較雙方立足點何者較為穩固的方式面對佛教的挑戰。[18]象山在此課題中指出「人」與「天」、「地」並立為三極，認為如果「人不盡人道」，即「不足與天地並（立）」為三；其中的意義，在

17 詳細的分析請參考本書第一章第一節，有關《年譜》的部分。

18 「立足點」即象山所言之「立處」，此一「立處」即是探討兩家理論之大本。佛家之立處以象山言是不足的，因為佛教具有對人生的超脫觀點，對利用與厚生之事無正面之強調與發揮。進一步說明可參考本書第一章第二節，有關「儒佛兩家之區別」的部分。

於其哲學深化了「人」在天、地間的角色扮演，考驗「人」如何真正能夠成為「頂天立地」的君子，本文認為此即呈現出其「理論的啟發意義」與「理論之原創能力」[19]。在此一思考脈絡下，我們認為象山哲學給我們的啟示是，面對外來文化衝擊（在當代主要是指西方文化），應從「擴大」彼此之「理論深度」著手，而非一味之抵制，或提出「中學為體，西學為用」等仍有彼輕我重，或我為本體他為應用之二分思考模式。相反的，我們應更求加深彼此理論的根源性，從象山所謂彼此的「立處」著手，加以探掘人性之廣大與深刻的內涵；同時，亦由於其超越同時代學者的思想成果，因此前文稱為其具有「原創能力」。

上述問題，如以當代新儒家言即是類似「新外王」的問題，「新外王」的課題，蔡仁厚先生曾經指出要注意到「政治法律」與「知識科學」兩大原則。[20]對此兩大原則的重視事實上已超越中國哲學的範疇，並擴大了中國哲學「方法論的立足點」，在「思考結構」上類似於象山提出比佛教的「立處」更為宏大的分析基礎。如以筆者之語言形容，即是擴大彼此的「立處」，一方面不設限中國哲學的探討只能範限於於中國古代之文本，而必須思考如何能「擴大」至與「現代化」相關的學科領域，此是為「廣度」的擴大；另一方

[19] 有關象山理論之「原創能力」的其他例證，亦可參考第四章第一節中從「象山創見」觀察其「人觀」哲學的形成一單元。

[20] 蔡仁厚說：「以往，我們民族文化的大統，是以道德化的形式來表現，在政治方面沒有轉出國家的形式以表現政體組織的形態（也即是民主憲政的形態），在知識方面也沒有使知性主體從德性主體的籠罩之下充分透顯出來獨立起用，以表現理解的形態（也即是科學知識的形態）。所以，今天反省儒家的學術，除了內聖成德之教必須承續光大，在外王方面則不能採取老的講法，而必須有新的開拓，此即所謂『新外王』。新外王的內容有二行：一行是國家政治法律，這是民主建國的問題；一行是邏輯數學科學，這是知識科學的問題。」參見蔡仁厚：《儒學的常與變》，台北：東大出版社，1980，頁 139。

面，即其深度必須設法超越西方之水平，達至科學「發生」之際的文化意義，即**必須探討西方屬於科學基礎的「數學」與「邏輯」等必然要面對的無限與矛盾問題**，以及與**「形式表達」的極限有關的各種問題，此乃「深度」的再加深**。具體來說，即探討「現代中國哲學」時，必須先透過**對「現代」一觀念的反思心得方能思考出儒學的現代出路**；然而本文提出必須探討西方屬於科學基礎的「數學」與「邏輯」等問題，此一思考並非要求具體地將「運算」的方式用於中國哲學，一如 Jeremy Bentham（1748-1832）深信「苦」和「樂」的價值是可以用「算術」計算出來的。我們的做法並非「直接運用」一個「表達形式」與中國哲學屬性完全不同者，而是透過對其「精神之轉化」而後再運用於中國哲學。

例如當我們了解西方數學在十九世紀開始處理「基礎」之物，例如數學家雖然已經可以操作出牛頓與力學來，但卻重新開始尋問「何謂數（What is number?）」的問題。即傳統理論的探索方向在十九世紀中期之後早已遭遇困境，因此一定要找到新的基礎與根源才行；這種對根源的探討如果運用在中國哲學，首先它對我們的影響，即是令我們開始思考中國哲學的第一觀念「天」的「發生」與「應用」兩層次的不同例。如第一個仰觀天下者（假設是伏羲氏），當他尋求某一「符號」（即甲骨文之「天」字）表達其所知之「天」時，「當時」伏羲氏賦予此「符號」之意義（此即「發生」層次」），一定與後來大規模使用「天」字時的「應用」層次不盡相同。[21]又例如當我們在本書緒論中提出，西方哲學在二十世紀以來的目標是處理「存在處境」（existential situation）[22]問題，

---

[21] 進一步說明請參考拙論〈在儒學與宗教之間：論「以人象天」之哲學意涵〉，《哲學與文化》，第 35 卷，第 5 期，2008.05，頁 73-93。

[22] 「存在處境」（existential situation）的意思，指的正是吾人生命實踐中所遭

重視的是 real problems 而非 verbal questions，強調形上學不再處理「與生命割斷了的純智的構作」時，則我們必須思考中國哲學如何面對二十世紀以來這股西方的哲學風潮。本書的做法即是提出一種「存在性的還原方法」，透過「背景哲學」的建構以呈現出「概念」發生之際的「存在處境」；即於今日中西文化交流頻繁之際，在尋求「現代」中國哲學方法論時，我們**對「現代」一觀念的反思**其中即要求當代的**「中國哲學工作者」必須能徹底了解西方**，特別是**對西方的「藝術」、「科學」與「基督宗教」等重點文明，進行一種「方法性」的涵蓋與理解**[23]，並以之為重新構作「現代中國哲學」的基礎性條件。**本書認為此即為「象山面對佛教之態度」給我們的靈感**，特別是其**加深雙方理論之「立基」與擴大彼此之「立足點」的做法，給予吾人尋求「現代中國哲學」相當豐富的啟示。**

本章結語：本書透過五個章節的內容，從「歷史向度中之象山」出發，透過陸象山生平與儒學史，以及「象山哲學之當代研究概況」分析了象山哲學的發生性背景，其中亦探討了「朱陸之爭」與「儒佛之異」等問題。其次，則透過象山哲學中之「本心」與「日新」兩觀念，分析了「陸象山心學之精神」；其中第二節深刻地分析了「本心」與「心即理」等觀念之意義，同時亦經由「日新」觀念呈現出儒學的「生生」精神，以提供儒家哲學的「實踐基礎」一種「理論發生」的哲學背景。在第三章中，我們突顯了「象山哲學之方法」，透過了象山之「心學方法」與「為學方法」的分析，我們指出了象山「心」觀念所具有的方法論，以及「一以貫之」之理；其意義在

逢的，並且要面對的事態，包括個人於生活和於世界中要面對的困惑及由此而涉及的種種抉擇。參見關子尹：〈西方哲學史撰作中的分期與標名問題〉，《現代哲學》，2005.02，頁 71。

[23] 本處強調的是「方法性」與理解該方法之「哲學意義」，並將其精神「加以轉換」的涵蓋方式，而非窮究「一切內容」式的涵蓋方式。

於提供了我們一種「創造性機制」的思考方向，同時亦說明了此觀念於儒家「心學」中的意義。

在第四章中，我們從理論之「應用」的觀點說明了象山理論對「人與社會」的處理。我們在分析陸象山之「人觀」時，一方面是按照本書的方法論提供其「背景哲學」，指出其人觀之「形成的理由」；另一方面，我們亦透過「開放」與「還原」的分析結構呈現出一種哲學方法論，說明象山哲學之理論價值既可向「往哲、師友與宇宙」開放，同時亦可透過「存誠與持敬」向自我「本心」還原。此外，本章中亦處理了象山對「社會」的態度，我們透過何謂「象山實學」的主題分析了象山哲學為實學的「條件」與「基礎」，亦經由象山的「荊門之政」，檢討了「心學無用論」的觀點。在第五章中，我們認為象山哲學除了對今日吾人尋求「儒家之道德基礎」具有重要啟示意義外；對哲學工作者自身而言，亦涉及了自身學習哲學之後，從「個體的成長」、「倫理的成長」至「哲學的成長」的問題。此三問題分別代表哲學主體之「創生」、「價值」與「智慧」三領域，一方面可從中觀察象山哲學之經驗，另一方面並經由此一經驗，反思儒學研究中有關「哲學」與「人之主體完成」的方法性意識，我們認為此即「古之學者為己」的問題，此議題即安排在本書最末之第五章進行處理。

最後，我們想到一句話——「哲學地重建中國哲學」，這句話曾經為牟宗三先生視之為當代中國哲學工作者的「天職」；只是完成此一「天職」應具備的才華與條件，既非常人可達，更非筆者的能力所能企及。我想原因無他，即是中國哲學之不易處理與複雜程度早已「超出中國哲學本身」，它更需置放於「中西文化交衝之舞台」中同時呈顯方有解決之可能。然而，套用本書第三章所言，「立志」是「意願」問題而非「能力」問題的說法，我想本書的努力仍是必須的。全書之內容皆為近五年內之研究成果，其中第二章第三節、第三章第一節，以及第五章曾經發表於期刊；內容一方面是延續筆者對明代哲學家「王陽明」[24]的研究，另一方面亦是對「中國哲學方法論」[25]的再次試煉，其中不成熟之處在所難免，亦請方家不吝給予指正。

[24] 請參考拙著：《王陽明致良知方法論之研究》，台北：文史哲出版社，2006。
[25] 請參考拙著：《哲學表達及其基礎——中國哲學研究之新思維》，台北：理得出版社，2005。

參考書目

說明

〈參考書目〉除「其他相關參考資料」外，皆配合本書第一章第三節內容，依「主題」分A至G類；各類再區分為「期刊」、「專書」與「論文」三類，若從缺則略去，各類再依作者筆畫次序排列。

A類：有關象山學說與心學體系之統整

A1類：有關象山學說之統整、心與本體論的思想

期刊

1. 王大德：〈陸象山思想新探〉，《警專學報》，2005.10.。
2. 王冰泉：〈「太極辯論」剖探陸象山晚期思想的道家傾向〉，《撫州師專學報》，1998.01.。
3. 王金凌：〈本心論〉，《輔仁國文學報》，1999.03.。
4. 王新瑩：〈本心與自由——論陸九淵哲學的特征與精神〉，《中州學刊》，2005.03.。
5. 王艷琴：〈陸九淵義利之辨探析〉，《和田師范專科學校學報》，2007.05.。

6. 吳凡明：〈陸九淵誠論的心學向度〉，《井岡山學院學報》，2008.03.。
7. 李華青：〈陸象山研究三題〉，《撫州師專學報》，1999.02.。
8. 李燕：〈「堂堂正正地做個人」──陸九淵其人其學〉，《中國典籍與文化》，1999.02.。
9. 李蘊瑚：〈論陸象山哲學思想的性質〉，《江西社會科學》，1997.06.。
10. 肖永明：〈陸九淵理論體系的建構與《四書》〉，《中國哲學史》，2004.04.。
11. 邢舒緒：〈陸九淵學脈問題淺論〉，《寧波大學學報》，2004.05.。
12. 修淦川：〈淺談陸象山的「尊德性」思想〉，《江西社會科學》，1997.06.。
13. 徐復觀：〈象山學術〉，《中國思想史論集》，台北：台灣學生書局，1993。
14. 涂宗流：〈陸九淵心學中的「心」、「本心」──陸九淵心學九辨之六〉，《荊門職業技術學院學報》，2000.02.。
15. 涂宗流：〈陸九淵心學中的「物與我」、「心與物」──陸九淵心學九辨之五〉，《荊門職業技術學院學報》，2000.01.。
16. 郭振香：〈象山存養本心說之淺析〉，《孔孟月刊》，2003.06。
17. 曾春海：〈象山學脈及其哲學方法上的法初探〉（下），《東吳大學哲學系傳習錄》，第五期，1985.10。
18. 黃甲淵：〈陸象山「心即理」哲學與其「易簡工夫」論〉，《鵝湖學誌》，1998.06.。

19. 黃信二：〈從陸象山本心哲學析論儒家追求「人與自然的直接關係」之觀念〉，《哲學論集》，第 40 期，2007.07。
20. 黃信二：〈象山哲學對儒學研究方法之啟示——哲學與人之主體的完成〉，《當代中國哲學學報》，第七期，2007.03。
21. 黃信二：〈論陸象山心學之方法〉，《鵝湖月刊》，第 32 卷，第 4 期，2006.10。
22. 黃春木：〈象山「心即理」思想及成德之教〉，《建中學報》，1998.12.。
23. 楊柱才：〈陸九淵心學的方法理論和實學主張〉，《南昌大學學報》，1999.02.。
24. 楊柱才：〈陸九淵心學的兩個根本觀念〉，《江西社會科學》，2000.05.。
25. 楊祖漢：〈陸象山「心學」的義理與王陽明對象山之學的了解〉，《鵝湖學誌》，第 8 期，1992.06。
26. 劉英波：〈陸九淵「心即理」的一種讀解〉，《東華理工學院學報》，2007.04.。
27. 劉英波；李雪：〈陸九淵「心即理」的一種讀解〉，《東華理工學院學報》，第 26 卷，第 4 期，2007.12.。
28. 劉磊：〈「孟子之后，至是而始一明」——牟宗三對陸九淵的解讀〉，《平頂山學院學報》，2008.04.。
29. 蔡邦光：〈陸九淵文化個性芻議〉，《撫州師專學報》，1999.02.。
30. 蔡琪惠：〈陸象山「心即理」研究〉，《復興學報》，1999.12.。

31. 鄭傳芹：〈陸九淵論「心」的本質〉，《鄖陽師范高等專科學校學報》，2002.04.。
32. 鄧樹英：〈陸九淵主體意識探微〉，《江西社會科學》，1999.11.。
33. 譚清宣：〈試論陸九淵的道德主體控制思想〉，《重慶師范大學學報》，2008.03.。
34. 譚清宣：〈論陸九淵「心即理」的真實意蘊〉，《成都教育學院學報》，2002.10.。
35. 蘇潔：〈陸九淵「吾心即是宇宙」的認識論意義〉，《中華文化論壇》，2003.03.。
36. 鐘小石：〈論陸九淵哲學的本體論思想〉，《江西社會科學》，2005.12.。
37. 饒國賓：〈陸九淵主體思維芻議〉，《江西社會科學》，2004.12.。
38. 饒國賓：〈論陸九淵的心學辯證法思想〉，《南昌航空工業學院學報》，2003.01.。
39. 顧厚順：〈淺析陸象山的人性論〉，《東華理工學院學報》，2005.01.。

專書

1. 牟宗三：《從陸象山到劉蕺山》，台北：台灣學生書局，1979。
2. 李之鑒：《陸九淵哲學思想研究》：河南：人民出版社，1985。
3. 林繼平：《陸象山研究》，台北：台灣商務印書館，1983。

4. 祁潤興：《陸九淵評傳》，南京：南京大學出版社，1998。
5. 崔大華：《南宋陸學》，北京：中國社會科學出版社，1984。
6. 張立文：《走向心學之路——陸象山思想的足迹》，北京：中華書局，1992。
7. 曾春海：《陸象山》，台北：東大圖書公司，1988。

碩博士論文

1. 王新營：《本心與自由——陸九淵哲學思想研究》；博士；華東師范大學；20050401。
2. 葛維春：《陸九淵心性論思想研究》；碩士；南昌大學；20060601。
3. 陶俊：《陸九淵生命哲學研究》；碩士；南昌大學；20070601。
4. 邢舒緒：《陸九淵研究》；博士；浙江大學；20030501。
5. 彭豔梅：《陸九淵道德思想的研究》；碩士；東南大學；20061019。

A2 類：有關象山與易學

期刊

1. 石明慶：〈易簡工夫終久大——《周易》與陸九淵的心學〉，《周易研究》，2003.02.。
2. 李之鑒：〈陸九淵易學思想簡評〉，《新鄉師范高等專科學校學報》，1998.02.。
3. 范立舟：〈《周易》與象山心學〉，《學術交流》，第 131 期，2005.02。

4. 陳明華；鄒小平陸九淵：〈「簡易工夫、剝落、優游讀書」思想的現代啟示〉，《東華理工學院學報》，第25卷，第3期，2006.09.。
5. 傅榮賢：〈陸九淵易學的心學建構〉，《周易研究》，1999.03.。
6. 黃黎星：〈論陸九淵《易》說〉，《中國哲學史》，2004.04.。
7. 黃黎星：〈論陸九淵《易》說中的社會人事觀〉，《東華理工學院學報》，2005.01.。
8. 楊云生：〈陸象山易簡教育論綱〉，《江西社會科學》，1997.06.。
9. 楊月清：〈論陸九淵的《易》學思想〉，《東疆學刊》，2001.02.。

A3 類：有關象山哲學之實踐、政治思想、荊門之政、實學期刊

1. 吳漢：〈一篇聲討貪官污吏的檄文——讀陸九淵《與辛幼安》書〉，《撫州師專學報》，1999.02.。
2. 李宜茜：〈近十五年來兩岸「明清實學思潮」研究評介〉，《國立台灣師範大學歷史學報告》，第26期，1998.06。
3. 李聽思：〈試論陸象山的德、法治思想〉，《古今藝文》，2004.05.。
4. 邢舒緒：〈陸九淵政治思想淺探〉，《同濟大學學報》，2004.06.。
5. 范立舟：〈陸九淵對理想社會的構思〉，《江西社會科學》，1998.04.。

6. 涂宗流：〈陸九淵荊門之政功不可滅〉，《撫州師專學報》，1999.02.。
7. 涂宗流：〈憂國憂民的一代名臣——評陸九淵的荊門之政〉，《荊門職業技術學院學報》，1999.04.。
8. 許懷林：〈躬行踐履　匡時救弊——陸象山政見、政績評述〉，《江西社會科學》，1997.06.。
9. 陳忻論：〈南宋心學領袖陸九淵的政治思想〉，《重慶師範大學學報》，第 5 期，2006.10.。
10. 曾春海：〈陸象山的政治思想與實踐〉，《哲學論集》，21 期，1987.07。
11. 楊小光：〈陸九淵治荊及其思考〉，《江西教育學院學報》，1999.01.。
12. 萬斌生：〈一篇正確評價王安石的劃時代文獻——讀陸九淵《荊國王文公祠堂記》〉，《撫州師專學報》，1998.01.。
13. 趙水泉：〈陸九淵治荊政績錄〉，《撫州師專學報》，1998.01.。
14. 蔡仁厚：〈朱陸異同與象山實學〉，《東海哲學研究集刊》，2001.06.。
15. 鄭曉江：〈陸象山「荊門之政」及其反思〉，《南昌大學學報》，2003.02.。
16. 鄭曉江：〈論陸學即實學〉，《文史哲》，第 5 期，總第 284 期，2004。
17. 鄭曉江：〈儒家德治觀念與實踐研究——以陸象山「荊門之政」為例〉，《湖北師范學院學報》，第 24 卷，第 01 期，2004.01.。

專書

1. 嵇文甫:《實學文化與當代思潮》,北京:中華書局,2003。

A4 類：有關「六經注我」

期刊

1. 張文修:〈陸九淵「六經注我」的生命實踐詮釋學〉,《湖南大學學報》，第 21 卷，第 2 期，2007.03。
2. 張發祥:〈陸九淵「六經皆我註腳」說詮釋〉,《撫州師專學報》，1999.02.。
3. 許懷林:〈宇宙・六經與我——陸九淵思想略說之二〉,《東華理工學院學報》，2005.01.。
4. 劉化兵:〈陸九淵「六經注我,我注六經」本義辨析〉,《中國文學研究》，第 2 期，2008.04.。
5. 劉玉敏:〈六經注我,我注六經——簡述陸九淵的經學思想〉,《東華理工學院學報》,第 25 卷,第 1 期,2006.03.。

A5 類：有關象山學脈

1. 王向清:〈陸九淵心學派與湖湘性學派關系考論〉,《湖南科技大學學報》，2008.03.。
2. 何靜:〈論王陽明對陸九淵心學的揚棄和超越〉,《中共寧波市委黨校學報》，2007.02.。
3. 何靜:〈論王陽明對陸九淵心學的揚棄和超越〉,《理論導刊》，2007.07.。
4. 吳文丁:〈陸九淵考卷手鈔本的考辨〉,《東華理工學院學報》，2005.01.。

5. 邢舒緒：〈陸九淵學脈問題淺論〉，《寧波大學學報》，2004.05.。
6. 涂宗流：〈郭店楚簡與陸九淵心學〉，《荊門職業技術學院學報》，2005.02.。
7. 曾春海：〈象山學脈及其哲學方法上的法初探〉(下)，《東吳大學哲學系傳習錄》，第五期，1985.10。
8. 劉宗賢：〈陸九淵心學源流辨析〉，《孔子研究》，2005.03.。
9. 劉宗賢：〈楊簡與陸九淵〉，《中國哲學史》，1996.04.
10. 蔡文錦：〈論王艮與陸象山的學術宗源關系〉，《南京廣播電視大學學報》，2004.01.。
11. 鍾彩鈞：〈楊慈湖心學概述〉，《中國文哲研究集刊》，2000.09.。

專書

1. 徐梵澄：《陸王學述——系哲學精神》，上海：上海遠東出版社，1994。
2. 劉宗賢：《陸王心學研究》，濟南：山東人民出版社，1997。

A6 類：有關工夫論者

期刊

1. 屠承先：〈陸九淵的本體功夫論〉，《文史哲》，2001.05.。
2. 劉財安：〈淺議陸九淵的工夫理論〉，《江西青年職業學院學報》，2007.02.。
3. 劉偉：〈陸九淵的道德修養論〉，《吉林師范大學學報》，2003.03.。

4. 饒小敏：〈陸九淵道德修養思想略論〉，《撫州師專學報》，1999.02.。

B 類：為心學辯護者

期刊

1. 余雪真：〈陸象山并未否定客觀世界及其物質存在和變化〉，《撫州師專學報》，1998.01.。
2. 吳一根：〈陸象山非醇儒及其非儒說〉，《江西社會科學》，1994.03.。
3. 李國強：〈應當重視陸象山研究（代序）〉，《撫州師專學報》，1998.01.。
4. 宮哲兵：〈陸象山不是唯心主義哲學家〉，《撫州師專學報》，1998.01.。
5. 鄭曉江：〈論陸學即實學〉，《文史哲》，2004，第 5 期，總第 284 期，頁 101。
6. 龍躍牛：〈陸象山沒有唯心主義認識論〉，《撫州師專學報》，1998.01.。

C 類：比較朱陸者

期刊

1. 李延倉：〈試論朱熹與陸九淵心性論的區別〉，《中華文化論壇》，2001.03.。
2. 李振綱：〈象山心學與朱陸之辯〉，《河北大學學報》，2004.04。
3. 金春峰：〈朱熹思想之與陸象山〉，《中州學刊》，1997.01.。

4. 彭永捷:〈朱陸之辯的哲學實質——兼論陸象山的學術淵源〉,《中國哲學史》,1998.03.。
5. 彭啟福:〈朱熹的知識論詮釋學和陸九淵的實踐論詮釋學〉,《安徽師范大學學報》,2008.03.。
6. 曾賢熙:〈朱陸異同試析〉,《研究與動態》,2002.04.。
7. 虞文華:〈陸九淵的做人之學及其對朱熹之學的批判〉,《中國哲學史》,1994.04.。
8. 潘富恩:〈論陸九淵與呂祖謙思想之異同〉,《商丘師范學院學報》,2005.03.。
9. 蔡仁厚:〈朱陸異同與象山實學〉,《東海哲學研究集刊》,第 1 卷,第 1 期,2001.06.。
10. 蔡方鹿:〈朱陸經學之別〉,《燕山大學學報》,第 8 卷,第 3 期,2007.09。
11. 羅翌倫:〈兩種詮釋向度的溯源比較——試以朱陸「無極、太極」之辯為比較基點的探索〉,《文明探索叢刊》,2005.04.。

專書

1. 高全喜:《理心之間:朱熹和陸九淵的理學》,北京:三聯書店,1992。

D 類:論儒佛之異者

期刊

1. 陳明聖:〈陸象山之「心學」與馬祖道一的「禪學」〉,《文學前瞻:南華大學文學所研究生學刊》,2003.07.。

2. 曾春海：〈陸象山與禪初探〉，《哲學論集》，20 期，1986.07。
3. 趙偉：〈「天下皆說先生是禪學」：陸九淵與禪學〉，《東方論壇》，2008.01.。
4. 蘇潔：〈象山心學與禪學關係新探〉，《重慶師院學報》（哲學社會科學版），第 3 期，2003.3。

碩博士論文

1. 周葉君：論陸九淵對佛教哲學的融攝；碩士；安徽大學；20040502。

E 類：從文學角度分析者

期刊

1. 王以憲：〈「自出精神與他批判」——陸九淵心學文論評議〉，《創作評譚》，2004.08.。
2. 江瑛；陸業龍：〈論陸九淵詩中的「生民」情結〉，《東華理工學院學報》，第 25 卷，第 3 期，2006.09.。
3. 束景南：〈陸九淵詩文輯補〉，《文獻》，1994.01.。
4. 徐國華：〈試論陸象山的詩文創作〉，《江西師範大學學報》，第 37 卷，第 6 期，2004.11.。
5. 陳忻：〈宋代心學領袖陸九淵的文學思想〉，《重慶師范大學學報》，第 6 期，2007.06.。
6. 陸業龍；江瑛論：〈陸九淵詩中的「生民」情結〉，《湖北社會科學》，第 2006 卷，第 7 期，2006.07.。

7. 楊光輝:〈理學成熟期之理學詩——試論陸九淵與朱熹的詩〉,《寧波大學學報》,2000.03.。
8. 雷斌慧:〈陸九淵散文理論探微〉,《井岡山學院學報》,2007.03.。
9. 鄧麗芳:〈陸九淵詩作補輯〉,《滁州學院學報》,2005.01.。

F 類:從教育角度分析者

期刊

1. 丁俊屏:〈陸九淵的教育思想及其現代價值〉,《江西教育學院學報》,第 27 卷,第 6 期,2006.12.。
2. 朱永齡:〈一代巨擘　教育有成——南宋著名思想家和教育家陸九淵〉,《江西教育》,1995.09.。
3. 艾幼光:〈陸象山的「收拾精神,自作主宰」〉,《撫州師專學報》,1998.01.。
4. 吳文宙:〈陸象山眼睛向下的哲學思考〉,《撫州師專學報》,1998.01.。
5. 吳定安:〈陸九淵辦書院〉,《江西教育》,2004.04.。
6. 李蘊瑚:〈陸象山識道、用道,足以馳騁天下〉,《撫州師專學報》,1998.01.。
7. 李聽思:〈陸象山的理想人格論〉,《古今藝文》,2001.05.。
8. 李聽思:〈陸象山教育思想淺論〉,《中國文化月刊》,2000.12.。
9. 肖弟郁:〈「心學」教育家陸九淵〉,《教師博覽》,1996.03.。

10. 修淦川：〈頗具特色的陸象山道德人格教育觀〉，《撫州師專學報》，1998.01.。
11. 高桂喜：〈對陸九淵「頓悟」教育理論的重新認識〉，《東南文化》，2006.01.。
12. 陳明華：〈陸九淵德育思想的現實轉換〉，《東華理工學院學報》，2005.01.。
13. 陸業龍、江瑛：〈「誰言曾點志，吾得與之偕」——陸九淵「化民」思想芻議〉，《沙洋師範高等專科學校學報》，第 7 卷，第 3 期，2006.06.。
14. 章軍華：〈陸象山的禮樂思想論〉，《撫州師專學報》，2000.01.。
15. 章國平：〈陸九淵獨立型人格思想的現代價值〉，《東華理工學院學報》，2005.01.。
16. 堯新瑜：〈主體精神：陸九淵道德教育理論的本真意蘊〉，《華東師范大學學報》，2003.04.。
17. 黃勇明：〈陸九淵「主體性」教育心理思想及現代價值〉，《東華理工學院學報》，第 25 卷，第 4 期，2006.12.。
18. 黃春：〈陸象山論學之道〉，《撫州師專學報》，1998.01.。
19. 楊云生：〈陸象山社會成人教育思想——兼談陸朱《太極圖說》論辯的實質〉，《撫州師專學報》，1998.01.。
20. 楊安邦：〈論陸九淵湯顯祖施政實踐及其人文性格〉，《撫州師專學報》，2003.04.。
21. 劉玉敏：〈六經注我，我注六經——簡述陸九淵的經學思想〉，《東華理工學院學報》，2006.01.。
22. 劉貴傑：〈陸象山的人格教育思想〉，《社會科教育學報》，2003.07.。

23. 劉輝平：〈陸九淵做人之學探析〉，《江西社會科學》，1994.12.。

碩博士論文

1. 陳明君：陸九淵教學思想研究；碩士；西南師範大學；20080401。

G 類：當代學者對象山學之應用類

期刊

1. 王盛開：〈陸九淵的自由精神論〉，《求索》，2005.11.。
2. 王新營：〈詩意化的哲學隱喻——陸九淵詩詞的哲學審美價值研究〉，《商丘師范學院學報》，2008.04.。
3. 江瑛：〈論陸九淵詩中的「生民」情結〉，《東華理工學院學報》，2006.03.。
4. 余品華：〈現代新儒家眼中的陸象山〉，《撫州師專學報》，1999.02.。
5. 余雪真：〈陸象山并未否定客觀世界及其物質存在和變化〉，《撫州師專學報》，1998.01.。
6. 李小蘭：〈陸九淵禮樂思想探析〉，《南昌高專學報》，2004.01.。
7. 李明德：〈陸九淵對「寬猛相濟」的辨正〉，《商丘師范學院學報》，1998.03.。
8. 周世泉：〈陸象山心學感悟錄〉，《撫州師專學報》，1999.02.。
9. 周世泉：〈新傳‧新意‧新體例——讀吳文丁著《陸九淵全傳》〉，《江西社會科學》，1999.12.。

10. 周琪：〈陸象山是「臨川文化」的杰出代表〉，《撫州師專學報》，1998.01.。
11. 涂宗流：〈「此心此理，實不容有二」辨——讀《陸九淵集》札記之四〉，《荊門職業技術學院學報》，1999.02.。
12. 涂宗流：〈不能讓「事實湮于意見」——就陸九淵研究與張立文先生商榷〉，《荊門職業技術學院學報》，1999.01.。
13. 張立文：〈論陸九淵的人學倫理學〉，《東華理工學院學報》，2004.02.。
14. 莊慶信：〈陸象山知識學研究〉，《哲學論集》，25 期，1991.07。
15. 陳平輝：〈尋求主體的詩性解放——論陸九淵心學的解構意義〉，《南昌大學學報》，2003.06.。
16. 陳忻：〈試論陸九淵之推賞黃庭堅〉，《文學評論》，2005.05.。
17. 陳明華：〈陸九淵「簡易工夫、剝落、優游讀書」思想的現代啟示〉，《東華理工學院學報》，2006.03.。
18. 陸業龍：〈「誰言曾點志，吾得與之偕」——陸九淵「化民」思想芻議〉，《沙洋師范高等專科學校學報》，2006.03.。
19. 陸業龍：〈論陸九淵詩中的「生民」情結〉，《湖北社會科學》，2006.07.。
20. 曾子魯：〈陸象山「兩書」芻議〉，《撫州師專學報》，1999.02.。
21. 曾昭聰：〈從「陸九淵語錄」看《漢語大詞典》的若干疏失〉，《黔南民族師范學院學報》，2000.06。
22. 華啟和：〈陸象山生態倫理思想發微〉，《東華理工學院學報》，2005.01.。

23. 楊安邦：〈陸九淵程文二題——析「取予兩得」、「寬猛相濟」兩說〉，《東華理工學院學報》，2005.01.。
24. 萬斌生：〈大筆揆心學：新書照眼明——讀吳文丁《陸九淵全傳》〉，《撫州師專學報》，1999.02.。
25. 葛兆光：〈一個普遍真理觀念的歷史旅行——以陸九淵「心同理同」說為例談觀念史的研究方法〉，《東岳論叢》，2004.04.。
26. 劉雪影：〈論陸象山的風俗觀〉，《長春工業大學學報》，2005.01.。
27. 欒文華：〈王安石新學和陸九淵心學的相近之處〉，《江西教育學院學報》，2005.04.。
28. 欒文華：〈鄉賢桑梓情深　君子和而不同——陸九淵《荊國王文公祠堂記》讀后〉，《滄桑》，2007.04.。
29. 欒文華；戴文君：〈王安石新學和陸九淵心學的相近之處〉，《江西教育學院學報》，第 26 卷，第 4 期，2005.08.。
30. 歐陽禎人：〈民被其澤　道行于時——陸九淵在湖北〉，《北京青年政治學院學報》，2006.03.。
31. 韓鐘文：〈現代新儒家與陸九淵散論〉，《撫州師專學報》，1998.01.。
32. 饒國賓：〈「收拾精神自作主宰」——論陸九淵的倫理主體意識〉，《社會科學家》，2001.01.。

專書

1. 徐紀芳：《陸象山弟子研究》，台北：文津出版社，1990。
2. 張立文·（日）福田殖（主編）：《走向世界的陸象山心學》，北京：人民出版社，2008。

3. 陳德仁:《象山心學之比較研究》,台北:學生書局,1974。

碩博士論文

1. 劉雪影:陸九淵哲學的解釋學意義;碩士;南昌大學;20050501。

其他相關參考資料(分古籍、期刊、專書、網址四類)

古籍

1. [唐]釋慧能著、郭朋校釋:《壇經校釋》,北京:中華書局,1997。
2. [宋]朱熹著、朱傑人主編,《朱子全書》,上海:上海古籍出版社,2002。
3. [宋]朱熹:《朱文公文集》,台北:台灣商務印書館,1980。
4. [宋]朱熹:《四書章句集注》,台北:中華書局,1984。
5. [宋]張九成:《横浦集》,台北:台灣商務印書館,1973。
6. [宋]陸象山:《陸九淵集》,北京:中華書局,1980。
7. [宋]陸象山:《象山全集》,台北:台灣中華書局,1979。
8. [宋]程顥、程頤:《二程集》,臺北:漢京文化公司,1983。
9. [宋]黎靖德編《朱子語類》,北京:中華書局,1986。
10. [元]脫脫:《宋史》,台北:鼎文書局,1978。
11. [明]王陽明:《王陽明全書》,台北:正中書局,1970。
12. [清]黃宗羲原本、黃百家纂輯、全祖望修定,《宋元學案》,台北:廣文書局,1970。
13. [清]楊希閔:《宋陸文安公九淵年譜》,台北:台灣商務印書館,1982。

期刊

1. 牟宗三：〈陽明學是孟子學（上）〉，《鵝湖月刊》，第 1 期，1975.07。
2. 李宗桂：〈論董仲舒的天人思想及其文化史意義〉，《天津社會科學》，第 5 期，1990。
3. 李宜茜：〈近十五年來兩岸「明清實學思潮」研究評介〉，《國立台灣師範大學歷史學報告》，第 26 期，1998.06.。
4. 杜保瑞：〈朱熹哲學研究進路〉，《哲學與文化》，2005.07.。
5. 杜保瑞：〈羅欽順存有論進路的理氣心性辨析〉，《哲學與文化》，2006.08.。
6. 黃甲淵：〈陸象山「心即理」哲學與其「易簡工夫」論〉《鵝湖學誌》，第 20 期，1998.06.。
7. 黃信二：〈在儒學與宗教之間：論「以人象天」之哲學意涵〉，《哲學與文化》，第 35 卷，第 5 期，2008.05。
8. 黃信二：〈從儒家觀點論「全人」理念之哲學基礎〉(《全人教育學報》，第 3 期，2008.06。
9. 黃信二：〈論儒家倫理觀——以「親親互隱」為中心的探討〉，《鵝湖月刊》，第 404 期，2009.02.。
10. 葛榮晉：〈中國實學研究及其前瞻〉，《哲學雜誌》，2000.01。
11. 路新生：〈對王學學風的再認識〉，《孔孟學報》，第 65 期，1993.3。
12. 潘小慧：〈邁向整全的人：儒家的人觀〉，《應用心理研究》，第 9 期，台北：五南圖書公司，2001.3。

13. 關子尹：〈西方哲學史撰作中的分期與標名問題〉，《現代哲學》，2005.02。

專書

1. 方立天：《中國古代哲學問題發展史》，北京：中華書局，1992。
2. 方東美：《中國哲學精神及其發展》（下），《方東美全集》，台北：黎明文化，2004。（Dongmei Fang，*Chinese Philosophy: Its Spirit and Development*（Taipei，Linking，1981）
3. 方東美：《新儒家哲學十八講》，台北：黎明文化，1985。
4. 牟宗三：《心體與性體》（一至三冊），台北：正中書局，1993。
5. 牟宗三：《宋明儒學的問題與發展》，台北：聯經出版公司，2003。
6. 牟宗三：《從陸象山到劉蕺山》台北：台灣學生書局，1979。
7. 牟宗三：《現象與物自身》，台北：台灣學生書局，1976。
8. 牟宗三：《圓善論》，序言，台北：台灣學生書局，1985。
9. 余英時：《歷史與思想》，台北：聯經出版公司，1976。
10. 吳雁南：《心學與中國社會》，北京：中央民族學院出版社，1994。
11. 李振綱：《和合之境：中國哲學與 21 世紀》，上海：華東師範大學出版社，2001。
12. 杜維明：《儒家思想新論：創造性的轉換自我》，南京：江蘇人民出版社，1996。

13. 周月亮：《心學大師王陽明大傳》，北京：中華工商聯合出版社，1999。
14. 侯外廬．邱漢生．張豈之：《宋明理學史.》（上下卷），北京：人民出版社，1987。
15. 姜廣輝：《理學與中國文化》，上海：上海古籍出版社，1994。
16. 胡哲敷：《陸王哲學辨微》，上海：中華書局，1930。
17. 苗潤田主編：《實學文化與當代思潮》，北京，中華書局，2003。
18. 唐君毅：《人文精神之重建》，台北：台灣學生書局，1988。
19. 唐君毅：《中國人文精神之發展》，台北：台灣學生書局，1999。
20. 唐君毅：《中國文化之精神價值．中國文化與世界》，第四卷，台北：台灣學生書局，1988。
21. 唐君毅：《中國哲學原論》（原性篇），收錄於《唐君毅全集》卷十三，台北：台灣學生書局，1991。
22. 唐君毅：《中國哲學原論》（原教篇），收錄於《唐君毅全集》卷十七，台北：台灣學生書局，1991。
23. 唐君毅：《中國哲學原論》（導論篇），收錄於《唐君毅全集》卷十二，台北：台灣學生書局，1991。
24. 唐君毅：《生命存在與心靈境界》（下）卷二十，台北：台灣學生書局，1988。
25. 夏君虞：《宋學概要》，台北：華世出版社，1976。
26. 孫振青：《宋明道學》，台北：千華出版公司，1986。

27. 徐復觀：《中國人性論史（先秦篇）》，台北：台灣學生書局，1987。
28. 徐復觀：《中國思想史論集》，台北：台灣學生書局，1993。
29. 張立文：《心》，台北：七略出版社，1996。
30. 張立文：《宋明理學研究》，北京：中國人民大學，1985。
31. 張立文：《宋明理學邏輯結構的演化》，台北：萬卷樓圖書公司，1993。
32. 張汝倫：《理性與良知——張東蓀文選》，上海：上海遠東出版社，1995。
33. 張岱年：《中國哲學史大綱》，台北：藍燈文化，1992。
34. 陳復：《大道的眼淚：心學工夫論》，台北：洪葉文化，2005。
35. 陳少峰：《宋明理學與道家哲學》，上海：上海文化出版社，2001。
36. 陳來：《古代宗教教與倫理》，北京：三聯書店，1996。
37. 陳來：《有無之境——王陽明哲學的精神》，北京：人民出版社，1991。
38. 陳來：《朱子書信編年考證》，上海：上海人民出版社，1989。
39. 陳來：《宋明理學》，台北：洪葉文化，1993。
（陳來:《宋明理學》,北京:中國廣播電視出版社,1991。)
40. 陳榮捷：《王陽明與禪》，台北：台灣學生書局，1984。
41. 陳鍾凡：《兩宋思想述評》，北京：東方出版社，1996。
42. 傅偉勳：《從創造的詮釋到大乘佛學》，台北：東大圖書公司，1999。

43. 勞思光：《中國哲學史》(三上)，台北：三民書局，1987。
44. 勞思光：《歷史之懲罰新編》，香港：香港中文大學出版社，1999。
45. 嵇文甫：《晚明思想史論》，北京：東方出版社，1996。
46. 湯用彤：《理學-佛學-玄學》，北京：北京大學出版社，1991。
47. 馮友蘭：《中國哲學史新編》(第五冊)，台北：藍燈文化，1991。
48. 馮友蘭：《中國哲學史新編》(第五冊)，台北：藍燈文化，1991。
49. 馮契：《馮契文集》，第六卷，上海：華東師範大學出版社，1997。
50. 黃信二：《哲學表達及其基礎——中國哲學研究之新思維》，台北：理得出版社，2005。
51. 黃信二：《王陽明致良知方法論之研究》，台北：文史哲出版社，2006。
52. 黃俊傑編：《東亞儒學：經典與詮釋的辯證》，台北：台大出版中心，1987。
53. 楊祖漢：《儒家的心學傳統》，台北：文津出版社，1992。
54. 楊國榮：《善的歷程——儒家價值體系的歷史衍化及其現代轉換》，上海：上海人民出版社，1994。
55. 楊適：《中西人論的衝突——文化比較的一種新探求》，北京：中國人民大學出版社，1991。
56. 賈順先：《宋明理學新探》，四川：四川人民出版社，1987。
57. 熊琬：《宋代理學與佛學之探討》，台北：文津出版社，1991。

58. 蒙培元：《中國心性論》，台北：台灣學生書局，1990。
59. 蒙培元：《中國哲學主體思想》，北京：東方出版社，1993。
60. 蒙培元：《心靈超越與境界》，北京：人民出版社，1998。
61. 蒙培元：《理學的演變：從朱熹到王夫之戴震》，福建：福建人民出版社，1984。
62. 蒙培元等：《理學範疇系統》，北京：中國人民大學出版社，1989。
63. 劉述先：《朱子哲學思想的發展與完成》，臺北：台灣學生書局，1982。
64. 劉宗賢：《陸王心學研究》，山東：山東人民出版社，1997。
65. 蔣伯潛廣解、朱熹集註：《四書讀本》，台北：啟明書局，無出版日期。
66. 蔡仁厚：《儒家思想的現代意義》，台北：文津出版社，1998。
67. 蔡仁厚：《儒學的常與變》，台北：東大出版社，1980。
68. 錢穆，《朱子新學案》，收錄於《錢賓四先生全集》，台北：聯經出版公司，1998 年 5 月。
69. 錢穆：《宋明理學概述》，台北：台灣學生書局，1996。
70. [日]宇野哲人：《中國近世儒學史》，台北：中國文化大學出版部，1982。
71. [日]岡田武彥，〈宋明實學及其源流〉，《哲學、文學、藝術——日本漢學研究論集》，台北：時報出版社，1986。

72. [日]岡田武彥：《王陽明與明末儒學》，上海：上海古籍出版社，2000。
73. [法]德日進：《人的現象》，台北：聯經出版公司，1983。
74. [德]恩斯特・卡西爾：《神話思維》，北京：中國社會科學出版社，1992。

網址

1. 孔令宏：〈陸九淵思想與道家道教〉，《世界弘明哲學季刊》，2003.06，網址：http://phil.arts.cuhk.edu.hk/~cculture/library/hongming/200306-002.htm#_edn23，
擷取日期：2009/2/16。
2. 杜保瑞：〈朱陸鵝湖之會的倫理義涵〉，《中國哲學教室》，網址：http://homepage.ntu.edu.tw/~duhbauruei/4pap/1con/4901.htm，
擷取日期：2009/1/13。
3. 杜保瑞：〈程顥境界哲學進路的儒學建構〉，《中國哲學教室》，網址：http://homepage.ntu.edu.tw/~duhbauruei/4pap/1con/34.doc，
擷取日期：2008/10/3。
4. 杜保瑞：〈象山心學進路的儒學建構及其一般學術意見〉，《臺灣大學哲學系中國哲學研究室》，網址：http://homepage.ntu.edu.tw/~duhbauruei/4pap/1con/50.htm，
擷取日期：2009/1/24。
本文另見杜保瑞，〈陸象山一般學術意見〉，《二十一世紀中華文化世界論壇》，台北：中華炎黃文化研究會、輔仁大學，南華大學，中國哲學會，2006.11。

5. 杜保瑞：〈對牟宗三詮釋朱子仁說的方法論反省〉，《中國哲學教室》，網址：http://homepage.ntu.edu.tw/~duhbauruei/4pap/5mod/28.htm/，
擷取日期：2009/01/10。
6. 東方朔：〈只還粗些：陽明對象山之學之評判及牟宗三先生之詮釋〉，《思問》，網址：http://www.siwen.org/XXLR1.ASP?ID=3312，
擷取日期：2009/1/23。
7. 梁一儒：〈中國人的自然觀——民族審美心理探微〉，《學術期刊》（第二輯），《山東大學文藝美學研究中心》，網址：http://www.krilta.sdu.edu.cn/news/model/display.php?id=56，
擷取日期：2007/4/11。

國家圖書館出版品預行編目

陸象山哲學研究 / 黃信二著.
-- 一版. -- 臺北市 : 秀威資訊科技, 2009.11
面 ;　公分. -- (哲學宗教類 ; AA0012)
BOD 版
參考書目 : 面
ISBN 978-986-221-321-6(平裝)

1. (宋)陸九淵　2. 學術思想　3. 哲學

125.6　　98019369

哲學宗教類　AA0012

陸象山哲學研究

作　　者 / 黃信二
發 行 人 / 宋政坤
執行編輯 / 胡珮蘭
圖文排版 / 鄭鉅旻
封面設計 / 陳佩蓉
數位轉譯 / 徐真玉　沈裕閔
圖書銷售 / 林怡君
法律顧問 / 毛國樑　律師
出版印製 / 秀威資訊科技股份有限公司
台北市內湖區瑞光路 583 巷 25 號 1 樓
電話 : 02-2657-9211　傳真 : 02-2657-9106
E-mail : service@showwe.com.tw
經 銷 商 / 紅螞蟻圖書有限公司
台北市內湖區舊宗路二段 121 巷 28、32 號 4 樓
電話 : 02-2795-3656　傳真 : 02-2795-4100
http://www.e-redant.com

2009 年 11 月 BOD 一版
定價 : 470 元

讀者回函卡

感謝您購買本書，為提升服務品質，請填妥以下資料，將讀者回函卡直接寄回或傳真本公司，收到您的寶貴意見後，我們會收藏記錄及檢討，謝謝！

如您需要了解本公司最新出版書目、購書優惠或企劃活動，歡迎您上網查詢或下載相關資料：http:// www.showwe.com.tw

您購買的書名：＿＿＿＿＿＿＿＿＿＿＿＿＿＿＿＿＿＿＿＿

出生日期：＿＿＿＿年＿＿＿＿月＿＿＿＿日

學歷：□高中（含）以下　□大專　□研究所（含）以上

職業：□製造業　□金融業　□資訊業　□軍警　□傳播業　□自由業

□服務業　□公務員　□教職　□學生　□家管　□其它＿＿＿

購書地點：□網路書店　□實體書店　□書展　□郵購　□贈閱　□其他

您從何得知本書的消息？

□網路書店　□實體書店　□網路搜尋　□電子報　□書訊　□雜誌

□傳播媒體　□親友推薦　□網站推薦　□部落格　□其他＿＿＿＿

您對本書的評價：（請填代號　1.非常滿意　2.滿意　3.尚可　4.再改進）

封面設計＿＿　版面編排＿＿　內容＿＿　文／譯筆＿＿　價格＿＿

讀完書後您覺得：

□很有收穫　□有收穫　□收穫不多　□沒收穫

對我們的建議：＿＿＿＿＿＿＿＿＿＿＿＿＿＿＿＿＿＿＿＿

＿＿＿＿＿＿＿＿＿＿＿＿＿＿＿＿＿＿＿＿＿＿＿＿＿＿

＿＿＿＿＿＿＿＿＿＿＿＿＿＿＿＿＿＿＿＿＿＿＿＿＿＿

＿＿＿＿＿＿＿＿＿＿＿＿＿＿＿＿＿＿＿＿＿＿＿＿＿＿

請貼
郵票

11466
台北市內湖區瑞光路 76 巷 65 號 1 樓

秀威資訊科技股份有限公司　　收

BOD 數位出版事業部

....

（請沿線對折寄回，謝謝！）

姓　　名：＿＿＿＿＿＿＿＿＿＿　年齡：＿＿＿＿　性別：□女　□男

郵遞區號：□□□□□

地　　址：＿＿＿＿＿＿＿＿＿＿＿＿＿＿＿＿＿＿＿＿＿＿＿＿＿＿

聯絡電話：（日）＿＿＿＿＿＿＿＿＿＿＿（夜）＿＿＿＿＿＿＿＿＿＿＿

E-mail：＿＿＿＿＿＿＿＿＿＿＿＿＿＿＿＿＿＿＿＿＿＿＿＿＿＿＿